走向数字文明

# 数字平台生态观

焦豪 著

Digital Platform-based Ecosystems View

《数字平台生态观》是一部以“数字平台生态观”为理论基础，指导数字原生企业和数字化转型企业实现高质量发展，共促数字平台生态繁荣，塑造我国企业在数字经济时代的全球竞争优势，推动我国数字经济做强、做优、做大的专著。

本书分为上中下三篇。上篇为理论基础阐述，从管理学的问题导向出发，指出数字经济时代企业普遍面临的两大类问题，以此引申出“数字平台生态观”的三大理论背景。详细解读数字平台生态观理论的内涵、特征、文化渊源和竞争优势来源的比较分析，重点剖析数字平台生态观的逻辑框架。中篇为管理实施策略，深度解读企业制定数字战略的四大关键要素、数字原生企业构建数字平台系统的三大要点，以及数字化转型企业构建数字平台系统的路径和措施。下篇基于互补者体验的设计与众筹项目成功，以及从共演视角的企业战略选择与数字平台生态系统构建及悖论视角的开源社区治理三个方面，解读企业在数字平台生态系统构建中关注的新议题和新机遇。

**图书在版编目（CIP）数据**

数字平台生态观 / 焦豪著. -- 北京 : 机械工业出版社, 2024. 11. -- (走向数字文明). -- ISBN 978-7-111-76699-5

Ⅰ. F724.6

中国国家版本馆 CIP 数据核字第 2024YP7680 号

机械工业出版社（北京市百万庄大街 22 号　邮政编码 100037）

策划编辑：李　浩　　　　责任编辑：李　浩　张雅维

责任校对：郑　雪　张　薇　责任印制：常天培

北京铭成印刷有限公司印刷

2025 年 1 月第 1 版第 1 次印刷

170mm×230mm・17.75 印张・1 插页・240 千字

标准书号：ISBN 978-7-111-76699-5

定价：89.00 元

| 电话服务 | 网络服务 |
| --- | --- |
| 客服电话：010-88361066 | 机　工　官　网：www.cmpbook.com |
| 010-88379833 | 机　工　官　博：weibo.com/cmp1952 |
| 010-68326294 | 金　　书　　网：www.golden-book.com |
| **封底无防伪标均为盗版** | 机工教育服务网：www.cmpedu.com |

# 推荐序一 FOREWORD

蔡莉

吉林大学商学与管理学院教授

吉林大学创新创业研究院院长

数字经济的快速崛起，不仅改变了全球经济格局，更对企业的管理模式与竞争方式提出了全新的挑战。在当今的数字时代，如何运用科技推动企业的高质量发展，实现经济价值与社会价值的双重增长，成为亟待回答的时代命题。在此背景下，《数字平台生态观》问世了，该书立足时代发展的脉搏，不仅探讨了数字平台管理的理论构建，揭示了数字经济时代下企业获取持续竞争优势的路径，还为科技如何向善提供了重要启示。

该书的独到之处在于，它以数字平台生态观为核心理论，构建了一套全面且系统的理论框架，帮助读者深刻理解如何通过数字平台生态系统的连接与协同，促进企业在数字化浪潮中实现价值共创及合理分配。数字技术所推动的，不仅是企业运营模式的变革，更是服务分工与产业协同的深度融合，并通过数字空间与物理空间的双向互动为社会经济带来叠加效应。

数字平台打破了传统产业的边界，各类市场主体得以在一个更加开放且灵活的生态系统中进行合作。数字平台不再仅仅是企业获取资源和市场份额的工具，它成为了一个多方利益相关者共存共荣的平台生态系统。在这个生态系统中，企业、用户、合作伙伴以及其他互补者之间通过数字技术的赋能，实现了前所未有的资源整合和效益最大化。这一理论创新为中国企业的数字化发展之路提供了坚实的学术依据和清晰的实现路径。

该书不仅为理论界提供了关于数字平台管理的创新思路，还通过翔实的案例研究展示了数字技术如何在不同产业中实现创新与协同，提出了不同企业构建数字平台生态系统的路径。从制定平台战略到平台架构设计，再到生态系统治理与协同机制的演化，该书为企业在数字经济时代获取持续竞争优势提供了重要参考。同时，该书特别关注中国企业在全球数字竞争中的定位与使命，强调在建设自主知识体系的过程中，如何通过总结植根中国企业的管理理论与创新实践，推动中国企业在全球舞台上提升数字竞争力。

更为重要的是，在快速变化的数字时代，科技的力量是巨大的，但这种力量也需要有道德引导，而不是被动地被道德所绑架。该书提出的理论视角尤其契合了科技向善的议题，特别是在人工智能、大数据、云计算等数字技术广泛应用的今天，如何利用科技造福人类已成为全球学者与从业者关注的焦点。数字平台生态观不仅强调核心企业在价值创造过程和价值分配机制中的主体地位，还更重视与利益相关者协同创造价值以及随后的合理分配价值，保证平台主导者与各利益相关者之间价值分配的平衡与公平。同时，数字平台生态观更加注重经济价值与社会价值的统一。

数字技术的应用不应仅服务于平台核心企业的经济价值，更应着眼于长远的社会价值，保证数字平台生态系统中其他参与主体也能够在这个过程中受益和成长，在创造经济价值的同时持续累积社会价值。该书强调，企业在利用数字平台获取经济效益的同时，必须肩负起社会责任，以科技推动善治，促进多方共赢，最终实现技术、经济、社会的协调发展。

《数字平台生态观》不仅是一部理论建树卓著的学术著作，更是一部充满实践指导意义的管理思想力作。它为企业如何在数字化浪潮中有效运用数字平台以实现经济价值与社会价值的协调发展，提供了深刻而系统的见解。该书通过其对数字平台生态系统的深入剖析，展示了数字技术在提升产业效率、促进社会进步方面的巨大潜力。它不仅为学者提供了新的理论视角，还为企业管理者提供了切实可行的实践指导。同时，该书也为政策制定者提供了具有前瞻性的战略思维与决策依据。

我相信，《数字平台生态观》的出版将为数字时代的管理学研究注入新的活力，为企业在全球竞争中把握数字时代机遇、推动科技向善贡献重要力量。

朱峰

哈佛大学商学院工商管理学讲席教授

在全球数字化转型的浪潮中，数字技术逐渐成为赋能传统产业转型升级和催生新产业、新业态、新模式的重要力量。随着数字技术的快速发展，企业经营环境发生了深刻变化。摩尔定律、梅特卡夫定律以及网络效应等新兴规律逐渐被大众所熟知。与此同时，跨界竞争成为数字经济时代的常态，行业之间的边界变得越来越模糊，企业面临的竞争对手可能来自完全不同的领域，这使得企业必须直面用户多栖、网络集群、去中介化风险以及网络桥接等竞争策略的影响。

数字平台生态观作为一种新的管理理论顺应了这一趋势，体现了在竞争与合作的对立统一哲学规律下实现价值共同创造和合理分配的协调发展理念。《数字平台生态观》一书正是在这一背景下构建了创新性的理论框架，旨在指导企业通过构建数字平台生态系统实现高质量发展。

该书从理论和实践两个层面，全面解读了数字平台生态观的内涵与特征。数字平台生态观作为一种新的管理理论，不仅是对传统管理理论的创新，更是对数字经济时代企业管理实践的深刻思考。

该书强调企业在数字经济时代的竞争优势不再仅仅来源于单一的外部市场选择或内部资源积累，而是更依赖于企业在数字平台生态系统中的战略布局与协同能力。通过数字技术赋能和数据驱动，企业在数字平台生态系统中不仅仅是一个独立的市场主体，更是与其他生态参与者紧密联系的重要节点。通过数字技术的赋能，企业可以在平台生态系统中建立起独特的战略定位，扩大平台规模并激发强大的网络效应。与此同时，企业还需与平台生态系统中的其他参与者共同创造价值，并在这一过程中合理分配收益。

在理论基础部分，该书从行业结构观、资源基础观和动态能力观三个经典管理理论出发，详细解读了企业面临的外部竞争环境复杂性与动态性日益增强的现实挑战，并指出了传统理论在解释数字经济时代企业竞争优势方面的局限性。在此背景下，作为指导企业在数字化浪潮中获取持续竞争优势的重要理论视角，数字平台生态观应运而生。数字平台生态观从连接和匹配的视角出发，不仅关注企业如何利用数字技术与数据资源建立数字平台，通过制定平台战略、设计平台架构、实施生态系统治理以及协同演化机制推动企业在数字经济时代的可持续发展，还强调激发多元互补者加入，实现价值的共同创造与合理分配。

在实施策略和热点议题部分，该书为企业制定数字战略、构建平台系统以及实施生态治理提供了详细的策略与路径，不仅对数字原生企业如何通过实施网络桥接、规避平台风险、贯彻互惠主义构建数字平台生态系统具有极强的指导意义，还为传统企业如何通过分模块适应、系统性转变以及交互式演化以逐步融入数字平台生态系统提供了清晰的转型实践指南。此外，该书还聚焦数字平台众筹项目的成功要素、共演视角下企业战略选择与数字平台生态系统构建，以及悖论视角下数字技术开源社区的治理机制等热点议题，不仅为学术界提供了丰富的研究素材，也为企业在实际决策管理中提供了新思路。

该书的出版，适逢中国数字经济快速发展的关键时期。在这一背景下，对数字平台生态观的理论探索不仅是对传统管理理论的继承与发展，更是对企业实际需求的切实回应。

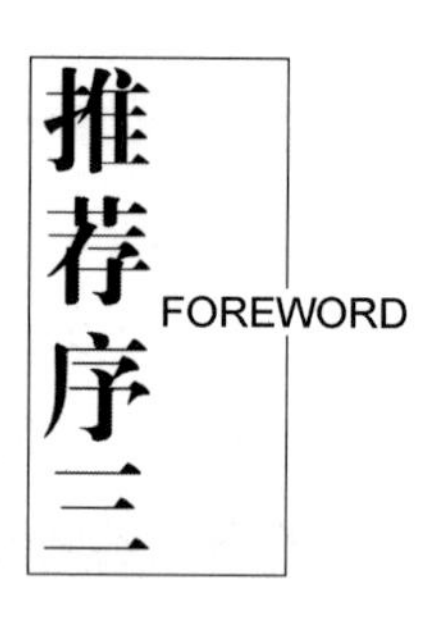


戎珂
清华大学社会科学学院教授
清华大学社会科学学院经济学研究所所长

数字技术的蓬勃兴起正在推动人类社会加速迈进新的时代，深刻地影响着企业的生产方式。在数字经济时代，企业在传统经济背景下开展生产经营、合作竞争、价值创造及治理控制时所遵循的一系列思维逻辑，已经难以使企业维持竞争优势，企业迫切需要做出改变以有效适应并融入新的竞争环境。以数字平台为主要载体不断演进形成的平台生态系统，是企业为适应数字经济时代而涌现出的具有划时代意义的新型组织方式，成为企业在数字经济时代实现数字化、网络化和智能化发展的重要驱动引擎。

数字平台生态系统为企业实现开放式价值共创提供结构性载体。数字技术为企业构建数字平台生态系统提供了技术性底座，企业得以通过数字平台生态系统与利益相关者建立紧密连接，为实现协同创新目标而开展更大范围的组织协作、资源编排和系统集成，最终实现经济价值与社会价值的有机统一，达成平台企业与各参与主体的永续共赢。

数字平台生态系统助力企业提升动态适应能力以实现高端化转型变革。身处百年未有之大变局的变革时代，高度复杂的外部环境对企业动态适应能力提出了更高的要求，企业需要拥有并保持更强的敏捷性和灵活性。数字平台生态的构建与发展为企业与环境之间的交互提供了可操作性界面，大大增强了企业感知信息、挖掘数据、整合资源的能力，有助于企业实时、敏锐捕捉行业趋势和顾客需求，不断推动组织架构、业务流程以及商业模式的数字化转型，从而助力企业实现数字经济时代的高端化战略变革。

数字平台生态系统重塑企业竞争思维以构建持续竞争优势。当前，数据成为新的关键生产要素，算法、数据、流量成为企业构筑竞争实力的关键密码，企业之间的竞争逻辑和竞争方式也已悄然变化。数字经济时代的竞争不再是单一企业在产品、服务或价格上的竞争，而是依托数字技术和数据要素所构建的数字平台生态系统之间的竞争。基于数字平台生态系统的组织发展方式，将推动企业以全新的格局视野和战略眼光进行顶层设计，助力企业改变竞争格局，实现突破式跃迁，不断积累和巩固自身竞争地位，实现可持续发展。

《数字平台生态观》深刻洞察企业面临的现实挑战，从管理学经典之问出发，基于深厚的理论基础阐述了数字平台生态观的理论背景和文化渊源。数字平台生态观突破了以往的行业结构观、资源基础观、动态能力观的局限，是数字经济时代指导企业构建可持续竞争优势的创新性管理理论视角。数字平台生态观更是根植于中国传统文化思想，具有坚实的文化底蕴和哲学意涵。

《数字平台生态观》提出数字平台生态观的逻辑框架及实施策略，结合企业最新实践总结数字平台生态观的热点议题和未来数字平台生态研究的重要方向：企业制定数字战略的关键要素包括发现数字机会、明确价值主张、筹划战略行动以及建立数字技术赋能和数据驱动的支撑体系；数字原生企业可通过实施网络桥接、规避平台风险、贯彻互惠主义构建数字平台生态系统；数字化转型企业通过分模块适应、系统性转变、交互式演化实现数字化协同与融入；基于互补者体验、战略共演以及悖论冲突等视角进行数字平台生态构建与治理。

综上所述，《数字平台生态观》是一部数字经济时代企业基于数字平台实现高端化战略变革的重要著作，既适合学术研究人员深入了解数字经济时代企业管理和竞争的新特点，又适合企业管理者在实践中借鉴应用。该书不仅是一部具有学术价值的理论著作，更是企业管理者和研究者们的重要操作指南。

我期待这部著作能为更多企业在这个时代中指明方向，帮助其在充满挑战与机遇的环境中找到前行的道路。

伴随着经济社会数字化进程的加速，基于数字化的商业模式和流程设计在企业经营活动中的重要性与日俱增。党的二十大报告指出，要加快发展数字经济，促进数字经济与实体经济深度融合，打造具有国际竞争力的数字产业集群。以数字技术赋能和数据驱动为主要特征的数字经济逐渐蓬勃发展，新场景、新业态的出现给社会生产、生活和生态带来广泛而深刻的影响。越来越多智能互联技术的应用，使得产品之间、产品与消费者之间、企业之间的连接日益密切。

企业在这一过程中面临着日益激烈的市场竞争，这不仅源于同行业竞争者竞争方式的升级和创新，更有来自数字企业跨界进入市场而形成的全新竞争压力。工业经济时代的规模经济、范围经济原则越来越受到数字经济情境下摩尔定律、梅特卡夫定律、网络效应，以及先行者优势等新兴规律的挑战，基于界限分明科层结构的金字塔型组织结构逐渐被以平台为中心、多元主体耦合的生态圈结构替代，新出现的各种实践迫切需要从新的管理视角来解释和指导。因此，本书聚焦“数字经济时代指导企业获取持续竞争优势的新理论视角是什么”，并对这个研究问题进行深入探索，尝试构建中国自主知识体系的数字管理理论。

由于数字经济对企业内外部环境的深度重塑，已经有一些学者从战略管理、创新管理、组织管理、人力资源管理、国际商务管理等方面对企业如何适应数字经济时代的新变化进行探讨，并取得了颇有价值的研究结论。

陈冬梅等（2020）从战略管理的研究视角出发，讨论了数字化对企业的存在问题、边界问题、内部组织方式以及竞争优势获取的影响。刘洋等（2020）在总结数字化情境下创新管理内涵的基础上，提出基于创新支撑、创新流程、创新产出、创新机制和创新绩效的数字创新管理研究框架。戚聿东和肖旭

（2020）探讨了数字经济引发的组织管理变革，提出企业战略目标、治理结构、研发管理、组织结构等需要针对数字化挑战做出适应性调整。谢小云等（2021）基于人与技术交互的视角，系统梳理了人力资源管理领域的数字化新实践。易靖韬和何金秋（2023）以猎豹移动轻游戏平台的国际化为例，从生态系统竞争优势的视角对数字平台出海的战略演进及其内在机理进行研究，为数字平台出海的动态决策提供管理启示。

然而，这些研究大多在管理的各个职能层面进行探索，没有旗帜鲜明地从整体观和全局观的视角提出一个指导企业如何在数字经济时代获取持续竞争优势的新视角。在一定程度上，亟须进一步加强对数字经济时代管理理论创新的研究。

本书在分析数字经济时代市场竞争新特征和企业管理新行为的基础上提出，数字平台生态观是指导数字经济时代企业获取持续竞争优势的管理理论，能够帮助企业有效运用人工智能、区块链、云计算、大数据等数字技术，通过确立独特的平台市场定位以及扩大平台的网络规模，与其他相互关联的生态参与者积极塑造数字环境这一社会化过程来共同创造价值及合理分配价值，以获得持续竞争优势。

本书的撰写和出版得到了国家社科基金重大项目“高质量发展情境下中国企业的高端化战略变革理论研究”（21 & ZD139）、国家自然科学基金优秀青年科学基金项目“动态能力和持续竞争优势”（72022005）和中央高校基本科研业务费专项资金的资助。在出版过程中，本书得到了机械工业出版社副社长陈海娟老师的大力支持，责任编辑李浩老师在编辑、审校过程中提出了许多宝贵的修改意见，在此表示诚挚的谢意。

本书参考了许多专家学者的研究，受到很多新的启发，在此一并致谢。由于数字平台生态观涉及的影响因素比较多，书中难免存在不足和缺憾，请大家批评指正，也期待这些研究结论能够对指导企业通过构建基于数字平台的生态系统获取持续竞争优势，以及为我国数字经济高质量发展有所裨益和帮助。

# 目录 CONTENTS

推荐序一

推荐序二

推荐序三

前　言

## 上篇　数字平台生态观的理论基础

**第一章　数字经济时代的企业现实挑战** ······ 3

　第一节　企业外部竞争更加复杂和动态 ······ 3

　第二节　企业管理行为逐渐趋于智能化 ······ 9

**第二章　数字平台生态观提出的理论背景** ······ 11

　第一节　基于垄断优势的行业结构观 ······ 11

　第二节　基于比较优势的资源基础观 ······ 12

　第三节　基于柔性优势的动态能力观 ······ 13

**第三章　数字平台生态观的理论解读** ······ 15

　第一节　数字平台生态观的内涵 ······ 15

　第二节　数字平台生态观的特征 ······ 17

　第三节　数字平台生态观的文化渊源 ······ 26

　第四节　持续竞争优势来源的比较分析 ······ 28

**第四章　数字平台生态观的逻辑框架** ······ 34

　第一节　制定平台战略 ······ 35

　第二节　基于物理属性的平台架构设计 ······ 37

第三节　基于社会属性的生态系统治理……………………………………41
第四节　基于交互影响的协同演化机制……………………………………44

## 中篇　数字平台生态观的实施策略

**第五章　制定数字战略**……………………………………………………………49
第一节　发现数字机会……………………………………………………………50
第二节　明确价值主张……………………………………………………………52
第三节　筹划战略行动……………………………………………………………57
第四节　建立数字技术赋能和数据驱动的支撑体系……………………………64
**第六章　数字原生企业如何构建数字平台生态系统**……………………………73
第一节　实施网络桥接……………………………………………………………73
第二节　规避平台风险……………………………………………………………80
第三节　贯彻互惠主义……………………………………………………………87
**第七章　数字化转型企业如何构建数字平台生态系统**…………………………96
第一节　分模块适应以推动特定业务变革………………………………………96
第二节　系统性转变以支撑企业整体数字化协同………………………………101
第三节　交互式演化以实现企业数字生态融入…………………………………105

## 下篇　数字平台生态观的热点议题

**第八章　数字平台情境下基于互补者体验的设计与众筹项目成功**…………113
第一节　以互补者体验为基础的数字平台设计…………………………………113
第二节　数字平台情境下基于互补者体验设计的理论基础……………………117
第三节　数据分析的具体方法……………………………………………………126
第四节　研究 1：基于 STATA 工具的回归分析…………………………………128
第五节　研究 2：基于 LIWC 工具的计算机文本分析…………………………134
第六节　研究结论和对管理的启示………………………………………………146

**第九章 基于共演视角的企业战略选择与数字平台生态系统构建** ………… 151
第一节 数字平台生态系统构建的价值 ………… 152
第二节 数字平台生态系统构建的理论基础 ………… 155
第三节 数据分析的具体步骤 ………… 160
第四节 小米公司构建数字平台生态系统的启示 ………… 169
第五节 主导企业战略选择与数字平台生态系统构建的共演模型 ………… 190
第六节 理论贡献与管理启示 ………… 202
**第十章 基于悖论视角的数字技术开源社区的治理机制** ………… 210
第一节 开源社区治理 ………… 211
第二节 开源社区治理的理论基础 ………… 214
第三节 开源社区治理机制的研究方法 ………… 218
第四节 平凯星辰和华为开源社区实例分析与研究发现 ………… 226
第五节 基于悖论视角的数字技术开源社区的治理机制 ………… 247
第六节 理论贡献与管理启示 ………… 255
**参考文献** ………… 260

# 上 篇

# 数字平台生态观的理论基础

# 第一章 Chapter

# 数字经济时代的企业现实挑战

在数字经济情境中，竞争的本质以及企业在市场上的竞争方式正在改变，并在竞争环境、竞争规律、竞争边界和竞争策略等方面与传统竞争存在显著差异。此外，在数字经济情境下，海量和低成本的数据资源结合大规模数据挖掘、机器学习、可视化呈现等多种数字技术对企业管理行为产生了巨大的影响。一方面，数字化使企业能够开发数据资源，管理基础随之发生改变；另一方面，企业基于人工智能等数字技术从数据中发现隐含的信息、规律或机会，管理模式逐步趋向智能化。这些新变化是本书提出数字平台生态观的现实原因。

## 第一节　企业外部竞争更加复杂和动态

### 一、竞争环境呈现高技术性、动态性和网络性的特征

随着数字经济时代的加速到来，数字技术打破了企业和行业边界，不断颠覆在位者的技术创新和商业模式创新成果。从 1990 年到 2023 年，全球经济结构发生显著变化，映射出未来产业发展新趋势。在 20 世纪 90 年代初期，全球市值前十大公司主要由石油、金融服务和汽车制造等传统行业巨头占据。例如，美国电话电报公司（AT& T）、荷兰皇家壳牌集团（Royal Dutch Shell）、德国西门子（Siemens）等。这些企业凭借行业内积累的深厚经验、庞大的市场规模和

先进的技术研发能力，在当时成为助力全球经济发展的领头羊。

随着时间的推移，基于数字技术的电子商务、软件、社交媒体等行业在经济社会中的影响越来越大，这些行业中的企业凭借在互联网、移动技术和人工智能等领域的创新迅速崛起，并跃身成为全球市值前十大公司之一。例如，微软（Microsoft）、苹果（Apple）、脸书（Facebook）等。无论是新兴科技公司的崛起，还是传统行业巨头的转型与变革，都映射出全球经济格局的重新洗牌以及行业竞争的加剧。

与传统市场的竞争环境相比，数字经济时代竞争的高技术性、动态性和网络性特征更加显著。

（1）高技术性是指企业在竞争中广泛应用先进的数字技术与数字基础设施，如大数据分析、人工智能、区块链、物联网和云计算等。这些新兴技术不仅改变了企业的运营模式，也使得共享经济和平台模式等全新的商业模式在市场中崭露头角，并不断“蚕食鲸吞”在位企业的市场份额。例如，作为一种新兴业态，电子商务通过虚拟化门店打破实体空间的种种约束，极大分流了实体商铺的客流。数字化供应链管理、智能生产系统和精准营销等技术的应用，使得企业能够以更低的成本、更高的效率来满足市场需求。

（2）动态性是指市场演变的步伐加速，颠覆性创新不断出现并驱动市场增长，而高市场增长则意味着有更多的资源供新进者使用，有利于形成市场发展与创新的良性循环。例如，共享出行平台的出现迅速改变了传统出租车行业的市场格局，而新兴的金融科技企业则通过创新的金融服务模式挑战传统银行业。市场需求和消费者偏好也在快速变化，企业需要具备高度的敏捷性和快速响应能力，及时调整战略和运营模式，以应对市场的快速变化和不确定性。

（3）网络性是指企业从位于传统市场中的线性价值链条转变为嵌套于数字经济情境下的价值网络，并成为价值网络中的一个连接点。例如，平台经济的兴起，代表性的有电商平台、众筹平台和社交媒体平台等，使得众多企业通过数字平台实现资源整合和价值共创。这些平台不仅连接了企业与消费者，还连接了不同类型的企业，推动企业之间建立良好的合作伙伴关系，形成了一个高度互联的生态系统。

## 二、摩尔定律、梅特卡夫定律等成为指导企业应对竞争的新规律

传统市场的竞争通常被视为零和博弈，企业之间由于市场共同性和资源相似性，倾向于采取竞争性对抗行动以获取竞争优势。在数字经济情境中，数字平台生态系统中各主体的关系已经从简单的竞争或合作关系向共创价值的利益共同体转变，竞争规律也从零和博弈转变为摩尔定律、梅特卡夫定律、网络效应和先行者优势等。

摩尔定律揭示了信息技术迅速变化的跃迁速度，其核心观点为集成电路芯片的性能大约每两年增加一倍，而成本则会降低一半（Moore，1965）。这一定律催生了一些价格相对低廉且越来越易于使用的全球数字基础设施，包括计算机、移动设备、宽带网络连接平台等。这一数字基础设施反过来又加速了新技术的出现，使大众的生活和工作方式、公司组织方式以及整个行业结构都发生了显著变革。

梅特卡夫定律关注网络外部性的关键作用，认为网络价值（V）与联网用户数量的平方（$N^2$）成正比（Metcalfe，1996）。Metcalfe（2013）基于2004—2013年Facebook的用户数据，以月平均用户数衡量联网用户数量，采用收入衡量网络价值，检验了梅特卡夫定律。随着时间变化，Facebook的用户增长情况与网络价值仍符合 $V=N^2$，揭示了数字经济时代的价值创造规律，具体结果如图1-1所示。

## 三、跨界竞争成为数字经济时代竞争的主要组成部分

传统市场中的企业是在定义明确的行业中进行竞争，行业边界相对清晰。随着数字技术的发展，行业之间的相互渗透能力增强，突破行业边界的合作

与竞争日益增多，原有生产要素和数字要素之间的新组合拓展了行业的价值空间。例如，“互联网+”模式实质上是对实体产业价值链要素进行解构，并与数字产业价值链进行重新排列组合，实现对原有市场的创造性破坏。在数字经济时代，行业边界是瞬态变化的，竞争者可能来自于行业内，也有可能来自于其他行业，从而市场中形成了跨界竞争，甚至跨界颠覆的态势。

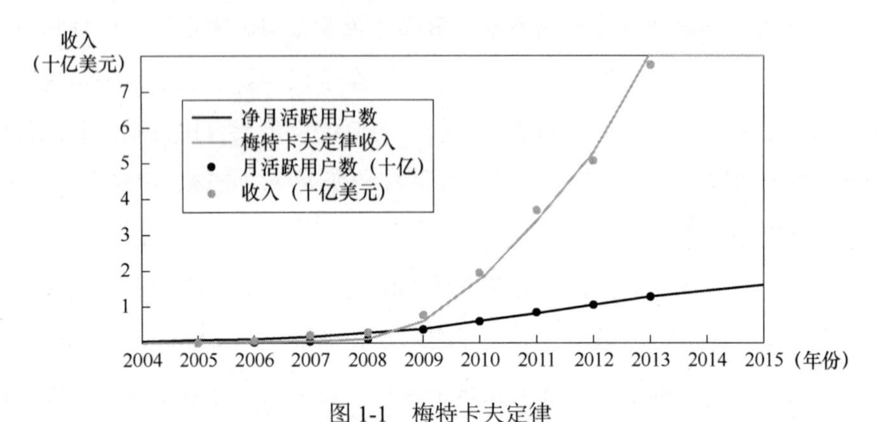


图 1-1　梅特卡夫定律

图片来源：Metcalfe B. Metcalfe’s law after 40 years of ethernet[J]. Computer, 2013, 46(12): 26-31.

跨界颠覆主要是通过运用新的价值创造方式代替行业传统价值创造方式，进而推动整个行业发生颠覆式变化的过程逻辑（张骁等，2019）。由于数字技术的生成性、可供性和可扩展性等特征，这种跨界现象在人工智能、元宇宙、智能制造和移动互联网等领域的数字原生企业的战略部署与行动过程中尤为突出。例如，随着汽车逐步由机械驱动转向电驱动和软件驱动，大量移动互联网企业凭借多年的生态整合能力与数据运营能力，开启了数字决定体验、软件定义汽车的“汽车+服务”新时代，同时也为新材料、新技术、轨道交通和电子电力等其他跨界新力量入局新能源汽车产业生态带来契机。

## 四、企业间的竞争策略更加多元化

传统市场中企业间的竞争主要利用竞争者之间“行动—响应”的交互博弈过程，即企业主动发起特定的竞争性行动以增加竞争优势，或者应对竞争者攻击采取相应的响应策略以进行防御或反击。在数字经济时代，依据企业在数字平台生态系统中角色的不同，企业间的竞争策略也更加多元化。

如 Kretschmer 等（2022）提出了数字平台生态系统内平台企业实施竞争策略的研究框架，主要分为三个方面。

（1）平台企业与传统行业企业之间的竞争。数字平台作为一种新的商业模式，进入以前没有平台特征的行业，通过为参与者提供自主权、网络效应和开放程度等方式重构行业结构并破坏在位者的收入流和权利平衡。例如，爱彼迎（Airbnb）与传统酒店业之间的竞争。爱彼迎作为一个数字平台，通过将房东和租客直接连接起来，颠覆了传统酒店业的商业模式。爱彼迎提供了一个开放的平台，允许个人房东自主出租其房产，从而为租客提供了更多选择和更具竞争力的价格。这一模式打破了传统酒店业的固有结构，使得传统酒店业不得不调整自身策略，提升服务质量和顾客体验，以保持市场竞争力。

（2）不同平台之间争夺同一市场的竞争。平台领导者的关键目标是通过控制平台架构的兼容性协同整个产品系统，或者通过激励高质量参与者群体创造良好的交易环境，提升其在数字市场中的竞争优势。例如，优步（Uber）与来福车（Lyft）针对网约车市场的竞争。作为全球两大网约车平台，优步和来福车两家公司在多个相似市场中展开了激烈的竞争。它们不断通过补贴和优惠政策吸引司机和乘客以扩大其市场份额，也分别通过共享拼车（Uber Pool 和 Lyft Line）、豪华车服务（Uber Black 和 Lyft Lux）等服务创新，来满足不同用户的需求，增强其市场竞争力。

（3）平台生态系统内部成员之间价值分配的竞争。平台通过提高互补品的数量和质量、分散决策权、奖励参与者等方式管理互补者之间、平台与互补者之间的竞争与合作，进而平衡价值创造与价值分配之间的张力。例如，苹果商店（App Store）的成功与其针对互补开发者的价值分配管理密切相关。苹果公司鼓励开发者创造高质量的应用程序，并对其进行严格审核，确保平台上应用程序的质量。同时，苹果公司允许开发者自由定价，并提供详细的开发者指南和工具，帮助其更好地在平台上发布和推广应用。通过苹果商店上的排行榜、推荐位和广告等方式，苹果商店会奖励优秀的应用开发者，提升其收入和知名度。通过平衡价值创造与价值分配之间的张力，苹果公司成功地构建了一个繁荣的应用生态系统。

Cennamo 和 Santalo（2013）基于平台互补者和消费者之间的相互依赖关系，认为互补者创新和用户体验之间是相互加强的关系，确保平台比其他竞争对手提供更多类型的互补品是提升平台整体价值的主要途径之一。因此，平台领导者如何有效管理互补品的策略可能比吸引最终用户的策略更为重要。

该研究提出平台鼓励互补者开发应用程序的两种策略，分别是增强平台内互补者应用程序开发之间的竞争（Competition）和鼓励平台内互补者开发专属（Exclusivity）当前平台的应用程序。其中，增强平台内互补者应用程序开发之间的竞争是指平台通过许可政策、技术支持等方式，刺激互补产品提供者之间的竞争以丰富平台产品。这种竞争策略将有效提升应用程序的种类和数量，并通过间接网络效应增加用户基础。鼓励平台内互补者开发专属当前平台的应用程序是指平台鼓励互补者开发独家平台功能以获取消费者青睐，其主要目标是为用户提供在其他平台生态系统中无法获得的高质量互补品。这种竞争策略通过排他性协议确保互补应用程序的独特性，进而将增强平台的竞争地位。

Karhu 和 Ritala（2021）通过对现有平台的价值核心、边界资源、互补资源与用户群体进行分析，提出新进者加入现有数字平台市场的基于机会主义的三种市场进入策略：模仿在位主导平台部分资源与能力的平台开发策略（Exploitation）、跟随在位主导平台发展周期的平台同步战略（Pacing）、依附在位主导平台发展的平台渗透战略（Injection）。

其中，平台开发策略指新进入平台不违反主导平台的规则和许可，但以非互惠的方式使用或模仿在位主导平台部分资源与能力，并在同一业务领域与主导平台竞争；平台同步战略是指新进入平台跟随在位主导平台发展周期，精确模仿互补品依赖的所有边界资源，使互补者开展多栖战略的成本几乎为零，进而更容易将主导平台的参与方吸引到新进入平台中；平台渗透战略是指新进入平台企业将自己的边界资源注入主导平台生态系统中并从中获取新的资源，也即新进者依附在位主导平台发展。

## 第二节　企业管理行为逐渐趋于智能化

### 一、数字化改变企业的管理基础，重塑企业开展业务的方式

数据被定义为企业的新资源，企业现有业务流程的数据化和各类可得的外部数据会对企业决策产生影响。企业能够利用动态能力最大化地开发、加工和内化企业研发、生产、采购、营销等运营过程中产生的数据资源，实现组织流程与数据资源的高度契合，提高自身经营效率。因此，在对企业的日常经营活动进行决策时，管理者决策的依据从企业经营积累的有限信息和经验转变为大量数据资源与管理经验的结合，管理者拥有几乎无限量的详细数据可供使用。

海量数据不仅减少了管理者由于信息不足和决策经验惯性产生的选择偏误，也重构了管理者的数字化思维。同时，消费者以及其他决策相关者的信息开始被纳入考虑，特别是消费者作为数据资源贡献者的潜力已被手机、可穿戴设备等数字化设备，以及大数据分析、图像识别、机器学习和人工智能等数字技术极大释放。

企业利用大数据技术将普通消费者的行为转化为可供企业获取和分析的可视化数据，一方面通过用户社群、营销活动、线上交易等方式不断积累和细化普通消费者需求；另一方面将不同设计理念与消费者需求相匹配，进而通过决策算法优化影响企业产品研发流程，实现了普通消费者数据化参与企业的研发创新（肖静华等，2018）。

## 二、企业管理模式从模糊管理转向算法驱动的智能管理

伴随着数字技术的迅速发展，算法越来越多地参与到企业的管理过程之中。企业管理模式从依靠管理者经验和直觉的模糊管理，逐步转变为算法驱动的智能管理。算法驱动的智能管理以算法技术为基础，对企业多源海量数据资源进行集成、处理和分析，从中提取有价值的信息以协助管理者处理复杂管理问题。

算法模型基于数据模拟人脑的推理过程进行学习和搜寻，自动寻找数据背后的规律从而运用于管理（Wilson 和 Daugherty，2018）。Verganti 等（2020）认为，人工智能可以在产品、服务和运营流程方面实现自动化学习和设计，从而创建和测试新颖的商业解决方案。算法驱动的智能管理在一定程度上更具实时性、全局性和动态性。

（1）在摩尔定律的作用下，算法的处理能力呈指数级上升，使得基于算法的管理效率远高于人工管理的效率，实时管理成为可能。

（2）算法驱动的智能管理可以进行高复杂性的全局决策。一方面，对于多维因素的关联模式和因果关系的揭示，算法能够帮助管理者获得对决策场景的横向全局视图，从运营、用户及外部宏观环境等不同来源的数据中发现有价值的关联；另一方面，算法可以将历史数据与当前数据进行多期比较，揭示数据背后蕴藏的特定行为模式，帮助管理者获得对决策场景的纵向全局视图。

（3）算法驱动的智能管理可以实现动态决策。动态决策意味着算法能够考虑到有关决策要素随时间的变化，体现出数据、业务或市场的动态演化情况。在此基础上，对相关事件进行不确定性动态建模，实现事件的模拟、推断和预测。

# 数字平台生态观提出的理论背景

从工业经济时代到数字经济时代，关于“企业如何建立持续竞争优势”这一管理领域关注的核心问题在不同管理情境下有不同的答案。在数字经济时代，行业结构观（Industrial Structure-based View）、资源基础观（Resource-based View）、动态能力观（Dynamic Capabilities View）等较为经典的管理理论存在一定程度的局限性，迫切需要从新的理论视角来指导企业的管理实践。

## 第一节　基于垄断优势的行业结构观

行业结构观认为，企业的竞争优势主要是基于对企业所处行业和竞争者的分析（Porter，1985）。外部环境对企业的战略行为有决定性影响，行业的选择直接决定企业能否具有竞争优势，因此，企业必须选择进入最具吸引力的行业以获取基于垄断优势的“张伯伦租金”。基于对企业外部机会与威胁的分析，行业结构观的代表性学者波特提出“五力竞争模型”来分析一个行业的基本竞争态势。

“五力竞争模型”包括供应商的讨价还价能力、购买者的讨价还价能力、潜在进入者的威胁、替代品的威胁以及同一行业内企业间的竞争格局，这五种力量决定了一个行业是否存在盈利空间。

在上述分析基础上，企业可以选择成本领先、差异化和聚焦等竞争战略获取竞争优势。行业结构观对于企业竞争优势的构建高度关联企业外部环境，而对企业本身的资源和能力相对有所忽略。更重要的是，行业结构观没有办法解释为什么同一个行业中有的企业绩效优异而有的企业却绩效平庸。

“五力竞争模型”为工业经济时代了解企业如何能够获得和维持竞争优势提供了见解。但是，行业结构观假设的是企业位于一个相对稳定的环境中，即使存在不确定性也是向新的均衡状态变化的过程。企业所面临的外部环境相对结构清晰，行业边界相对界定明确。企业基于对行业结构的分析，选择有吸引力的行业制定进入战略，从而获取竞争优势。

然而，数字经济情境的特点是复杂、动荡且快速变化的，这导致了企业所处环境的高度不确定性。数据的通用性和数字技术的可供性使得企业能够更容易跨越行业边界，开发全新数字产品和服务来创造价值和参与竞争。由于动态竞争的存在，行业难以达到均衡，并且也很难通过“五力竞争模型”分析识别或衡量一个行业的竞争力。

## 第二节　基于比较优势的资源基础观

资源基础观认为，企业可以通过拥有有价值的、稀缺的、难以模仿的和不可替代的异质性资源来获取基于比较优势的“李嘉图租金”（Barney，1991）。资源基础观提出的分析框架将企业竞争优势来源的研究焦点，从企业的外部环境转向企业内部独有的异质性资源，关注企业间各自所拥有资源的差异。企业间技术、专利、关系等资源的差异塑造了竞争优势。

资源基础观视角弥补了仅关注企业外部行业因素的片面性问题，从更微观的异质性资源视角解释竞争优势的差异，分析了为什么在同样的市场环境和产业结构下，有的企业具备长久的竞争优势，而有的企业却难以为继的原因。

然而，一家企业经过多年积累并形成其独特的资源和能力后，由于发展路径依赖性、企业资产专用性、沉没成本效应等原因，会有意或无意地排斥其他方面的资源投资和能力建设。只相信过去成功的经验，缺乏动力与进取精神；只满足于已取得成功的产品或市场，不愿向新业务领域渗透。对外界环境变化反应迟钝，逐渐形成资源和能力的刚性，成为动态环境中企业构建持续竞争优势的桎梏。

此外，数字经济的新情境也给资源基础观的假设带来了挑战。

（1）具备规模性、高速性和多样性等特性的大数据成为企业的重要资产之一。大数据的特性使企业原先获取竞争优势所依赖的资源稀缺、难以模仿等特征难以为继。很多企业已经成功利用大数据来洞察商业机会、优化产品和流程设计、深入挖掘供应商和客户以及市场需求的相关要素。

（2）开源社区、开放式创新平台的兴起表明一些企业开始实施资源开放战略，通过放弃或部分放弃对公司当前或未来资产的控制从而获取竞争优势（Alexy 等，2018）。企业的资源和能力超越了组织边界，嵌入动态变化的数字网络中。

## 第三节　基于柔性优势的动态能力观

动态能力观的出现源于对资源基础观基于环境静态假设的质疑。在一定程度上，企业的竞争优势容易因其核心能力的僵化而丧失。因此，Teece 等（1997）认为，动态能力是企业整合、构建和重新配置内部和外部资源与流程以应对快速变化环境的能力。

在构成维度上，动态能力包括机会感知把控、流程变革重构、持续更新迭代等方面的内容，其能够帮助企业感知和评估机会和威胁，以及抓住机会、减少威胁并从中获取价值，重新配置公司的有形和无形资产以保持竞争力。

企业可以通过调整和重新设计其业务模式，应对新出现的机会并帮助其在竞争对手之前感知和把控这些机会，从而获取基于柔性优势的租金。

与行业结构观相比，动态能力观探究企业如何通过资源整合和重构进行战略革新以获取动态环境下的可持续竞争优势；与资源基础观相比，动态能力观改变了资源基础观认为战略性资源和核心能力相对静态的假设前提，关注在不同的外部环境下企业所拥有资源和能力与所处环境的动态匹配。同时，动态能力在对企业内外部资源进行解读时，还关注到社会网络、组织间竞争优势和关系能力这一类由社会网络节点之间的联结所生成的无形资源。

动态能力强调构建和发展组织间关系网络，以取得必要的资本、信息、知识和技术。因此，与资源基础观视角下相对独立清晰的组织边界不同，动态能力观要求企业具备更高的产业链上下游嵌入程度，能够获取外部的资源并实现内外部资源的整合与协同。在数字经济时代，动态能力观也被用来指导组织如何实施数据驱动或数字技术赋能以实现数字化转型（Warner 和 Wager，2019）。

相对而言，动态能力观过于强调本企业在价值创造过程和价值分配机制中的主体地位，可能会不由自主地忽略利益相关者的作用和利益。也就是说，在一定程度上，动态能力观认为利益相关者只是本企业为了获取竞争优势的工具和途径，而没有将其视为共同成长和长期发展的合作伙伴。

综上所述，企业竞争优势来源逐渐从产业选择与企业资源构建等方面扩展到数字平台设计以及生态系统治理，平台和生态日益在企业经营战略中占据核心地位。不同于传统经营战略背后的零和博弈假定，价值共创、互惠主义、数字竞合等共生概念也逐渐被认同。

因此，如何应对数字经济时代管理变革的要求，探索适应数字化时代的新管理理论，是本书要回答的核心命题。在对以往经典管理理论分析的基础上，本书认为数字平台生态观（Digital Platform-based Ecosystem View）是指导数字经济时代企业获取竞争优势的一个新视角。

第三章
Chapter

# 数字平台生态观的理论解读

本章对数字平台生态观的内涵进行了界定，指出数字平台生态观具备更加注重连接和匹配，强调基于利益相关者的价值共同创造和合理分配价值，持续关注内部组织设计的有机匹配及其与外部环境的动态演化等方面的特征。在此基础上，本章表明数字平台生态观的提出，得益于深厚底蕴的中国文化和东西方源远流长的哲学思想。最后，从适用情境、租金类型、价值假设、分析单元、分析框架、竞争策略和优势来源七大维度，进一步比较分析数字平台生态观和其他管理理论相比有哪些方面的不同，从而突出数字平台生态观和行业结构观、资源基础观、动态能力观的差异性。

## 第一节　数字平台生态观的内涵

数字平台生态观是指企业有效运用数字技术和开发数据资源，创建注重连接和匹配的数字平台架构，实施互补者和用户等利益相关者的有效治理，从而共同创造价值及合理分配价值以获得持续竞争优势的一系列综合的、协调性的约定和行动。

这一概念描述了数字平台生态观的四大核心内容，有效运用数字技术和开发数据资源是基础，连接和匹配的数字平台架构设计是载体，基于互补者和用户的利益相关者治理是动力，共同创造价值和合理分配价值是保障，以上一系列综合的、协调性的约定和行动的最终目标是实现可持续竞争优势。

敖嘉悦和于晓宇（2024）基于数字平台生态观，探究在互联网企业普遍增速放缓之际，拼多多在2023年如何发展成为一个由平台企业、供应商和消费者等多个主体互动、共创价值的平台生态系统，进而实现逆势增长的底层逻辑，提出打造生生不息的平台生态系统的四大策略：引“人”入“场”，利用数字技术激活情感经济，奠定生态基础；推“货”找“人”，利用数字技术实现范围经济、规模经济，夯实生态载体；以“场”驭“人”，利用数字技术放大网络外部性，增强生态动力；以“场”赋“人”，利用数字技术发展共享经济，强化生态保障。

数字平台生态观与传统的管理理论在分析视角上的区别在于以下三点。

（1）数字平台生态观关注多主体之间的价值创造与价值分配机制。在数字平台生态系统中，平台领导者与利益相关者协同产生知识溢出效应为用户创造价值，由此所产生的价值创造与分配问题会随着时间的推移不断变化。数字平台生态观强调本企业在价值创造过程和价值分配机制中占据主体地位的同时，还更重视与利益相关者协同创造价值以及随后的合理分配价值。

（2）数字平台生态观更加注重经济价值和社会价值的统一。经济价值是基于经济财富优先原则，通过满足企业自身的商业需求和目标创造的价值；社会价值则是基于社会财富优先原则，通过满足用户、开发者等的社会需求创造的价值，两者相互促进并形成价值闭环。数字平台生态系统中的领导者通过生产自己的产品或聚合其他参与主体的产品来创造和获取经济价值，并且保证其他参与主体也能够在这个过程中受益和成长，在创造经济价值的同时持续累积社会价值。

（3）数字平台生态观兼顾企业所处数字平台生态系统的物理属性和社会属性，且注重两者的有机交互过程。平台生态系统可以被视为一种不断演化的组织形式，其特征是通过实施具有物理属性的平台技术架构设计，以及具有社会属性的利益相关者平台治理机制来协调和集成一组多样化的组织、参与者、活动和接口，通过为顾客提供定制化服务增加平台价值（Jovanovic 等，2022）。

平台技术架构、平台服务和平台治理的共同演化是一个持续过程，需要不断地适应市场变化、技术进步和用户需求的变化。平台技术架构的演化会推动新服务的开发和治理策略的调整；而平台服务的扩展和治理机制的完善又会对平台架构提出新的要求。例如，当平台技术架构支持更多的实时数据处理和分析以及人工智能技术时，平台可以开发基于数据的服务（如实时推荐系统等），并调整治理策略以确保数据的安全和合规性。

同样，随着平台服务的丰富和生态系统的扩展，平台作为一种开放市场，通过整合高科技产业和传统制造业重新定义行业边界，允许专业的第三方应用程序使用开放界面来部署定制化增值服务，相应的平台治理策略需要更加灵活和包容以适应不同的互补者和用户需求。

随着时间的推移，具有物理属性的数字平台技术架构设计与具有社会属性的利益相关者生态系统治理相互依存和协同演化，推动整个数字平台生态系统持续与环境相适应。

## 第二节　数字平台生态观的特征

### 一、更加注重连接和匹配

数字经济时代，数据作为数字技术的起点已成为具备战略价值的重要资产。平台企业基于动态的数据更新迭代，以及数据与现有业务中其他资源的共同专业化过程，深度挖掘并精准配置异质性互补资源，为自身创造基于生态系统的商业价值（Helfat 等，2023）。

在数据资源的驱动下，以人工智能、5G、物联网等新兴数字技术为支撑的数字平台凭借核心技术架构在多方利益相关者之间搭建起数字桥梁，以及创新产品与服务的价值创造及获取方式，驱动平台生态系统平稳运行。数字平台生态观既关注基于互补组件和开放接口的外部连接，又关注多方利益相关者之间的需求匹配。具体来说有以下两大部分内容。

### （一）数字平台生态观特别注重通过互补组件与开放接口实现与外部资源的连接

从物理技术视角看，数字平台是一个可扩展的代码库，可以向其中添加补充的第三方软件和硬件模块；而从社会技术视角看，数字平台是技术要素以及相关的组织流程和标准的组合。数字平台生态系统可以通过提供接口或互补组件等形式的边界资源，集成并支持平台参与者共同创造互补的产品或服务。

例如，Ma 等（2024）在数字技术赋能平台生态系统的研究情境下，基于“知识获取—知识整合—知识溢出”的研究模型，探究多方利益相关者的知识流动过程与数字赋能之间的内在逻辑，进而实现多主体共同创造价值的过程。在知识获取方面，平台领导者利用应用程序编程接口（API）等平台技术架构搭建信息通道，通过跨组织边界连接和聚合参与者的知识；在知识整合方面，平台领导者根据大数据和技术转移建立了系统架构，在不同应用场景中解决复杂问题并推出互补产品，满足用户多样化需求；在知识溢出方面，平台领导者以高校、科研机构等平台知识结构为连接渠道，基于网络效应实现知识溢出效应并通过互补者之间的数字互动过程促进平台价值增长。

进一步来说，根据接口的开放性和组件的互补性，平台所有者可以选择一定程度的开放以利用平台网络中其他参与者的创新能力，打造数字平台生态系统。数字平台由多个异质性互补组件构成，不同组件通过接口实现数据通信和交换，实现平台功能的扩展。

具体来说，平台领导者通过标准化接口将互补组件扩展到外部第三方互补者，激励参与者将自身技术资源接入平台并提高互补品的质量和多样性，进而推动数字平台生态系统的繁荣发展。一方面，高质量的互补品将吸引更多用户加入平台，形成基于网络效应的正反馈循环，不断扩大平台生态系统规模（Li、Chen 和 Yi，2019）；另一方面，多元化互补品吸引跨行业参与者接入平台，推动参与者整合不同领域的互补资源开展场景化创新活动，不断延伸平台生态系统的边界。

相比于传统以企业自身为中心的创新逻辑，数字平台企业的产品或服务创新可以通过企业与外部资源的连接实施开放式创新活动。例如，肖静华等（2018）基于韩都衣舍和汇美两家互联网服装企业，构建起普通消费者数据化参与企业研发创新的理论框架。

研究认为，韩都衣舍基于用户导向的消费者数据化参与原则，在数据获取阶段，基于交易数据不断细化普通客户的需求偏好，形成细分客户能力；在数据迭代阶段，通过数据清洗和数据积累增强数据的准确性和可用性，形成优化决策能力；在数据驱动阶段，企业利用数据驱动新产品研发决策，形成构建规则能力。

汇美基于设计师导向的消费者数据化参与原则，在数据获取阶段，通过举办营销活动等方式与消费者建立沟通关系，通过刺激购买与消费者建立交易关联，进而从销量、用户评论等数据中识别出认可品牌的消费者订单并细化为不同用户社群，形成识别社群的能力；在数据整合阶段，通过在各品牌设计部新增“设计跟单员”岗位，将设计需求转化为数据需求并为研发决策提供参考，形成辅助决策能力；在数据支持阶段，通过大数据技术将消费者的网购行为转化为分析数据并结合品牌特征进行标签化处理，将标签化数据形成具体的用户画像和分析结果反馈给设计师，使设计师的创意与消费者需求更为契合，形成匹配规则的能力。

这个研究基于企业与消费者协调演化视角，通过对比两种企业的不同设计理念揭示了消费者数据化参与企业研发，形成不同的数据驱动型研发创新方式。

## （二）数字平台生态观重视多元参与主体间的需求匹配

数字平台生态系统以连接企业和产业链上下游的数字平台为控制中心，改变了以往的线性合作模式，使得数字生态系统内的平台企业超越传统的企业与行业界限，灵活匹配差异化需求从而共同创造价值。

鉴于多元化的参与者主体深度嵌入并组成动态网络，数字平台生态系统需要以全新的方式部署产业链上下游合作资源，以协调供需关系并提供数字产品与服务（Wang，2021）。由于数字平台生态系统内的平台所有者与生态系统本身及其他参与者之间的相互依存关系，其竞争优势的获取高度依赖于与企业所处外部环境的连接和协同。在一定程度上，基于用户数量的网络效应不仅是平台成功实施的关键，也是激励互补者参与平台的强大驱动力（Panico和Cennamo，2022）。也就是说，平台生态系统中参与者数量的增多，不仅激励互补者创新出更多种类的互补产品和服务，同时还有利于满足用户的个性化需求，基于网络效应的正反馈机制对于多元参与主体间的需求匹配效率具有积极影响。

然而，随着平台生态系统加速演进，不同互补者群体在知识结构、创新目标和利益分配等方面存在冲突，以及不同消费者群体的需求偏好存在明显差异，进而出现信息过载、沟通成本增加等问题，难以快速开展需求匹配（Li和Netessine，2020）。因此，多元参与主体的需求匹配效率不仅需要关注网络效应的正反馈机制，还需要通过搜索机制识别参与者需求的异质性特征（Fradkin，2017）。例如，海尔HOPE平台坚持开放式创新理念，通过创新合伙人社群等形式连接全球创新者、技术专家、高校等参与者并构建庞大的资源网络，通过微洞察服务等方式扫描、识别和挖掘用户信息，快速满足创新过程中的各类资源匹配，不断创造引领行业的明星产品。

综上，鉴于数字经济的快速发展，企业不能再简单依靠自身产品和资源获得竞争优势，而应建立数字平台生态系统作为连接和匹配利益相关者的基础设施，以形成基于网络效应的竞争优势。数字平台生态观更加注重连接和匹配，通过促进平台所有者和相互依存的参与者群体之间的互动和连接来创造价值。

## 二、强调基于利益相关者的价值共同创造和合理分配价值

价值是指多方利益相关者在资源共享、组合和重构的过程中，每个参与主体实际获得的增值结果（Chesbough，2020）。在数字平台生态系统中，每个参与主体加入数字平台生态系统的意愿和投入度不仅取决于多主体协作交互过程的价值创造结果，还取决于参与者是否认同自身获得了合理的回报。只有当参与者感知到该种行为能够给自身带来价值增值时，才会继续开展后续的价值创造活动。平台领导者设计不合理的价值分配机制将可能导致参与者逃离平台，降低平台的整体价值。因此，数字平台生态观强调多主体之间的价值创造与价值分配机制。

### （一）数字平台生态观重视与利益相关者的价值共同创造

数字平台生态系统描述了一个由多元利益相关者深度嵌入组成的动态网络，生态系统内的网络结构和个体能动性交织在一起，企业嵌入组织间网络并开始寻求建立持续竞争优势，同时以不同的方式参与并为彼此的价值创造过程做出贡献。

互补者是平台生态系统的重要组成部分，将单一企业的价值创造过程转变为多参与主体之间的价值共创过程，从而通过网络效应构建平台核心竞争力。因此，平台领导者可以通过为开发者、用户，以及各类应用程序提供标准化边界资源（Hein 等，2019）。这种兼容性推动参与者将各类资源集成到平台中，并支持其他参与者访问和使用，在促进网络外部性的同时，实现可扩展的价值共创实践。

此外，平台领导者也可以通过非正式的沟通机制推动价值创造过程。例如，Foerderer（2020）关注到苹果公司每年举办的全球开发者大会，并探究企

业间交流对互补者创新绩效的影响。该会议通过邀请互补者参加并促进知识流动和技术整合，为生态系统内部交流提供机会。研究认为，企业间交流通过两种机制促进互补者创新绩效，分别是学习机制和合作机制。

（1）学习机制。互补者的软件开发能力具有隐性特征，这种知识嵌入到参与者的技能和直觉之中，而企业间交流可以提供更为全面的交流驱动，促进其他互补者学习和使用隐性知识，推动互补者创新。

（2）合作机制。企业间交流可以促进互补者之间的紧密合作，通过技术整合在更大程度上集成互补品，进而以更高的性能、更低的成本来创造消费者价值。

在一定程度上，数字平台生态系统的整体价值取决于主导者在利益相关者间维持网络效应的能力，以及基于独特的互补产品组合而创造的市场或技术身份。因此，数字平台生态系统强调将价值创造重心从主导企业内部转向与外部互补者共同创造，通过促进平台所有者和相互依存的参与者群体之间的互动和连接来创造价值。

### （二）数字平台生态观强调与利益相关者合理分配价值

鉴于数字平台生态系统主导者具有从基于平台生态系统促成的交易中获利的能力，其可以通过对每笔交易和互动进行抽成来获取所创造的价值份额。数字平台生态系统中不同生产者群体之间存在多边相互依赖关系，包括平台与互补者之间的关系、互补者与互补者之间的关系（Adner，2017；Zhu 和 Liu，2018）。

（1）聚焦于平台与互补者之间的关系。为了提高价值占有率，数字平台生态系统主导者往往采用积极的收入分享计划，尽可能保证自身获益最大化。然而，这种做法可能会抑制互补者对平台的价值贡献，互补者可以通过脱耦等各种策略去管理其与平台之间的关系，可能会在一定程度上削弱数字平台生态系统主导者的价值可占有性，并限制数字平台生态系统的整体价值创造水平。例如，Wang 和 Miller（2020）认为互补者会将产品提供作为一种战略机制来管理其与数字平台的关系。

研究认为，当互补者和平台合作伙伴共同创造价值时，其关系会强化平台的网络效应，进而提高平台对于互补者的议价能力。此时，价值创造和价值占有之间的紧张关系就会出现，平台对互补者进行价值侵占的风险会增加。以出版商和数字平台的关系举例，数字平台能够较大幅度地降低边际成本，促进出版商与消费者之间的信息交易，因此能产生巨大的经济潜力。而由于出版商与数字平台合作时的价值创造潜力增加，出版商对数字平台的议价能力可能就会下降。并且由于网络效应的增加，出版商的参与为平台吸引了大量的消费者，这也进一步提高了数字平台的议价能力。因此，互补者有动机去策略性地管理其与平台之间的关系。互补企业在平衡价值创造收益和价值占有风险时会做出特定产品组合决策，将产品提供作为一种战略机制，从而管理其与所在数字平台之间的合作关系。

（2）聚焦于互补者之间的关系。互补者采取的市场战略决定了互补产品和服务的市场定位。互补产品的高度同质化将导致互补者争夺同一类用户群体，加剧互补者之间的恶性竞争。因此，平台领导者需要通过设定平台规则等方式保证多方参与者在价值创造与价值分配之间的平衡。例如，Chen 等（2023）以在线房屋共享平台爱彼迎为例，探究平台政策如何平衡与协调利益相关者之间的价值创造和价值分配。

研究认为，平台中存在着运营模式更为成熟的专业房东团队和运营经验稍微欠缺的非专业个体房东，实施限制专业房东主导地位的平台政策是否能够提升平台整体盈利能力，取决于专业房东团队在平台中的整体策略是差异化策略还是竞争策略。如果专业房东主要采取差异化战略，则专业房东团队与非专业个体房东的用户群体重叠部分较少，两者不存在竞争关系，实施限制专业房东团队主导地位的平台政策对非专业个体房东的房源供应量和价格无影响，但会导致平台整体供应量下降，降低消费者体验和平台整体价值。若专业房东团队主要采取竞争战略，则专业房东团队与非专业个体房东的用户群体高度重叠，两者存在激烈竞争，实施限制专业房东团队主导地位的平台政策对平台总供应量无显著影响，但增加了非专业个体房东的经济收益，将平台价值更多地向非专业房东群体倾斜。

因此，爱彼迎通过实施限制专业房东团队主导地位的平台政策，创造更加公平的竞争环境，并惠及更为广泛的参与者，以保持生态系统的可持续性发展。综上所述，数字平台生态观强调数字平台生态系统主导者需要与利益相关者协调解决价值分配问题，保持数字平台生态系统主导者与各利益相关者之间价值分配的平衡与公平。

## 三、持续关注内部组织设计的有机匹配及其与外部环境的动态演化

数字平台生态系统的内部组织设计主要包括平台架构设计与平台治理机制两方面。平台架构设计关注数字技术连接和匹配的物理属性，平台治理机制关注多主体合作与创新的社会属性，且两者相互促进、交互影响。同时，随着时间的推移，平台内部组织设计与外部环境共同演进，推动平台生态系统的可持续发展。

### （一）数字平台生态观强调平台架构和平台治理之间存在有机契合与匹配的关系

鉴于数字平台生态系统的复杂性特征，其内部系统中一个组成部分的变化会导致其他组成部分和生态系统本身的变化。例如，Mei 等（2022）基于对阿里云物联网平台的研究，认为互补创新的有效管理和编排取决于平台架构与治理机制之间的动态交互过程。该研究将数字平台演进过程分为启动阶段和扩张阶段，并提出管理互补创新的四种治理机制。

在启动阶段，平台的技术架构质量相对较低，平台所有者往往通过实施“协议与规则”和“选择性推广”等控制治理模式提高互补者对技术质量的认知，吸引更多潜在互补者加入平台。在扩张阶段，阿里云的平台架构体系不断完善，互补者数量激增。为了应对锁定互补者和避免互补者竞争的挑战，

平台所有者主要通过“协议与规则”“选择性推广”“联合解决问题” “社会化”四种治理机制强化互补者的平台参与黏性，实现互补者锁定。

因此，平台架构设计与生态系统治理之间是相互促进、交互影响的有机关系，即平台设计功能和技术能力会影响当期所提出的治理机制，同时治理机制的有效实施会反向影响平台后续的架构设计。随着平台技术架构的时序性变化，治理机制也会实现共同进化，进而实现生态系统成员所共同期望的进化结果。

### （二）数字平台生态观呼吁架构与治理等内在属性与外部环境的动态适应

鉴于外部环境的高度动态和不断变化的特征，数字平台生态系统可以通过持续不断与外部环境交互以促进新机会的出现（Gawer 和 Cusumano，2014）。平台所有者的技术架构设计与平台治理机制会影响利益相关者期望，促进协调并实现生态系统外部的兼容性（Tiwana 等，2010）。同时，数字平台生态系统被来自宏观环境层面的外部力量所塑造，数字平台生态系统的内生属性，如技术架构和利益相关者治理需要与外部环境的动态变化相适应。

数字平台在不同阶段拥有不同的战略目标与价值取向，面临着不同的治理挑战，促使平台所有者根据自身价值目标、参与者利益主张动态调整和改变治理手段与治理方式，以更好地提升平台整体价值获得可持续竞争优势。

如果数字平台生态系统中行动主体的行为选择与其存在的外部环境之间不匹配，可能会导致数字平台生态系统的加速消解。例如，数字平台生态系统治理与外部动态环境的不匹配，可能会导致平台所有者无法有效整合多元的利益相关者，而数字平台生态系统技术架构与外部动态环境不匹配，可能会导致平台所有者无法有效调动和利用互补资源。随着外部环境的动态变化，平台架构和治理的有机匹配及其与外部环境的动态演化可以引导数字平台生态系统朝着更理想的轨道演进。

# 第三节　数字平台生态观的文化渊源

数字平台生态观的提出，得益于深厚底蕴的中国文化和东西方源远流长的哲学思想。

## 一、契合中国“天下一家”的世界观

“天下一家”植根于儒家思想，认为天下所有的人都是同胞，都应以仁爱之心相待，包容多样性，共同追求和谐与大同。“天下一家”的出处，可以追溯到先秦时期的儒家经典。《论语》中有“四海之内，皆兄弟也”的观点，《礼记》中有“天下为公”“天下大同”“天下一家”的思想，《孟子》中有“仁者爱人”“民为贵，社稷次之，君为轻”等主张。

这些经典论断都表达了中国人对于和谐统一的向往。数字平台生态观为中国古代的“天下一家”赋予了现代意义。数字平台生态观的目标是构建一个开放、共享、协同的生态系统，连接全球各地的用户、商家、合作伙伴等，实现多方价值创造和共赢，形成一个“天下一家”的生态系统。在数字平台生态系统中，每个利益相关者都有其自我思维和行动的表现方式，这种状态是多样性与和谐性的映射。

对多样性的包容与对和谐性的追求能够创造更大的价值。2023 年 6 月，习近平总书记在文化传承发展座谈会上强调，“中华文明的包容性，从根本上决定了中华民族交往交流交融的历史取向，决定了中国各宗教信仰多元并存的和谐格局，决定了中华文化对世界文明兼收并蓄的开放胸怀。”

社会学家费孝通有言，“各美其美，美人之美，美美与共，天下大同”，用以比喻文明之间的相互尊重与协调能够促进世界共同的发展和繁荣。数字平台生态观传达的理念同样如此。在数字平台生态观的视角下，数字平台生态系统的建设不仅需要整合内部多种不同的资源和能力，包括技术、数据、人才、资金、品牌等，还要整合外部的合作伙伴和用户，使之相互补充和增强。数字平台生态观的宗旨在于构建一个充满多样性和丰富性的生态系统，让不同的参与者相互协作和创新，实现多赢的局面。

## 二、植根于“和合”思想这一哲学范畴

“和合”是中国儒、道、阴阳等文化流派相互融合而形成的一种辩证法思想。这一思想既是对宇宙万物基本秩序的理解，也是对人与自然、人与人、个人与群体等各个层次的人伦法则的解读。如道家的宇宙观认为，宇宙之本源为“太极”，“太极生两仪”而有天地阴阳之别。阴阳是构成宇宙万物运动、变化、发展的根源。宇宙万物通过阴阳调和、协调发展而达到“和合”境界。

《易经》中有“乾道变化，各正性命”，即不同事物都有其特殊性和价值性，这是对“和合”作为宇宙万物运动变化法则的阐释，寓意不能以此存彼亡的单向思维来看待问题。正如《中庸》指出：“和也者，天下之达道也”，实现不同事物之间的“和”，才能实现秩序和共荣。

“和合”强调要在对立中求和、在和中求合，即矛盾的双方寻找共同点，经过协调达成一致，同时又保持各自的特色，形成新的整体。这一思想中蕴藏着对立统一、动态平衡、综合发展的辩证法原理。孔子说“和而不同”，《左传》称“和与同异”，“不同”是“和”的基础，“和”的精神恰好体现了“不同”的存在。因此，“和合”思想要求正确地看待“同”与“异”的关系，只有在“同”与“异”之间保持动态平衡和良性张力，事物才能获得蓬勃生机与活力。

《国语·郑语》中有史伯答桓公的一段话：“夫和实生物，同则不继。以他平他谓之和，故能丰长而物归之。若以同裨同，尽乃弃矣。”即差异化事物之间相互协调、包容、补充和竞争，才能生机勃勃、持续发展；如果事物之间只有同类聚合，则会相互排斥、抵制和消耗，就会难以为继。所以，“和合”是在尊重多样化和差异性基础上，通过良性竞争和协调发展而达成的更高层级的平衡。

## 三、体现对立统一的哲学规律

在一定程度上，世界是由差异和统一构成的，冲突与和谐是相互依存和转化的，人类应该在尊重多样性的基础上寻求协同发展。黑格尔辩证法提出，世界是由对立的事物组成的，但这些对立事物之间的相互作用与发展又能在更高的层次上实现和谐统一。对立统一规律作为唯物辩证法的核心，认为虽然矛盾是不可消除的，但矛盾双方可以相互依存、相互制约和相互转化，从而实现事物的发展和阶段性的统一。

数字平台生态观的多元利益相关者治理和价值共创契合于黑格尔辩证法和唯物辩证法提出的逻辑规律，参与者差异性所体现的矛盾构成了数字平台生态系统持续演化的动力。同时，更高层次的和谐也只是当前矛盾解决后的新阶段，而不是静止的平衡，各个参与者在协同演进的过程中互为促进与制约。

继承上述的观念和思想，数字平台生态观从“天下一家”“各美其美，美美与共”“和合”“对立统一”等角度来思考如何构建数字化情境下以数字平台为中心，追求多方协同发展和价值共创的新型商业模式。数字平台生态观认为，“和实生物，同则不继”，平台企业要以“和合”为本，“生物”为目标，“不继”为忌，对数字平台生态系统这一聚合各方利益相关者的有机整体进行有效治理，以“和”促“合”，这样才能在激烈的竞争中脱颖而出，实现数字平台生态系统的协同演化和可持续发展。

# 第四节　持续竞争优势来源的比较分析

企业如何建立持续竞争优势是管理学研究的核心问题之一，不同时代的管理理论对这个问题均进行了阐释。依据竞争优势来源于企业内部或外部，以及企业所处环境动态性程度高低两个维度，对企业如何建立持续竞争优势的研究存在行业结构观、资源基础观、动态能力观和数字平台生态观四种研究视角，如图 3-1 所示。

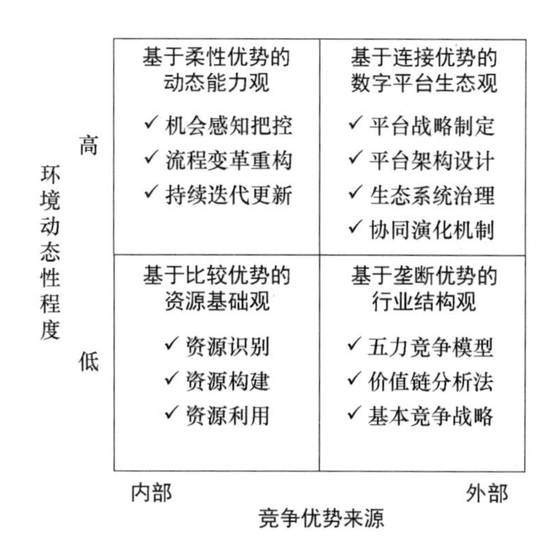


图 3-1　构建持续竞争优势的理论视角

竞争优势来源于内部，意味着企业主要凭借自身资源或能力优势来建立竞争力；竞争优势来源于外部，意味着企业竞争优势的建立高度依赖于其所处的外部环境。环境动态性程度高，意味着企业所处环境中竞争相对激烈、顾客需求变化较快以及技术更新速度较快；环境动态性程度低，意味着企业所处环境中竞争相对均衡、顾客需求较为恒定、技术更新速度较慢。

（1）基于垄断优势的行业结构观认为，企业应该通过五力竞争模型和价值链分析法，明晰其所处产业中的机会和威胁，选择成本领先、差异化或聚焦战略等竞争策略，以获取垄断地位。

（2）基于比较优势的资源基础观认为，企业应该通过识别和构建其所拥有的独特资源和能力，并将其有效地配置和利用，以获取比较优势。

（3）基于柔性优势的动态能力观认为，企业应该通过持续分析外部环境的变化，实现机会感知把控、流程变革重构和持续迭代更新，从而适应不断变化的外部环境。

（4）基于连接优势的数字平台生态观认为，企业的竞争优势取决于其所建立的数字平台生态系统，即利用数字技术赋能和数据驱动实现有效的平台架构设计和生态系统治理，将供应商、客户、合作伙伴等多方参与者整合在一个开放、共享、协同的平台上以实现价值的共同创造及合理分配。

基于上述分析，本书从适用情境、租金类型、价值假设、分析单元、分析框架、竞争策略和优势来源七大维度，进一步比较分析数字平台生态观和其他管理理论相比有哪些方面的不同，从而突出数字平台生态观和行业结构观、资源基础观、动态能力观的差异性，具体内容如表 3-1 所示。

表 3-1　行业结构观、资源基础观、动态能力观和数字平台生态观的比较分析

| 维　度 | 行业结构观 | 资源基础观 | 动态能力观 | 数字平台生态观 |
|---|---|---|---|---|
| 适用情境 | 稳定环境 | 稳定环境 | 动荡环境 | 动荡环境 |
| 租金类型 | 基于垄断优势的张伯伦租金 | 基于比较优势的李嘉图租金 | 基于柔性优势的租金 | 基于连接优势的租金 |
| 价值假设 | 零和博弈 | 零和博弈 | 竞合关系 | 价值共创 |
| 分析单元 | 产业、公司、产品 | 资源、公司、产品 | 流程、公司、产品 | 平台生态系统、公司、产品 |
| 分析框架 | 五力竞争模型<br>价值链分析法<br>基本竞争战略 | 资源识别<br>资源构建<br>资源利用 | 机会感知把控<br>流程变革重构<br>持续迭代更新 | 平台战略制定<br>平台架构设计<br>生态系统治理<br>协同演化机制 |
| 竞争策略 | 行业的静态分析与选择 | 资源的静态获取、拼凑与编排 | 能力的动态重构与持续更新 | 价值的共同创造与合理分配 |
| 优势来源 | 外源性的 | 内源性的 | 内源性的 | 外源性的 |

（1）在适用情境维度，行业结构观和资源基础观适用于较为稳定的环境，动态能力观和数字平台生态观适用于复杂性和不确定性加剧的动荡环境。行业结构观和资源基础观主要考虑企业如何在同一个相对稳定的外部环境中获取竞争优势，而动态能力观和数字平台生态观主要考虑企业在不同的动态复杂变化的外部环境中获取竞争优势。数字平台生态观在一定程度上更适用于具有数字技术赋能和数据驱动为主要特征的数字经济环境。

（2）在租金类型维度，行业结构观、资源基础观、动态能力观和数字平

台生态观视角下企业获取的租金类型显著不同，分别为基于垄断优势的张伯伦租金、基于比较优势的李嘉图租金、基于柔性优势的租金以及基于连接优势的租金。

（3）在价值假设维度，行业结构观和资源基础观认为，企业的价值获取来源于相互对抗和竞争的零和博弈；动态能力观认为，企业和竞争者之间存在竞合关系；数字平台生态观认为，企业价值来源于多方协作的价值共创。

（4）在分析单元维度，除了共通的对公司和产品单元的关注，行业结构观的分析重点在于企业所处的产业；资源基础观聚焦于企业所拥有的资源；动态能力观着重关注企业内部运营流程如何重构；数字平台生态观主要分析企业嵌入的数字平台生态系统。

（5）在分析框架维度，对于企业竞争优势的分析，行业结构观依赖于五力竞争模型、价值链分析法和基本竞争战略；资源基础观强调资源的识别、构建和利用；动态能力观强调从机会感知把控、流程变革重构和持续迭代更新三个层面进行分析；数字平台生态观强调开展平台战略制定、平台架构设计、生态系统治理和协同演化机制四个层面的分析。

（6）在竞争策略维度，行业结构观认为，企业竞争策略主要是对所处行业的静态分析与选择；资源基础观认为，企业竞争策略体现在不同资源的静态获取、拼凑与编排方式；动态能力观认为，企业竞争策略的成效取决于是否能够实现能力的动态重构与持续更新；数字平台生态观强调，企业需要和利益相关者达成一致的价值主张，以及价值共同创造与合理分配的机制。

（7）在优势来源维度，资源基础观和动态能力观认为，竞争优势来自于企业内源性的资源和能力；而行业结构观和数字平台生态观下的竞争优势，则分别来自于外源性的产业特征和多元参与者嵌入的平台生态系统。

在一定程度上，资源基础观和动态能力观主要考虑本企业的主动竞争行为，主要凭借自身资源或能力优势来建立竞争优势；而行业结构观和数字平台生态观更加注重考虑竞争优势来源于本企业与利益相关者一起的互动行为，竞争优势的建立高度依赖于其所处的外部环境。然而，行业结构观和数字平台生态观所认为的企业竞争优势来源于外部环境的理论逻辑却截然不同。

行业结构观更加关注企业是否在与外部利益相关者的关系中取得绝对或相对优势，认为竞争优势来自于本企业与潜在进入者、替代品、供应商和顾客等利益相关者的零和博弈，利益相关者的失去就是本企业的得到，反之亦然。与之不同的是，数字平台生态观更多关注数字平台这一特殊组织形式带来的基于连接的网络效应，认为竞争优势来自于企业与利益相关者的长期良性互动，强调企业和利益相关者共同在平台生态系统中创造价值，以及随后实现相应的价值获取。

综上所述，数字平台生态观是数字经济时代管理理论的新视角，对数字经济时代下的管理实践具有指导意义。企业可以通过利用数字技术和开发数据资源，与利益相关者协同关联，构建与自身资源相匹配、多方参与、共创共享的数字平台生态系统以建立持续竞争优势。

在数字平台生态观指导下，企业可以激发数字平台的网络效应，从而扩大自身的规模和影响力，提高市场份额和竞争力。面对不断变化的数字环境，企业也应实施战略变革与数字平台生态系统共演的策略，不断创建和发展新的业务，开发平台的新产品和新功能，从而构建持续竞争优势。在存在主导平台的市场中，企业可以实施互惠主义，通过角色识别与功能分析，构建新的互补性的数字平台生态系统，避免与主导平台直接对抗，最终确立新平台的合法性地位。

需要特别说明的是，本书并未否定行业结构观、资源基础观和动态能力观在指导企业获取竞争优势方面的积极作用。在数字经济时代，行业结构观、资源基础观和动态能力观仍然对指导企业运营有一定的借鉴意义，并能够帮助企业获取特定时间和空间的竞争优势。也就是说，处在不同情境和具有不同资源禀赋的企业，可以根据自身具体情况选取合适的获取竞争优势的实现方式。同时，数字平台生态观与行业结构观、资源基础观以及动态能力观一样，也有其自身的适用条件和情境。

本书虽然强调数字技术赋能和数据驱动在数字平台生态观中的重要角色，但是数字技术和数据不是万能的，各个参与主体的企业家及其高管团队对于整个数字平台生态中价值创造和分配机制的塑造有着特别重要的作用，这也是为什么有的数字平台生态能够实现可持续发展而其他的却失败的重要原因。

另外，数字平台生态观虽然强调可以帮助主导企业吸引有益且互补的合作伙伴共同开发平台，并通过更新互补模块与标准接口，打破既有产品业务或产业结构，从而实现与多元利益相关者共同受益，但这也同样增加了企业在协同和整合过程中的管理难度。因此，如果企业难以适应数字平台生态系统的复杂性和系统性，可能反而会挣扎并深陷于构建数字平台生态系统的转型“泥沼”之中。

此外，本章内容仅在数字平台生态观出现的现实原因和理论背景，以及其定义特征、文化渊源、企业实践、逻辑框架及如何实施等方面进行了探索。除此之外，我们还可以进一步对这一观点适用的边界、情境、作用机制等方面进行深入研究。

例如，在产业数字化和数字产业化的实施过程中，数字平台生态观的具体内涵和作用机制是否存在差异？具备何种资源和能力的企业更加适合基于数字平台生态观的竞争优势获取方式？数字平台生态观中技术、环境和组织因素如何实现整体融合，需要什么样的内部流程作为辅助和配合？政府监管层和社会组织等外部治理因素如何影响数字平台生态系统的持续健康发展？不断发展的数字平台生态系统中的嵌入性如何演变，以及如何影响各个参与主体的战略设计与组织文化形成？数字平台生态系统的主导者如何通过“黑客马拉松大赛”等临时集会的扩散方式实现社会学习、知识交流和社会协调，以影响和吸引互补者加入？数字平台生态观中各个参与主体之间如何与机器人或者人工智能系统在特定环境中学习新的数字行为？作为一个重要的数字平台生态系统的呈现形式，开源社区的治理机制如何有效运行，决策权和控制权如何结构化、程序化和规范化，以确保更加有效的价值创造和公平的价值分配？上述这些问题都值得进一步研究。

# 数字平台生态观的逻辑框架

为了构建数字平台生态以获得持续竞争优势，企业不仅需要关注平台战略制定，还要兼顾平台架构设计、生态系统治理及二者基于交互影响的协同演化机制四方面的内容。这四种相互依存的组成部分以有机与复杂的方式结合在一起，被称为“智者模型”（SAGE Model），如图 4-1 所示。

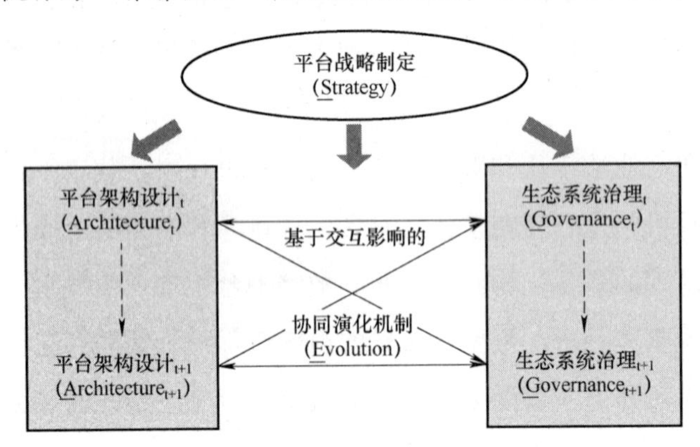


图 4-1　数字平台生态观的逻辑框架

其中，平台战略制定决定了数字平台生态系统的发展方向，平台架构设计是具有物理属性的各种数字技术的集合，生态系统治理是具有社会属性的各个参与者有效和谐互动的过程。随着时间的推移，平台战略会影响平台架构设计和生态系统治理的初始状态以及随后的动态演化。不同时间节点的具有物理属性的平台架构设计也会影响具有社会属性的生态系统治理，反之亦然。在一定程度上，这些有节奏的互动过程形成整个数字平台生态系统的有机交互和协同演化。

# 第一节　制定平台战略

在数字平台生态系统中，网络效应不会自发产生作用，需要平台领导者通过有目的性的战略设计与行动加以推动。

## 一、平台领导者的战略是整个数字平台生态系统持续运行的关键点

平台领导者的战略决定整个数字平台生态系统的愿景和价值观，为平台的初始架构设计和生态系统治理指明原则和方向。在构建数字平台生态系统的过程中，涉及多个方面的内容。例如，数字平台生态系统本身的功能与特征如何设定？多边平台生态系统需要涉及多少个参与方？平台领导者希望哪些产品和服务由自身提供或外包？引入哪些互补产品提供者和互补资产提供者参与平台运营？供应商、消费者、互补资产提供者所扮演的角色与行动如何协同？数字平台生态系统内的治理结构如何协调？这些内容都需要有一个相对明确的战略来进行管理和约束。

在某种程度上，数字平台被视为市场设计方面的创新，通过改变最终用户获取和消费产品（或服务）的方式来改变特定行业或跨行业的“市场架构”（Cennamo，2021）。代表性的有多边交易市场中的数字平台生态系统和互补创新市场中的数字平台生态系统。

（1）在多边交易市场中的数字平台生态系统中，平台的主要功能是通过提供基础设施将产品或服务与用户连接起来，为二者之间的顺利交易提供便利。多边交易平台的平台战略是基于赢者通吃模式，不断扩大用户基础和应用程序提供商的稳定性强化平台生态系统的整体价值（Teece，2022）。例如，亚马逊平台利用用户和服务提供商产生的数据流量，通过创造一个有效匹配供给和需求的双边市场来促进交易，这种模式颠覆了传统图书行业的销售模式。

（2）在互补创新市场中的数字平台生态系统中，平台提供通用的核心技术架构，能够通过数据交换和数据互操作（Interoperability）将不同产品连接起来，有利于多产品进行互动并由此形成新的产品系统，为用户的一系列需求提供集成解决方案，这些方案的各个组成要素由多个独立但相互关联的公司所提供。例如，苹果的 iOS 平台作为数据共享中心，为互补者提供核心技术架构并将核心产品与互补者创新连接起来，为客户提供集成性产品解决方案。

这两个例子表明，不同平台在部署平台战略的过程中存在显著差异。

## 二、平台企业战略的动态性推动平台架构设计和生态系统治理持续协同演化

基于数字经济情境，平台企业在高不确定性的条件下面临着更复杂的任务，平台领导者需要对战略进行持续设计和管理，并针对环境的变化进行动态调整。例如，Reeves 等（2019）认为，生态系统的早期成功往往是暂时的，平台企业必须不断重新评估战略，并随着生态系统的发展进行动态调整。该研究认为，生态系统生命周期存在三个关键窗口。

（1）第一个关键窗口期依赖于网络效应的加速。平台企业通过开发互补品功能和开放平台接口吸引用户和第三方开发者，进而迅速扩大规模。例如，1981 年 IBM 在 PC（Personal Computer）上的成功得益于采取基于网络效应的生态战略，IBM 基于自身的质量声誉以及 PC 的降价吸引用户，通过搭建开放架构吸引第三方开发者，进而快速扩大商业生态系统规模。

（2）第二个关键窗口期依赖于生态范围的扩张。随着同质化产品大量涌现，生态系统需要通过差异化战略（关注利基市场中独特的客户需求）、跨界竞争、并购战略等方式构建和保持核心竞争力。例如，优步在搭建出行服务平台（UberX）的基础上，通过投资自动驾驶等颠覆性技术，保持前瞻性的增长方向。

（3）第三个关键窗口期依赖于沟通机制的搭建。平台企业必须锁定市场

领导地位，通过与利益相关者持续交互解决关键问题，保持长期竞争优势。例如，亚马逊的云计算平台，汇聚世界各地的第三方开发者定期召开峰会，利益相关者可以在这个平台上表达观点以及提出一些具体问题的解决方案。

当平台战略发生变化时，原有数字平台生态系统的架构设计和生态治理需要进行相应的改变和创新，从而支撑新的战略落地。例如，随着外部环境的急剧变化，京东基于强大的物流体系和对消费需求的精准洞察，将业务逻辑重点从利润转向市场份额。京东所搭建数字平台的战略设计也演变为通过提升供应链效率降低运营成本，重新采用确保品质和服务基础上的低价策略，那么相应的平台架构设计和生态系统治理就需要根据新的战略进行调整。

此外，数字平台本质上是一种混合组织形式，每个生态系统成员对系统整体价值的贡献存在复杂的相互作用（Rietveld 等，2019）。因此，平台战略在改变平台治理机制的过程中，不仅影响单一互补者的价值创造潜力，还会影响其他参与者互补创新的质量和范围。

## 第二节　基于物理属性的平台架构设计

平台架构设计是指依据分离性、参与式、模块化、开放性、稳定性和多功能性兼顾的原则，平台所有者提供稳定且通用的数字设计功能和技术工具，对数字平台生态系统的整体结构、组件及其之间的关系进行战略规划。

### 一、平台架构需要具备分离性特征

根据功能将平台架构划分为硬件层、软件层、应用层、服务层。不同平台架构代表了不同的设计逻辑，每一层组件的单独设计决策可以尽量不考虑其他层次。因此，开发者可以使用一套通用的协议和标准来连接不同层次的组件，创建数字产品并追求组合创新（Yoo 等，2010）。此外，这四个层级架构具有不同程度的开放性，允许平台生态主导企业通过高度适应性和可渗透性的基础设施将不同的参与者群体联系起来，实现数据、信息和知识的跨层次流动互通。

## 二、平台架构需要具备参与式特征

为了吸引并协调多元主体，数字平台生态系统需要设计参与式架构（Participatory Architecture）（Ritala，2024）。

（1）协调者需要确定平台核心和边界资源，包括共享的原则、标准和技术等，以使参与者能够参与平台生态系统。边界资源直接影响了其他主体加入平台的难易程度，因此可能直接成就或破坏一个特定的生态系统。

（2）协调者需要重视匹配和主体互补性，即如何将参与者的投入与其在财务、社会和环境等方面的潜在影响连接起来。

（3）协调者需要设计价值创造和捕获架构，以激励参与者投入并确保不同利益相关者公平地获得价值。由于生态系统依赖其各种参与者根据自己的意愿提供互补性投入，生态系统的协调者必须设计适当的激励结构，以确保所有行动者都有动力为价值主张做出贡献。

## 三、平台架构需要具备模块化特征

通过开发围绕平台生态参与者需求的标准化组件，数字平台生态系统可实现规模经济优势与灵活设计的高度整合。传统物理产品的设计包括两种架构，分别是集成架构（Integral Architecture）和模块化架构（Modular Architecture）。集成架构的特点是组件之间的接口不是标准化的，产品系统中某一部分的变化通常会影响其他部分；模块化架构的特点是组件之间存在标准化接口，一个产品可以分解成多个可重新组合的组件。

随着越来越多的企业将数字组件嵌入物理产品中，产品平台中产生了模块化架构与集成架构的混合体——分层模块化架构（Layered Modular Architecture）。

分层模块化架构在产品层面没有固定边界，即组件之间的设计不是特定于某产品的知识。例如，谷歌地图由一系列内容层（即地图）和服务层（如搜索、浏览、流量和导航）组成，不同层级具有不同的接口，进而作为一个独立的产品使用。与此同时，不同组件又可以以各种不同方式与其他异质性设备捆绑，例如电脑、手机、电视、汽车的导航系统等。

基于标准化的接口和可替换的组件等平台架构技术基础设施，数字平台生态系统充当了市场中介的作用，能够高效连接同侧或异侧的参与者群体，并提升平台整体的异质性创新能力和知识资源。例如，Ahmad 和 Ola（2012）基于苹果 iOS 平台，认为平台所有者必须将重点从开发应用程序转向为第三方开发者平台边界资源，进而实现平台生态系统成功。

平台边界资源指平台所有者和应用程序开发者之间维持长期关系的软件工具和规则（例如，SDK、API 等），使参与者方便访问平台的核心模块，并激发由大量、多样化、不协调的受众驱动的自发变革的能力，即生成性。该研究提出一个边界资源模型，强调设计和使用边界资源需要同时关注平衡资源配置（增强平台的范围和多样性的过程）和安全（增加对平台控制的过程）两个驱动因素，进而实现利益相关者的互惠利益，并推动平台生态系统成长。

事实上，该研究辩证地审视了模块化的双刃剑效应，平台和可扩展代码库生成的应用程序之间的标准化接口在对平台的资源获取、能力构建产生推动作用的同时，若忽略了取消或修改现有开发者协议、发布新的协议等确保平台安全的手段，可能导致参与者开发侵犯平台的应用程序，降低平台架构模块化的实际效用。

## 四、平台架构设计需要一定程度的开放性

平台架构的开放性对吸纳互补者参与平台生态系统至关重要，平台参与者的参与程度随着访问权限的开放而增加，平台架构开放性的提高也有助于

共同增进平台和互补者的竞争优势（O’Mahony 和 Karp，2022）。开放性不仅有助于促进内部组件之间的灵活重组，还可以推动外部第三方开发者参与互补创新，进而快速应对技术变革和市场的多元需求，推动平台生态系统持续扩展和演化。

需要注意的是，平台的开放性可能为竞争对手提供获取专有信息的渠道，提升信息泄露风险并引发竞争（Farrell 和 Simcoe，2012）。平台领导者可能会通过控制机制限制访问或关闭平台，以保持互补品质量并降低成本。因此，平台领导者需要在开放和控制之间保持平衡。此外，平台架构开放并不是一次性完成的，而是要根据外部环境、战略发展需求和互补者行动等方面进行动态调整。

平台开放可以通过授予访问权限（Granting Access）和放弃平台控制权（Devolving Control）两种方式实现（Boudreau，2010）。其中，授予访问权限指向第三方开发者提供访问平台的边界资源，进而开发与平台兼容的互补产品；放弃平台控制权则是一种激进的开放方式，即平台所有者放弃对平台的控制，允许第三方开发者对平台进行更深入的定制和修改。

## 五、平台架构设计需要遵循稳定性和多功能性兼顾的设计规则

平台所有者通过设计期望参与者遵守的规则，确保与生态系统兼容。稳定性可以使参与者对数字平台生态系统做出持续一致的预期，并基于不同主体的技术方案和工作实践，开发和制定相关标准。例如，Costabile 等（2022）基于标准化焦点（内部实践与外部实践）和制度工作类型（规范性与认知性）两个维度，构建起数字平台生态系统标准化的初步框架。

（1）构建身份。该过程赋予一组具有相同属性的参与者在启动标准化过程中的角色和权力，通过构建共同意识来锁定利益相关者。

（2）构建标准网络。该过程允许不同行动群体（用户、软件供应商、第三方开发者等）参与标准化制定过程，使标准更容易被广泛的利益相关者接受。

（3）培训。该过程通过建立共享知识、制定用户准则和安排内部培训等方式，减少各参与主体在标准化优先事项等方面的冲突，顺利实现正在制定的标准。

（4）模仿和传播。该过程利用现有标准、其他行业标准，以及行业学者和专家的知识来制定标准，有助于提高标准的合法性和质量。

稳定性并非静态过程，而是由多方利益相关者的信念、价值观、经验和能力等因素形成的渐进共识过程。动态调整的标准化为外围互补者的组合创新活动奠定了基础，进而推动技术架构和互补产品的多功能性。多功能性保证了平台架构设计的多样性和灵活性，通过为互补者提供多元化边界资源提高互补品的质量和范围，满足用户个性化需求。

## 第三节　基于社会属性的生态系统治理

数字平台生态系统作为数字经济中的主要组织形式，通过提供技术基础和协作框架解决了诸多市场失灵问题。但是其本身需要精心治理和监管，以确保能够有效地创造价值并防止潜在的失败。数字平台生态系统存在两大潜在风险，包括功能性失败和分配性失败（Jacobides 等，2024）。功能性失败是指平台或生态系统成员未能为最终客户创造和交付联合价值，可能是由于技术接口的不稳定或协调失败导致的。分配性失败涉及价值捕获的不公平，可能是由于平台或生态系统的设计允许某些成员滥用系统以捕获不成比例的价值造成的。

生态系统治理决定了哪些参与主体在何时开展特定的价值创造活动内容，以及平台所有者如何与互补者共同创造价值。数字平台生态系统内明确的价值创造机制和价值分配规则，能够形成良好有序的数字平台生态治理格局。这对调和相互冲突的内外部需求、协调相互竞合的参与主体、整合差异化的绩效目标具有重要意义。

## 一、生态系统治理的对象是平台所有者、互补者、用户等利益相关者之间的互动关系

平台所有者管理核心技术架构并设计治理机制，互补者（如第三方开发者）使用平台提供的资源为用户提供互补产品（如应用程序），并通过间接网络效应提高互补品对平台的整体价值（Nguyen 和 Nguyen，2022）。数字平台生态的价值主张是嵌入特定的社会背景中，并由不同的利益相关者进行差异化定义的（Barrett 等，2016）。

Shipilov 和 Gawer（2020）认为，生态系统中的互补性关系是形成组织间联盟，进而塑造生态系统内较为平衡和相互依赖关系网络的驱动因素。生态系统治理需要考虑数字平台中心化和去中心化之间的平衡，集中治理结构导致平台所有者容易将自身利益凌驾于其他平台参与者的利益之上，而完全分权的治理结构会降低集体行动的可能性，进而削弱治理效率。通过对生态系统内不同参与者的利益协调，生态系统能够实现良性互动关系。

例如，Shi 等（2023）聚焦于亚马逊进入 Alexa 语音助手市场的数据，探究平台所有者进入互补市场时间的动因及效应。其中，平台所有者早期进入能创造大量的消费者关注，其动机为增加互补市场的整体价值，而后期进入则是出于在成熟互补市场中捕获已经创造价值的动机，进而挤压互补者利润。

因此，平台业务是以平台所有者和互补者之间的互惠互利为前提的，平台所有者在治理互补市场的过程中需要兼顾自身利益和互补者利益，平台所有者进入的时机可能会影响互补者做出相应反应。

## 二、生态系统治理的实施方式包括控制与激励的平衡、集体治理等不同类型

一方面，生态系统治理的路径可以基于“动机引导—协作设计—价值整合”这一治理框架，以实现控制与激励机制的有效平衡。在这一框架中，动机是一种因人而异的心理状态，数字平台生态系统中利益相关者的知识、技能和能力

等会影响其行为方向；协作主要是指数字平台生态系统中的各个参与主体通过集体意识来设计和推行高效的平台治理机制，强化生态系统的协调能力；价值整合是对数字平台生态系统中各个参与者行为结果的社会化评估。制定治理决策需要了解可以部署哪些激励和控制机制，而这些治理决策指导特定设计功能的创建，规范参与者在平台中的行为，塑造与用户的互动方式。

另一方面，生态系统治理的路径也可以遵从“专有治理—主导治理—混合治理—集体治理”的过程框架，以实现分布式领导方式（O’Mahony 和 Karp，2022）。该研究基于 Eclipse 平台的研究情境，发现在专有治理阶段，平台所有的治理领域由 IBM 控制，访问权限大多是封闭的，外部利益相关者的参与度有限；在主导治理阶段，IBM 开放了对平台代码的访问，利益相关者有一定的参与机会并为平台做出贡献，但是 IBM 仍然控制并拥有 Eclipse 平台，在决策过程中占据主导地位；在混合治理阶段，IBM 将 Eclipse 平台所有权转移给非营利的独立基金会增加了利益相关者参与决策创造价值的机会，但是平台架构的领导者模糊导致缺乏平台规则，损害了参与者价值创造的能力；在集体治理阶段，平台参与者可能承担新的领导角色，并集体决定平台贡献的范围和时间，如扩展或重新确定平台未来的发展方向。集体治理将产生分布式平台领导，即平台中没有单一的中央权威，参与者在遵守集体治理规则的同时，按照各自利益进行领导。

## 三、生态系统治理的目标是实现价值共创

数字平台生态系统作为多边价值交换的中心，通过放弃对整体产品系统的控制来构建多方利益相关者的合作与创新的开放系统，实现价值共创、共享和共赢（Thomas 等，2014）。例如，Kapoor 和 Agarwal（2017）基于 iOS 和 Android 的平台生态系统，探讨生态系统层面的相互依赖关系如何影响互补者在生态系统中维持其价值创造的程度。

该研究认为，价值是通过一个围绕平台提供互补产品或服务的企业网络

创造出来的，这种价值创造是由平台企业提供的底层技术架构，以及为互补者参与制定规则的治理机制塑造的。平台的结构特征是基于互补者的产品与生态系统中的其他组成部分之间的技术相互依赖性，即平台生态系统复杂性。这种复杂性对互补者绩效具有积极影响，进而增加价值创造潜力。

因此，对于数字平台生态系统中的平台企业和参与者来说，相互依赖以融合彼此优劣势从而实现价值主张，是建立持续竞争优势的重要途径。平台领导者通过治理机制协调多方利益相关者之间的价值创造与价值获取逻辑，在保证参与者的受益和成长的同时维持其贡献与收益之间的平衡，推动生态系统的可持续发展。

需要注意的是，协调利益相关者之间的互动关系可能会增加额外治理成本，导致平台企业面临价值创造与治理成本之间的内在张力（Huber 等，2017）。具体来说，设计严格遵循标准的治理机制需要较低的协调成本，但同时也降低了应对变化的适应能力，不利于平台企业和利益相关者之间的价值共创。当标准的生态系统资源不足以产生价值创造潜力时，平台企业通常会改变生态系统的既定治理规则，增加利益相关者的自主性，但同时也会产生更高的治理成本。

正如 Thomas 和 Ritala（2022）所强调的，由于生态系统中的多主体形成的复杂依赖关系，企业在生态系统情境下面临的风险更高。平台企业必须与参与者共同协调、共同成长，才能实现生态系统层面的价值主张。因此，平台领导者在部署生态系统治理的过程中，需要结合生态系统特征、参与者的相互依赖关系，以及价值分配逻辑兼顾多方利益，并随时间推移进行动态调整。

## 第四节　基于交互影响的协同演化机制

平台架构设计与生态系统治理的交互影响是指平台架构设计与生态系统治理之间存在双向的互动关系，即平台设计功能和技术能力会影响当期所提出的激励或控制等治理机制，同时治理机制的实施应用会进一步影响平台架构设计的动态演化和长期协调问题。

## 一、平台架构和治理机制之间的动态交互关系

数字平台生态系统是一种跨越组织边界的形式，通过数字技术可以促进不同参与行为主体之间的动态交互。在一定程度上，二者交互的本质是技术系统和社会系统的持续互动。基于社会技术系统理论，任何组织工作系统都是由技术系统和社会系统组成的，彼此相互作用并相互影响（Bostrom等，2009）。例如，Li 等（2022）聚焦于平台架构设计的延展特征与生态系统治理更新适应之间的双向互动关系，探究产品范围与产品创新之间的关系。

层级模块化架构作为平台技术的组织方式，其不同功能或服务被分层处理，每一层提供不同的技术组件或服务。这种架构设计不仅有助于扩大平台产品的范围，也为互补者提供了丰富的创新机会。研究认为，平台参与者的产品范围决策（代表架构设计的延展性）对产品创新的影响受到生态协作网络环境（代表平台治理机制）的影响。平台治理机制通过调节产品范围与产品创新之间的关系，进一步影响后续平台架构设计的动态演化。研究强调了数字平台的层级模块化架构对于促进互补者数字创新的重要性，揭示了技术架构与治理机制双向交互对平台产品创新的积极作用。

数字平台生态系统中技术系统和社会系统可以通过相互作用共同为顾客提供价值。其中，作为技术系统的平台架构设计由业务流程和用于执行这些流程的技术组成；作为社会系统的生态系统治理则是由平台参与主体及其带来的知识、技能、态度、价值观和需求，以及平台中存在的奖惩机制和权力结构组成。在一定程度上，平台架构设计和生态系统治理均具备预期行动的能力，持续交互动态协同演进。平台架构设计在某一个时间点上的变化能够引发生态系统治理机制的重新设计，反之亦然。

## 二、平台架构和治理机制动态协同演化

进一步来讲，整个数字平台生态系统不是静态的，而是平台架构持续延展和治理机制更新适应的动态演化过程。

（1）平台架构设计的延展特点强调平台中的各层级数字设计功能和技术工具具备弹性，即可随着数字平台生态系统的发展实现功能扩展。具体来说，数字平台的生成性特性推动互补者和平台供应商通过社会交互过程产生新的组件，进而不断扩展产品功能并形成动态边界。例如，在移动应用商店添加具有新内容、服务或功能的应用程序等。平台生态系统的生成性可以不断扩大用户基础和互补者数量，以提升平台的整体价值（Fürstenau 等，2023；Zhu 等，2021）。

（2）生态系统治理机制的演化适应强调平台生态系统中行动者网络动态变化的特征。相应地，数字平台多元主体合作期内治理方式也需要动态调整。随着时间的推移，参与者将动态调整自身的互补技术和商业价值，以及与其他互补者的协作关系，进而强化平台现有的主导地位或重新进行平台定位（Daymond 等，2023）。随着平台生态系统持续演化，平台领导者需要基于利益相关者网络匹配恰当的平台治理机制。综上所述，数字平台生态系统的技术架构具备的重新编程性以及自生长性，促使平台内部的多元主体均有机会参与平台价值创造，通过开放平台接口促进不同平台产品或服务之间的共享，以及为新的合作伙伴部署增值服务。这就可以促进数字平台生态系统治理机制的动态扩展，最终实现整体生态系统的价值共创（Jovanovic 等，2022）。

# 中篇

# 数字平台生态观的实施策略

# 制定数字战略

企业战略关注的是公司如何以最有效的方式利用核心竞争力、关键资产和资源来扩大其产品和市场范围。传统竞争理论认为，企业应该在所处行业中选择具有经济效益的位置，并通过成本领先、差异化或市场聚焦来执行企业的竞争战略。在选定的市场定位内，企业要不断调整经营活动和价值链以贯彻竞争战略，并提供用户导向的价值主张。

数字技术正在从根本上重塑企业战略，将其转变为具备模块化、分布式、跨职能和全球交易的特征，使企业运营能够跨越时间、空间和功能的边界。了解数字战略有助于企业重塑其与数字竞争企业、市场地位和外部环境的关系，以及数字战略如何在数字化情境下助推企业构建数字平台生态系统。

数字战略是指借助数字技术提供数字化产品或服务，并通过数据分析协助企业发展核心竞争力的一系列行动。在数字技术的驱动下，数字经济的运行在基础支撑、技术特征、组织结构、产业组织等方面都迥然有别于工业经济。在数字化情境下，战略管理的目的、手段、过程都将发生质的变化，如价值共创逐渐替代传统的股东价值最大化和利润最大化，成为企业的追求目标。

制定数字战略对于企业在数字经济时代中引入数字技术以提升决策效率、创新质量和竞争优势至关重要。以大数据、人工智能、物联网、区块链、虚拟现实等为代表的新一代数字技术促使工业经济向数字经济转型。数字技术正在从根本上改变企业的组织战略、业务流程、架构体系、职能内容、价值主张以及与其他企业之间的竞合关系。

为了应对数字环境，企业不得不改变工业经济时代的经营理念和思维状态，在响应数字化转型需求中制定数字战略。例如，Bharadwaj 等（2013）认为跨职能是数字战略的本质特性，企业在所有职能和业务流程上的战略设计都需要依托数字平台，并在数字资源的连接下实现战略和流程的紧密关联。因此，数字战略需要比其他业务战略更广泛、更嵌入、更兼容。随着数字经济时代的到来，企业所处市场竞争格局越来越错综复杂，数字战略的构思与设计不能独立于合作伙伴、行业联盟甚至是竞争对手，尤其对于企业愈发需要在数字战略的指导下依赖信息通信技术和连接功能实现数字化转型。

## 第一节　发现数字机会

发现数字机会是指企业通过感知、识别和利用数字技术来更新商业模式、改善组织流程、优化产品或服务以及提升用户体验以创造新的收入来源的过程。企业在当今数字时代不仅身处宽带网络、云计算和数十亿智能终端设备中，也处在一个拥有大量数据、信息和知识连接的交互网络里。

物联网（IoT）的普及也促使企业将传感器、无线通信技术、云计算和数据分析等技术通过互联网连接结合在一起收集、传输和共享信息，以实现更智能化和更高效的战略决策。推特、脸书、爱彼迎和优步等原生数字平台企业能够利用数字技术快速分析和处理大量异构数据、信息和知识的优势实时响应用户服务请求，对于企业而言，感知数字机会和提升响应能力是实现数字化转型并构建数字平台生态的重要前提。

### 一、数字技术赋能创造数字机会

数字技术作为一种颠覆性技术正在迅速改变市场需求和消费者偏好，应用与企业业务领域相匹配的数字技术是挖掘数字机会的关键。在不断变化的数字环境中，企业面临的竞争对手不仅是开展数字化转型的其他企业，也存在大量具备竞争力的数字原生平台企业，迫使企业要在不断提升战略预见性和灵活性的基础上，依托数字技术赋能捕捉用户需求和挖掘数字机会。

例如，在数字技术赋能之前，家电制造企业海尔的产品线主要集中在电视、洗衣机和冰箱等功能相对单一的传统家电，同质化的特性使市场竞争地位主要取决于产品的基本性能和定价，创新空间较为有限。2016 年开始引入的物联网技术帮助企业快速捕捉到了"U-home（智慧家庭）"新机会，即可以借助数字技术将家庭变成一个由家用电器和安全系统支持的智能化、网络化和个性化的生活空间，这些设备和系统相互通信和协同工作，用户可以通过智能手机和平板电脑等智能终端来控制和管理，实现更加差异化、便利和智能的使用功能。

再比如，海尔开发的智能冰箱不仅可以进行食物管理，还可以基于用户习惯推荐食谱并与在线购物平台对接，自动补充库存。数字技术的应用不仅赋能海尔创造智能制造的新机会，实现了家电产品的智能化和互联化，也使海尔借此机会从传统的家电生产商转型为综合智能家居解决方案提供商，极大地提升了品牌口碑、用户黏性和市场地位。

## 二、数据驱动挖掘数字机会

海量且多样化的大数据正在为企业提供丰富的数字机会和数字化转型的基础，企业通过对大数据进行分析有助于更深入地了解用户需求、偏好和消费行为，在处理和解构数据的过程中挖掘潜在的产品关联以获得更精确的市场趋势洞察，对于企业挖掘数字时代的数字机会至关重要。例如，Frankiewicz 和 Chamorro-Premuzic（2020）认为拥有大量数据本身并不能为组织带来竞争优势，关键在于从这些数据中发现数字机会。

以研发管理为例，传统研发模式往往依赖于市场调研和小样本测试，大数据分析则有助于识别新兴技术、消费者需求和竞争产品的特性。企业一方面可以通过对市场和竞争对手的数据进行深度分析，为研发团队指明产品和技术趋势和潜在的数字产品研发机会；另一方面，通过分析产品使用和售后反馈数据，研发团队不仅可以更好地了解用户在实际使用过程中的体验，大数据处理到的反馈也有助于发现现有产品的优化空间，促使产品功能更符合市场需求。

在一定程度上，大数据分析还可以帮助企业实现对政府推动数字产业政策、数字经济重点领域发展布局的及时捕捉和前瞻性预测，对数字化产业布局、发展空间、竞争态势、技术演化等现状的洞察，以及对数字经济和数字产业应用后的消费市场前景、盈利空间、消费者消费倾向、竞争对手反应等机会要素进行及时判断与预测。

以数据驱动的营销管理为例，大数据分析与以往广告投放、促销活动等传统手段相比，能够为企业提供更加精准和个性化的营销策略。大数据分析不仅使企业能够深入研究竞争对手的动态，从中发现差异化机会以制订更具竞争力的营销策略，也能帮助企业更精确地了解不同细分市场的需求以及消费者购买历史和使用习惯等，促使企业捕捉个性化的数字机会以更好地满足各个细分市场的需求。

## 第二节　明确价值主张

企业价值主张是企业价值观的一种表现形式，可以反映企业为用户群体创造价值的理念以及企业自身的目的和定位。数字经济带来了全新的市场竞争格局，并涌现出了许多新兴的数字原生平台企业，它们以灵活性、智能化和数字化为核心，对在位企业的地位构成威胁。因此，企业在数字经济时代面临着巨大的挑战，这使得其不得不重新规划数字化情境下的价值主张，以维持竞争力并抵御数字竞争对手的冲击。

## 一、竞争逻辑向共生逻辑的演进

工业时代的企业竞争逻辑是指企业之间的竞争通常是零和博弈，一方的盈利往往意味着竞争对手的损失，而数字时代的企业共生逻辑则更为强调合作与共赢，企业之间通过合作可以实现价值共创。

随着数字经济的到来，企业通过独立生产经营占领市场份额的生存逻辑正在发生深刻改变，企业与合作伙伴以及用户等各群体间的合作共赢成为底层逻辑。数字技术的出现一方面打破了线下实体商业的物理空间限制，连接多边群体实现需求对接；另一方面，网络效应成为价值创造的关键因素和驱动力。数字环境中的价值创造和捕获通常涉及在多个企业之间复杂和动态的协调，例如在移动生态系统中，价值捕获涉及应用程序开发人员、移动操作系统、硬件制造商、电信运营商和服务提供商。因此，企业需要充分借助数字技术手段将各方利益相关者有效组织、协同与整合，实现组织间的连接和共生网络。

## 二、规模经济向网络效应的转变

成本领先战略下以规模经济为主导的价值主张是指通过优化生产流程和扩大生产规模来降低成本并提高竞争力，数据驱动战略下以用户为主导的价值主张是指围绕数据赋能、相互协作和智能化决策基于用户的需求和偏好并为用户创造价值的运营理念。

工业经济时代的企业通常通过批量生产标准化产品追求规模效益以降低成本和提升生产效率，而在数字经济时代中由于数字技术和数据分析可以帮助企业不仅向用户提供差异化产品，更能实现产品和服务的个性化（Verhoef等，2021）。Govindarajan 和 Venkatraman（2022）指出，企业在数字时代亟须将用户搜索、浏览、交易和反馈等行为数据化，并将用户数据存储在不同职能的数据库中。例如，有关用户购买历史和产品偏好等数据记录在企业的销售数据库，有关用户账户、付款信息和发票记录等数据记录在企业的财务数据库等，并利用数字技术对各个数据库的分析创建互动图，通过推荐算法生成个性化产品推荐、服务建议和内容推送等，在不断满足用户需求和期望中构建企业的数字优势。

网络效应指的是随着使用同一或相似产品或服务的用户数量的增加，产品或服务对用户的价值也随之增加。在数字平台生态系统中，网络效应是其商业模式的关键特征。平台的价值通常与用户数量呈正比增长，而当平台通过技术优化提升用户体验或提供有吸引力的产品或服务时，更多用户的加入会进一步扩大平台的网络效应。因此，网络效应不仅能够体现用户数量的增长，还代表平台技术、功能、产品和服务之间能够相互促进，共同推动平台整体价值的提升。

（1）对于开辟新市场的平台型企业而言，网络效应在驱动市场采纳和构建平台核心竞争力方面都起到关键作用，有助于其创造先发优势。因此，成功的平台型企业通常都围绕最大化网络效应来制定其战略，从而吸引更多的平台参与者并确保其在市场中的领先地位，建立一种“赢者通吃”的市场格局。

（2）对于那些进入相对成熟的市场中的平台型企业而言，其面临的主要挑战是如何在已有的平台型企业中脱颖而出并获得竞争优势。但只要能够合理利用网络效应的力量，新进入者也有望随着时间的推移获得足够的市场份额。例如，阿里巴巴、腾讯、京东、拼多多等平台型企业，通过整合资源、创新服务和优化用户体验，极大地放大了网络效应，吸引了庞大的基础用户，构建了强大的生态系统。这些平台的成功，不仅归功于其创新的技术和商业模式，更源于对网络效应深刻的理解和运用，以及在激烈的市场竞争中不断地调整和优化。

### （一）吸引初期基础用户群

吸引初期基础用户群是平台在初期建立时，需要尽快达到一定的用户规模以触发正向网络效应。这个临界值是启动大规模采用过程所需的最小用户群规模。一旦超过这个门槛，平台对每个用户的价值就会增加，从而带来用户规模和平台价值的指数型增长。例如，在一个社交平台刚开始运营时，只有少数用户加入。这时，由于用户数量有限，用户找不到足够多的朋友、内容和互动，平台的吸引力和价值相对较低。

随着用户数量的增加，当用户数量达到一个“临界点”时，新用户加入后发现有足够多的人可以交流、足够多的内容可以浏览和分享，平台开始变得有吸引力以吸引并保留用户。因此，快速吸引建立初期基础用户群可以催化平台进一步的增长。

### （二）提升数字社交的参与度

提升数字社交的参与度指的是采取措施增加用户在平台上的活跃行为，包括用户之间的互动、用户与内容的互动以及用户对平台功能的使用等。这种参与度可以通过评论、分享、点赞、发布内容、参与讨论等多种形式体现。数字社交参与度的提升有助于提升网络效应，因为它直接关联到用户之间的联系密度和频率。

在一个网络效应显著的平台上，用户之间的每一次互动都有可能带来新的用户加入，现有用户的活跃行为能够吸引他们的社交圈子成为新用户。同时，活跃的用户互动还能改善内容的质量和多样性，从而吸引更多用户参与进来，形成一个正向的反馈循环。Karanam、Agarwal 和 Barua（2022）研究社交功能对移动应用下载需求的影响时也发现，下载量处于后 20%的应用在新增加社交分享等平台社交功能后，用户对这个移动应用的下载需求有显著增加。这表明社交功能可以帮助这类相对不太流行的应用提升用户体验，为其带来正向的网络效应，从而产生更多的用户需求。这项研究证实了提升数字社交参与度是构建活跃社区和维持平台长期竞争力的关键。

### （三）生成用户画像并进行细分

生成用户画像并进行细分是指企业将市场分成具有相似需求或特征的群

体，并对每个群体进行深入研究和了解，以便更有效地满足其需求。这种方法允许平台通过定制化的产品或服务更准确地满足用户的具体需求，从而增加用户的参与度和忠诚度。当用户感觉到平台提供的产品或服务能够满足他们独特的需求时，他们更可能向其他潜在用户推荐这个平台，从而扩大了用户基础并加强了网络效应。

Steiner、Wiegand、Eggert 和 Backhaus（2015）通过考察视频游戏市场中用户的异质性，发现投入大量时间在特定游戏上，对游戏内容和技术要求很高的“核心”用户和偶尔玩游戏（主要为了娱乐和消遣）的“休闲”用户来说，在他们所期望的游戏体验上存在显著差异。核心用户对于游戏的复杂性、故事情节的深度、角色的发展和游戏机制的创新有更高的期望。他们通常是游戏社区中的意见领袖，对游戏平台的忠诚度高，愿意为高质量的游戏内容付费。相反，休闲用户可能更看重游戏的娱乐性和休闲特性，他们可能更喜欢简单易玩、上手快的游戏，更注重游戏的社交和互动功能，而非游戏的技术复杂性。

这种用户之间的差异意味着平台和游戏开发者需要采取不同的市场策略来满足这两种用户群体的需求。对于核心用户，可能需要通过专业的游戏杂志、在线游戏社区和电竞赛事进行营销。而对于休闲用户，可能需要在社交媒体、流行文化活动和应用商店的推荐中进行宣传。通过这样的市场细分和定位，游戏平台和开发者能够更有效地满足不同用户的需求，不仅可以提高单个游戏的销量，还可以增强整个平台的网络效应。

### （四）激励具有网络效应的互补品开发

网络效应不仅限于平台本身，还存在于互补品之中，这对平台发展战略有重要影响。互补品网络效应指的是某个特定产品或服务的价值随着用户数量的增加而增加的现象。这种效应是针对单一产品或服务而言的，而不是整个平台或生态系统。互补品网络效应激励是指平台所有者利用奖励机制激发市场向高质量、具有网络连接性的产品集聚。这一策略的目的是在产品生命周期的早期阶段，通过奖励的形式，促进用户对互补品的采纳，确保产品的持续增长。

具有直接网络效应的互补品，如多人在线游戏，其价值取决于活跃用户基础的规模。通过奖励这类能够吸引并保留用户的互补品，平台能够提升整个生态系统的用户活跃度和参与度。Agarwal、Miller 和 Ganco（2023）通过分析平台所有者如何使用奖励这一工具来管理互补品的采纳，证明了针对具有网络效应的互补品进行激励有助于增强平台的网络效应。研究表明，平台所有者倾向于给那些直接网络效应显著的互补品颁发奖励。这种做法能够进一步增强平台生态系统内互补品的质量，并有效提升优异产品的市场可见度和吸引力，从而增加用户的平台采纳率。

以腾讯的微信为例，微信通过其小程序平台，实现了对具有网络效应的互补品的激励。小程序作为微信生态系统的一部分，为第三方开发者提供了一个丰富多样的应用平台。小程序的设计思路在于其轻便和易于接入的特性。用户无需下载安装独立应用，便可以直接在微信内部访问和使用这些小程序，这大大简化了用户的操作流程，提高了使用便捷性。对于开发者而言，由于微信庞大的用户基数，小程序成了一种高效的方式来触达潜在用户和市场。这种形式不仅为开发者提供了展示和测试其创意的平台，而且还能通过奖励和认可来激励更多的创新。这样的机制不仅促进了开发者社区的活跃度，也为微信用户带来了更多的应用选择和更好的使用体验。

## 第三节　筹划战略行动

随着越来越多的产品和服务变得数字化和网络化，以及新兴数字技术和新组件向企业产品和服务创新过程的渗透与融合，数字化塑造的互联、共创价值主张极大地扩张了传统意义上业务层产品和服务创新的功能、意义和内涵。企业需要在业务层明确数字行动以适应数字化转型的迫切需求，增强企业在数字经济时代的竞争优势并实现可持续增长。

## 一、战略聚焦：从产品到平台

战略聚焦从产品到平台指的是企业将现有的单一热门产品转化为一个开放的数字平台，通过吸引第三方开发者、合作伙伴和用户的加入以及设置与其他平台的互联接口带来增值服务和功能。例如，微软原先极具竞争力的Outlook电子邮件服务在数字时代受到了谷歌的Gmail和苹果手机等移动设备中电子邮件应用的严峻挑战。微软对Outlook实现转型的策略是将其从一个简单的电子邮件产品转变为一个平台，通过这个平台用户可以连接到优步、Yelp、印象笔记等众多的第三方服务。

这种转型意味着 Outlook 将不再仅仅是一个用于发送和接收电子邮件的工具，而是成为一个集成多种服务和功能的平台，使用户能够直接在电子邮件应用内完成更多任务，如打车、查看餐馆评价、管理笔记等。明星产品平台化战略是微软响应数字化趋势和用户需求变化的一部分，通过与大量第三方服务集成旨在进一步提高 Outlook 的竞争力，并带来了更多的商业合作机会。具体实施可以采取以下三个途径。

（1）识别明星产品以确定潜在平台具有吸引力。在考虑将产品转化为平台之前，企业首先需要确保其产品在市场上有一定的用户基础，即产品应该具有独特功能和价值，使其在竞争激烈市场中的优势已经较为稳定且能够使用户不会转向竞争产品。许多企业在平台化浪潮中武断地认为，通过将绩效不佳的产品转型为一个综合性平台就可以实现对该产品的优化。

然而，这种策略往往忽视了产品本身质量和市场接受度的重要性，错误地假设平台化一定具有转变产品竞争力的潜力。产品平台化最重要的意义是引入新的合作伙伴或开发者帮助产品提供多元服务和功能，进而吸引大量用户并创造更多价值。但是需要明确的是，这种策略应该建立在经过市场考验且存在一定壁垒的产品基础上，才能保证孵化出的平台对用户和第三方合作者均具有较高的吸引力。

（2）部署双元商业模式以释放交互效能。在产品商业模式中，企业通过开发满足客户特定需求的差异化产品来创造价值，并通过对产品收费获取价值；在平台商业模式中，企业则是主要通过连接用户和第三方来创造价值，并通过对使用平台进行收费获取价值。长期以来学术界普遍认为，企业管理者必须在基于产品的商业模式和基于平台的商业模式之间做出选择，因为这两种模式分别要求不同的资源分配方式。

然而，Zhu 和 Furr（2016）研究发现，成功实现从产品向平台转型的企业通常采用的是双元混合商业模式，即产品商业模式和平台商业模式需要同时部署。在企业从产品相关的竞争优势（如产品差异化）转向网络相关的竞争优势（如网络效应）的过程中，尽管用户开始从使用平台的第三方产品中获得好处，但企业自己的明星产品通常仍然是吸引用户的主要来源。

（3）防止竞争对手对企业平台化策略的模仿。当企业成功将明星产品转变为平台时，就像其他商业模式创新一样将引起大规模模仿。企业在实行明星产品平台化战略的过程中要不断考虑哪些因素是自己拥有和控制的，而哪些是需要借助第三方的支持来实现。企业要通过创建专有标准、申请专利保护、签订独家合同等方式建立竞争模仿的壁垒。例如，MakerBot 是一家专注于 3D 打印的制造业企业，这个案例的教训给其他企业带来了警示（Zhu 和 Furr，2016）。MakerBot 在制造了首批桌面 3D 打印机之后，在这个获得市场积极响应的产品之上推出了 Thingiverse 平台，允许用户共享或出售自己设计的打印样式。该平台加速了 MakerBot 打印机的采用，也极大地帮助企业确立了在 3D 打印领域的品牌影响力。

然而，MakerBot 在建造其原始模型时使用了开源代码，导致新的竞争对手能够利用相同的程序打入市场。此外，为 MakerBot 设计的很多 3D 打印物品使用的是整个 3D 打印行业通用的文件格式，这意味着 MakerBot 使用的技术和内容也可以在其他品牌的3D打印机上使用，甚至实现与竞争对手3D打印机的兼容。因此，虽然该企业仍在继续探索从平台中获取增量价值的机会，但仍然饱受竞争对手模仿的严峻挑战。

## 二、策略平衡：从单一到双元

企业实施数字战略需要考虑具体策略间平衡的重要性。第一个是多样性与统一性之间的平衡，即吸引各种互补者的同时保持平台的统一性。尽管数字技术为创新提供了几乎无限的机会，但这一特点可能会导致低质量甚至有害的互补品产生。第二个是开放性与封闭性之间的平衡，即需要权衡平台的开放性以吸引合作者，同时避免被竞争平台利用。

企业可以实施以下四种数字平台策略来平衡以上双元需求，包括：杠杆策略（Leverage tactics）、控制策略（Control tactics）、开发策略（Exploit tactics）和防御策略（Defense tactics）（Karhu等，2020）。杠杆策略的部署是为了扩大数字平台的用户和互补功能产品；控制策略的部署是为了控制互补者的可变性，同时保持平台的统一性和一致性，即解决多样性与统一性之间的权衡；部署强大的杠杆策略加上过多的开放性可能会将平台暴露给隐藏在边缘企业中的竞争对手，这些竞争对手可能试图利用开发策略创建一个新的、独立的竞争平台；防御策略用于解决开放与封闭的权衡问题，数字平台中心企业在吸引合作者使用开放平台和试图阻止竞争对手利用该平台之间取得平衡。

（1）杠杆策略是指平台企业通过在开发者和用户之间产生交叉网络效应来促进平台增长。当平台一方（如开发者方）的增长吸引另一方（如用户方）的增长时，增长的良性循环就会产生积极的网络效应，反之亦然。平台管理者可以通过开放平台功能和数据给开发者，使用应用程序编程接口（API）和软件开发工具包（SDK）等边界资源来促进第三方补充应用的开发。例如，苹果App Store的推出，通过API和SDK促进了开发者创新，同时App Store作为市场中介连接用户和开发者。

（2）控制策略是指通过制定规则和指南来确保互补产品的质量和平台发展的统一性与一致性。其目的是在互补产品的多样性和平台统一性之间取得平衡。平台管理者可以通过制定和执行规则、指南和发布条款来控制互补产品的类型和质量，确保它们符合平台的政策和标准。例如，苹果对 iOS 平台的严格控制，包括应用审批流程，确保应用符合苹果产品的质量和设计标准。

（3）开发策略是指利用现有平台资源创建竞争平台或挑战现有平台。其目的是解决平台进入的“鸡与蛋”问题，即在平台吸引用户之前，需要先有互补应用；而在没有用户的情况下，吸引互补应用又很困难。平台管理者可以通过复制、适应和重建现有平台的核心部分和互补应用来创建竞争平台。例如，亚马逊通过利用 Android 平台的开放源代码项目（AOSP）创建了自己的 Amazon Fire 平台，并复制了 Android 的功能 API，使开发者可以轻松地将应用发布到 Amazon Appstore。

（4）防御策略是指采取措施防止竞争对手利用平台资源。平台管理者可以通过使用互惠的开源许可证、加速应用程序编程接口开发、使用动态实时更新的客户端库等手段来提高竞争对手复制功能的难度。例如，为了提高 Android 平台的防御水平，谷歌使用 Apache 开源许可证将一些流行应用从开源转为闭源，并通过 Google Play 服务客户端库等手段来综合提高平台的防御能力。

平台所有者需要根据平台的商业环境、竞争阶段和法律约束等因素，灵活运用这些策略。此外，平台所有者还需要不断调整这些策略，以应对竞争环境的变化和竞争对手的行动。

## 三、需求延伸：从基础层次到场景层次

需求从基础层次到场景层次的延伸是指通过提升用户黏性优化营收结构，企业扩展产品或服务品类以满足用户多元化的场景需求。需求延伸战略主要目的是提升用户黏性，即用户因对品牌认可或对产品或服务满意而提升

其留存、复购等表征活跃度的行为。具体表现为营收结构的优化，即产品或服务品类的拓展能够有效提升用户付费意愿。

用户黏性提升可细分为产品供给升维和用户选择多元，营收结构优化可细分为消费频次增加和营收来源扩大，可以从以下三个方面进行。

（1）在持续做好切入市场单点产品的同时，基于用户数据积累和迭代不断完善用户画像，从而挖掘并开发与用户场景需求相契合的更高阶产品功能或其他衍生产品及服务。具体而言，企业首先需要通过在线调研、用户行为分析和社交媒体发帖等多种渠道收集用户偏好和反馈数据，随后利用这些数据来构建和持续更新用户画像，确保准确捕捉用户需求的变化。其次，基于对用户画像的深入分析和场景化延伸的探索，识别市场上未被挖掘的市场机遇，进而开发出与这些需求相匹配的新产品或衍生产品。最后，企业要重视多渠道的推广，迅速地将新开发的产品介绍给目标用户群体，不断契合和积极响应用户的场景需求。

（2）发挥单点产品的引流作用，在个性化推荐或其他渠道的引导下，给予用户一站式的多样化选择，提升其留存及复购率。具体而言，企业可以首先通过高质量的内容、引人注目的设计或独特的功能提升用户对单点产品的兴趣。进一步地，利用个性化推荐算法或精准营销等策略大幅提高用户的体验感和满意度。同时，企业也需要提供相似或互补产品或服务，即为用户提供更多的选择以满足不同场景下的需求，从而增加用户复购率。

（3）通过消费频次的增加和营收来源的扩大优化营收结构，进一步助力产品升维，形成良性循环。具体而言，企业可以首先通过提升产品或服务质量或提供优惠促销活动等策略增加用户的消费频次，从而进一步提高用户对企业产品的重购率。其次，企业在工业时代下依赖单一收入来源的特性在不断变化的数字时代将面临较大风险，加入新的产品线可以拓宽收入渠道，并为企业在数字经济下的商业模式创新和产品创新提供更稳定的财务根基。最后，随着消费频次的增加和营收结构的优化，企业在获取更多资金和资源的基础上更容易促成产品的升维和迭代，反过来助力提高用户黏性和营收渠道的扩宽。

## 四、利益相关者协同：从个体到生态

基于生态的利益相关者协同是指企业围绕某一核心产品、服务或业务，整合产业链上下游利益相关者形成协同共生的关系。生态协同战略的价值创造主要表现为提供解决方案，即通过产品或服务的组合为用户提供以结果为导向的一揽子解决方案。价值捕获主要表现为竞争壁垒加强，即基于生态成员间连接互动及其协同共演所构建的更高阶且更稳健的竞争优势，此时价值创造和价值捕获的动态平衡关系则表现为通过提供解决方案加强竞争壁垒。

企业要实现利益相关者从个体到生态的转变需要重新审视以下三个方面。

（1）用户价值最大化。企业实现利益相关者向生态转变需要将用户置于核心地位，可以通过市场研究和用户反馈更好地理解用户需求，为其提供更有价值的产品或服务。用户不仅仅是购买产品或服务的个体，还是生态网络中最为重要的一环，积极的用户体验可以促使用户对企业建立信任，实现用户价值最大化有助于企业在整个生态系统中拓展影响力，帮助企业在数字变革中搭建与其他企业、软件提供商等主体的协作，创造更广泛的价值链。

（2）互补者关系协同。在强调连接的数字时代下，企业不再是孤立运营的实体，而是嵌入在庞大的商业生态系统中，实现利益相关者从个体到生态的转变需要与互补者建立紧密、可持续的协同关系。与互补者构建互惠的合作伙伴关系取决于共同的价值和目标，企业需要与互补者积极分享信息、资源和技术以实现共同的利益。通过紧密协作在市场上占据更大的份额，更大程度地推动价值共创。

（3）持续投资数字基础设施。企业需要持续投资于能将各方利益相关者连接在一起的数字基础设施，以确保具备支持利益相关者协同的平台。一方面，数字基础设施为各个利益相关者提供了一个共享信息的平台，企业可以实现实时的数据共享和透明度，使得各方能够更全面地了解企业的经营状况和决策过程，促进内外部各利益相关者之间的了解和合作，并有助于建立互信互惠协同关系；另一方面，数字基础设施通过提供实时反馈的沟通渠道提高了利益相关者之间的沟通效率，企业也可以更快速和直接地与用户、合作伙伴、供应商等主体互动，及时响应反馈并做出调整，有助于不断扩大企业构建的网络生态。

## 第四节　建立数字技术赋能和数据驱动的支撑体系

随着数字经济的蓬勃发展和大数据、云计算和人工智能等技术的不断涌现，数据的重要性日益增加。党的十九届四中全会提出，“健全劳动、资本、土地、知识、技术、管理、数据等生产要素由市场评价贡献、按贡献决定报酬的机制”，明确了“数据”作为生产要素赋能企业高质量发展的关键作用。将数据视为生产要素是认识到数据在助推企业创造价值、优化资源配置和加速对数字技术应用的核心作用。

在数据驱动的数字经济时代，充分发挥数据作为生产要素效能的企业往往能够获得竞争优势。数据作为新生产要素的实现路径已经成为企业开展数字化转型的重要抓手，生产要素数据化、管理能力智能化和决策能力算法化是企业搭建数字平台生态系统的基础。

### 一、培养数字思维

Neeley 和 Leonardi（2022）提出，数字思维是使个体或组织了解数据、算法和人工智能在帮助发现新机遇方面发挥正向作用，以及能指导其在数字经济时代中实现目标的一系列态度和行为。数字技术和数据不仅正在改变企业的商业模式和运营流程，也从认知层面重构了管理者和员工的数字思维，这就要求企业更加以数据驱动和用户导向的响应来支持算法和技术驱动的数字变革。

在企业内部不断培养数字思维和塑造数字技能时，企业的管理层和员工要意识到开发和培养数字思维并不意味着摒弃原先的技能特长。Iansiti 和 Lakhani（2014）研究发现，企业的数字化转型并非等同于企业开始销售软件或者只重视软件开发的数字技能，企业在转型前的优势能力和用户积累是开发数字思维的基础。在投资于数字产品和企业数字组织架构之前，管理者要明确数字变革并不意味着放弃传统技能；相反，应该将传统技能与新的数字思维结合起来以创造更多的价值。

### （一）管理者数字思维的塑造

管理者的数字思维塑造可以从以下三个方面展开。

（1）培育对海量信息进行分析、推理、判断和取舍的数据分析能力。算法能够揭示多维因素的关联模式和因果关系，帮助管理者获得对决策场景的横向全局视图；同时，通过多期比较历史数据与当期数据，可以揭示蕴藏在其中的特定行为模式，为管理者提供决策场景的纵向全局视图。

管理者根据实际需求对数据进行收集、编辑、处理、分析，发挥数据驱动效应，充分发掘和利用数据价值，做出科学经营管理决策以构建竞争优势。经过多年的技术投资、建设、并购、整合，很多企业积累了大量与传统信息技术相关的资源和人力资本。企业需要用平台思维与原生数字企业建立合作通道，在激活传统核心资产效能的同时构建数字经济下的独特竞争优势。

（2）重视以用户数据作为驱动的新要求。例如，Davenport 和 Redman（2020）提出，企业在数字化转型过程中管理者的端到端思维（End-to-end Mindset）至关重要，管理者在捕获企业所在行业领域的最新数字趋势与机会的同时，必须重新思考满足用户需求的新方式，重视提升用户体验导向并以此为基础审视、评估并优化整个业务流程以及实现跨部门的创新合作。

（3）秉持对数字化转型的包容态度。数字经济时代的员工除传统全职员工以外，远程员工、机器人员工和虚拟员工的出现加剧了企业内部人机协同的复杂性，管理者需要在不同的场景中全方位推动数字变革以及同步积累知识和经验。例如，Lucas 和 Goh（2009）通过分析柯达公司转型失败的原因，发现柯达的中层管理人员和僵化的官僚结构是阻碍企业对新技术做出快速响应的重要因素。数码技术极大地改变了图像的捕捉和呈现过程，柯达中层管理人员始终无法转变的思维导致柯达即使更换数任首席执行官也未能引入和利用新技术，最终导致柯达公司因无法适应数码摄影变革的新时代而在短时间内市场份额和股价双双暴跌。

### （二）员工数字思维的培育

数字工具和技术不断快速变化的同时，使用它们所需的知识和技能也在不断更新。对于企业的员工而言，在信息技术迅速发展的时代，企业训练和培育员工的数字思维不仅可以帮助员工了解数据价值和掌握基础的数字技术，促使员工提升数字化解决业务问题的能力，以及增强借助数字渠道高效工作的适应性，也能更好地助推企业的数字化转型。基于员工对数字技术的态度受其自身学习能力以及对数字化转型重要性程度的看法两个维度，Neeley 和 Leonardi（2022）认为管理者需要仔细权衡这两个维度以确定企业数字变革的进程是否受到员工的支持，如图 5-1 所示。

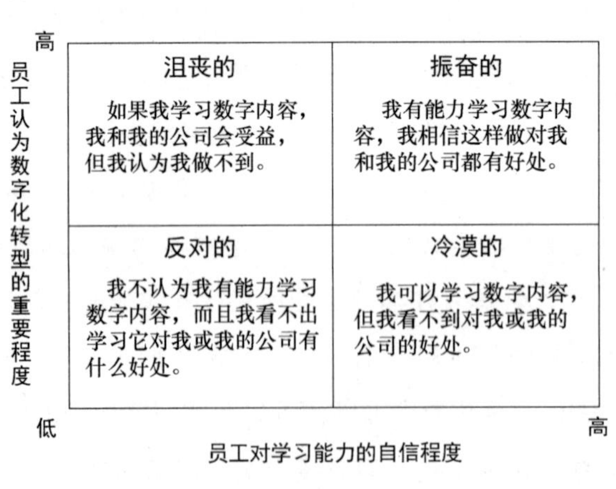


图 5-1　员工对数字化转型的态度

培育员工的数字思维可以从以下两个方面展开。

（1）对于处在“反对的”象限中的员工，管理者的首要目标是要不断向其强调数字化转型是企业当前最关键的任务，并通过增加信息传递让这些人参与进来，管理者需要为员工展现数字技术驱动为企业注入活力的蓝图，并鼓励他们将自己视为数字化组织的重要贡献者，以改观他们对数字化转型的看法。

（2）在员工对企业数字化转型建立认同之后，管理者应该专注于增强矩阵左侧两个象限中员工的学习能力。根据学习累积曲线的原理可以确定，员工对数字化的相关知识了解越多以及应用数字技术的经验逐渐丰富，他们对学习数字内容的信心就越强。管理者需要通过对基层业务员工的广泛调研深入了解什么样的培训方式可以引起员工的兴趣，例如举办有关数字化转型的培训课程并制定激励机制、聘用数字化人才开展经验分享会或者管理层带头进行数字技术学习等方式不断培养员工的数字思维和数字技术，促进提升员工对数字化转型的支持态度。

## 二、建立数字组织架构

### （一）设立“前端—中端—后端”的系统布局

企业建立数字架构的第一步是改进和优化组织结构，引入“前—中—后”三系统架构，即通过前端系统、中端系统和后端系统的协同工作，提高企业在数字经济时代的响应速度和效率。

具体而言，在这种结构中前端系统主要负责与客户和合作伙伴的交互，包括市场营销、客户服务和销售等职能。后端系统则涵盖了企业运营的基础设施和核心资产，如关键的数据库、仓库和生产工厂等。中间系统则负责连接前端和后端资源以确保资源和信息的有效流通，并随时根据两端的需要及时提供相应的资源支持。Greeven 等（2023）发现，西方企业通常由中层管理者来承担这个中端的连接角色，而中国企业正逐步以集中共享服务和数据的数字平台作为一种去中心化的中端系统，促使前端的员工可以直接获取所需要的资源和信息。

例如，韩都衣舍以小组制为核心，产品小组负责产品研发和营销保持了前端团队的小型化和灵活性，集成了管理和支持功能的平台中端系统不仅促进了资源的有效配置和调用，也同时支持产品小组和生产、仓储、IT 支持、客户服务等后端系统的快速连接。这种组织形式使韩都衣舍能够以较低成本快速测试新款的市场反应，解决了传统服装企业试错成本高的问题。相似地，顺丰速运最初是一家传统的包装和快递公司，在数字时代通过探索订单中台、履约中台和结算中台等中端数字平台支持前端各个业务单元的方式完成数字化转型，且通过雇用超过 3000 名软件工程师保持对平台架构的更新和维持。

### （二）搭建基础设施巩固数字组织架构

企业要在数字时代的竞争环境中占得一席之地，靠的不是突破最高精尖的技术领域，而是以数字变革的形式激活核心资产以及数据自驱动的组织架构，使信息能够迅速地跨越收集、转换、存储、探索、预测、可视化等阶段。企业用实时响应的数字基础设施和弹性的组织架构，帮助其在短时间内处理大量非结构化的数据以提高企业价值。

（1）构建基于云计算、物联网和机器学习等数字技术扩展的基础设施。良好的数字基础设施为企业数字化转型提供了所需的计算、存储、网络和应用程序支持，不仅帮助企业快速开发和部署新的业务层战略，还使企业可以为用户提供跨地理区域的服务。基础设施应该具有弹性开发、测试、运维等不同角色，从而统一环境、标准化研发实践、规范化研发能力，用持续交付实践打通开发、构建、验证和部署流程，使软件随时处于可发布状态。

（2）企业需要从与数字化转型适配的业务功能角度出发设计 API 和分层架构，划分合理的服务边界解耦所属领域的产品模型。不断涌现的原生数字平台的创新和竞争压力要求企业持续调整产品以适应不断变化的市场和技术更新，这就需要企业构建可扩展的灵活组织架构来服务于动态变化的用户需求，以及开发稳定的接口支持跨领域互补产品的接入。

在数字化情境下，企业需要借助数字技术使原本的实体产品分解为具备特定功能、可感知、可编程、可追溯和松散耦合的组件，在数字架构的基础上通过预先开发的接口实现互联。例如，Yoo 等（2010）认为数字技术为企业的分层架构提供了基础，企业数字分层架构由内容层、服务层、网络层和设备层组成。其中，网络层包括 TCP/IP 或点对点网络标准等的逻辑传输层和电缆、无线电频谱、发射器等的物理传输层，设备层可以进一步分为操作系统、API 网关和防火墙等的逻辑能力层和计算机硬件、服务器、网络设备和存储设备等的物理机械层，逻辑功能层提供对物理机的控制和维护，并将物理机连接到其他层。

## 三、建设数字文化

对于企业而言，培养提倡数字技术应用的数字文化价值主张是实现数字化转型的先决条件，文化与数字业务的不匹配可能成为企业数字化战略变革的瓶颈，倡导对数字技术和算法的信任是在企业内部实现人机协同的重要途径。

### （一）企业决策中建立参考算法提议的惯例

随着消费升级和市场需求的快速变化，企业以中心化决策和固定层级结构为核心优势的粗放决策基础在数字经济时代将导致企业决策过程缓慢、信息传递效率低下和经验直觉的失真，难以快速响应数字技术驱动下的市场变化。在人工智能（AI）技术正逐步被企业广泛应用的情境下，员工可以利用算法提供的建议来增强自己的业务判断，这种人机协同模式将使企业决策质量超越单纯由人类或机器单独做出的决策。

然而，Fountaine 等（2021）提出人机协同模式有效实施的前提在于员工对于算法提供的建议具有充分的信任，并在必要时掌握一定决策权做出独立的决策，这意味着企业摒弃原有自上而下的控制模式，这一过程涉及组织数字文化的根本变革。原因在于，如果组织内部在执行决策前由于层级管理的存在，仍然需要频繁地征询上级意见，那么这种依赖关系将削弱人工智能等数字技术的应用广度和深度。为了充分发挥数字技术在提高决策支持系统方面的潜力，企业必须培养一种更加包容、信任和协作的数字文化。

企业可以采取如下两种策略在组织内部建立决策参考算法建议的惯例。

（1）建立开放的培训策略和沟通机制。首先，企业需要对员工进行基本的数据科学和算法知识的培训，让他们了解算法的基本原理和运作方式，减少对未知技术的误解和恐惧。例如，通过案例研究和实际应用的分享，展示算法如何在实际工作中带来积极的影响，增强员工对算法价值的认识。其次，企业应当鼓励员工参与到算法的实际应用和优化中，通过实践经验来增强对算法的信任和理解。同时在这个过程中建立有效的反馈机制，如小组讨论、问答会议或匿名建议箱，让员工感到他们的意见被重视并有所回应。最后，管理者需要率先做出参考算法提议的示范，带动员工的积极性。例如，Frankiewicz 和 Chamorro-Premuzic（2022）认为，数字时代管理者的行为、价值观和能力成为企业之间最重要的差异化来源。只有自上而下地推动对算法提议的积极采纳，才能更有效地在企业内部建立参考算法提议的惯例。

（2）确保算法公正性和可靠性以及参考算法提议的决策过程透明化。首先，企业需要采用高质量的数据来训练算法，即重视数据质量，采集广泛、准确、无偏的数据作为算法的基础，谨慎执行数据清洗和预处理，实现算法的提议基于真实性、准确性和代表性的信息。其次，企业应当实施定期的算法审查和测试，以确保算法的决策是理性无偏的，例如对算法给出的提议由专家团队评估公正性和可靠性。再次，管理层应当聘请 IT 专家和数据科学家等专业团队，使其协助管理层制定决策，并通过透明的决策过程向员工展示如何实现算法辅助决策。最后，企业应制定公开、清晰的算法使用政策和原则，明确企业决策中算法提议可以应用的范围和程度，塑造易于理解和遵守的参考算法提议惯例。

### （二）培训管理者和员工的数字学习习惯

企业在数字化时代面临的重大挑战之一是数字技术飞跃式演进带来的市场竞争格局的快速变化，人工智能、大数据、云计算等技术不断冲击企业的业务运作方式。企业的管理者和员工必须通过持续数字技能培训，培养适应数字经济的学习习惯，快速吸收和应用新技术改善工作方法和工作效率。

企业可以通过以下两种途径培养管理者和员工的数字学习习惯。

（1）推广数字工具和资源的使用，促使数字学习成为管理者和员工日常工作流程的一部分。

一方面，企业应当提供访问各种在线学习平台和资源的机会，鼓励员工在工作中主动学习数字工具。在数字化时代企业的管理者和员工经常需要处理大量的数据，对大数据分析软件、自动报告编制系统和智能数据仪表板等数字工具的学习将使得这一过程变得更加高效和准确，企业可以通过免费向员工提供相关知识的电子书籍、在线课程和教育视频等方式提升其对数字学习的兴趣。

另一方面，企业需要鼓励管理者和员工在日常办公中应用新学的数字工具，并给予试错空间相对较大的实践机会，进而利用新的数字工具实施数据分析或参与数字化项目。数字工具与传统工具的融合能够极大提高办公效率，例如在企业中会议模式通常依赖于面对面的沟通，与会者能够直接互动、交流意见、分享想法，且通常在一个较为固定的物理空间里，使员工更专注于会议内容、减少外界干扰和深度讨论，这是传统会议的明显优势。企业在数字化转型过程中可以引入在线会议工具、协作平台，实现跨地域、跨时区的协作。数字协作工具虽然无法完全复制面对面沟通的所有优势，但可以使团队成员无论身处何地，都能够实现远程协作，这对于异地办公非常有益，且通过在线文档等方式促使信息的获取、分享和整合更为便捷。

（2）设置数字学习的激励机制，鼓励管理者和员工强化数字学习习惯。

一方面，企业可以通过制定奖励制度激励管理者和员工养成数字学习习惯。例如，设定可衡量的数字学习计划并提供与绩效挂钩的证书或认证，激励按计划完成学习任务，并认可员工在数字技术学习方面的成就，增加数字学习动力。

另一方面，企业应当建立持续数字学习的支持氛围，定期更新员工关于数字学习的信息，对员工提出的学习困难给予及时的响应和反馈，使员工保持对学习数字技术和技能的兴趣。此外，企业还可以通过举办定期的知识分享会、学习小组和互助研讨会，使管理者和员工逐渐习惯在团队中进行数字学习的分享和互助。

# 数字原生企业如何构建数字平台生态系统

## 第一节　实施网络桥接

### 一、网络桥接的内涵与类型

网络桥接（Network Bridging）是指平台连接不同领域之间的策略。这通常包括将成功的业务模式、用户数据、服务或产品从一个行业或市场转移到另一个，从而创造协同效应，增加用户数量，并改善经济效益。在平台业务中，这种桥接通常发生在平台已经在其核心市场建立稳固基础，并开始寻求新的增长点和扩展业务线时。

通过网络桥接，平台不仅能够保持现有市场的稳定增长，还能够探索新的市场机会。以阿里巴巴集团为例，其将支付平台支付宝与电子商务平台淘宝和天猫进行桥接，不仅填补了买卖双方在交易服务上的空白，还通过共享的交易数据支撑了蚂蚁集团的金融产品创新，为商家和消费者提供信用评级体系。此外，这一信用体系所得信息还为蚂蚁集团提供了发放低违约率的短期贷款的依据，进一步促进了消费者在阿里巴巴电商平台上的购买力和商家的库存资金周转。这些网络间的相互增强，促进了各自市场地位的稳固与扩展。

平台的网络桥接可以分为以下三种类型。

（1）业务模式延伸，平台将一个已在某个行业验证成功的业务模式，扩展到其他行业或市场。比如亚马逊最初以在线零售平台起家，但随着市场和技术的发展，它意识到将其在电子商务领域积累的技术和经验应用于其他领域的潜力。因此，亚马逊决定将其业务模式扩展到云计算服务，从而创建了亚马逊云服务（Amazon Web Services）。这一举措不仅成功地开辟了新的收入来源，还巩固了亚马逊在技术领域的领导地位。通过提供高效、可靠且灵活的云服务，亚马逊云服务迅速成为全球最大的云平台之一，为不同规模和行业的企业提供服务。这种业务模式的延伸使亚马逊能够利用现有的技术优势进入到一个快速增长的市场，展示了企业如何通过创新和适应市场变化来实现持续成长。

（2）市场纵深发展，平台通过在特定市场中加深服务的渗透度来增强其市场地位。市场纵深发展作为平台桥接策略时，重点在于通过增加市场内的业务服务，将原有服务的用户基础引导和桥接到新的业务上，在不同业务之间架设桥梁。例如，蚂蚁集团充分利用其通过电商平台和支付宝的支付服务积累的大量用户基础，引导用户使用其金融贷款服务“花呗”和“借呗”，将支付服务与金融服务紧密结合，形成多样化业务间的联系。这些金融服务不仅为用户提供了便捷的支付和借贷选择，也显著提升了蚂蚁集团在金融服务市场的地位。通过这种市场纵深发展策略，这些公司能够深化用户的参与度，增加用户黏性，同时拓展新的收入渠道，从而在竞争激烈的市场环境中保持领先优势。

（3）多场景跨领域联动，即平台通过合作、联盟等方式在不同的领域之间建立联系，创造新的市场增长点。例如，百度最初在搜索引擎和人工智能技术方面取得了显著成就。随后，百度基于这些技术优势发展其汽车产业。通过与汽车制造商建立合作关系，百度将其先进的智能驾驶技术应用于汽车制造，加速了智能汽车产品的发展。这种跨领域的联动使得百度能够实现网络桥接，将原本在互联网和人工智能方面的技术能力和汽车行业的原有优势进行结合，创建了新的增长点，形成了跨行业的协同效应。这种多场景跨领域联动的策略，不仅提升了公司在新领域的竞争力，也为其带来了更广泛的市场影响力和商业机会。

## 二、网络桥接的构筑策略

### （一）识别潜在桥接节点

在平台进行网络桥接时，识别潜在桥接节点意味着找出那些可以有效连接不同网络或服务的关键点或领域。这些节点通常是可以带来新增长或创造新市场机会的地方。识别潜在桥接节点的意义在于，它能帮助平台理解在哪里和如何最有效地将资源集中起来，以实现跨网络的整合和协同效应。通过识别这些节点，平台可以更有针对性地开发产品或服务，吸引新的用户群体，拓展到新的市场或行业，从而增强其市场地位和盈利能力。

例如，亚马逊将其电子商务平台与云计算服务进行桥接。在这种情况下，亚马逊的电子商务平台积累的大量数据处理需求成为连接到云计算服务的桥接节点。利用这些数据，亚马逊不仅优化了自己的电商服务，还将其技术能力扩展到为其他企业提供云服务的新领域，创造了新的收入来源。

为了识别潜在桥接节点，平台可以采取以下三种策略。

（1）平台可以通过综合市场研究来识别新的市场机会或未被满足的用户需求，包括行业分析、竞争对手分析、市场趋势预测以及潜在用户群体的识别等。例如，新冠疫情期间，腾讯等平台企业通过仔细分析行业发展趋势和消费者行为的变化，洞察到在线教育这类领域的增长潜力。随着新冠疫情的影响，人们越来越多地依赖于网络平台来进行学习和工作，这一需求的增长促使在线教育成为一个重要的发展方向。通过这种市场研究，平台不仅能够及时捕捉到新兴的市场机会，还能够准确地定位自己的发展方向和策略，从而在竞争激烈的市场中找到新的增长点和提升用户体验的途径。这种基于数据和市场洞察的方法使平台能够更有效地适应市场变化，把握发展机遇。

（2）平台可以利用大数据分析工具，从现有用户数据中提取有价值的信息，以洞察用户需求和行为模式。这一过程中，平台会关注用户的购买历史、搜索习惯、在线行为、反馈和评价等多种数据，以此来构建更加精准的用户画像。这些分析帮助平台捕捉到用户偏好的细微变化和潜在需求，为识别新的产品或服务机会提供了依据。例如，一个在线购物平台可能发现用户在特定时期对某类产品的关注度上升，或者用户在使用某项服务时普遍存在某种需求未被满足，这些都是开发新产品或服务的重要信号。通过这样的数据驱动分析，平台不仅能够及时调整其产品策略和服务内容以更好地满足用户需求，还能够预测市场趋势，从而在竞争中保持先发优势。

（3）平台可以通过对用户在平台上的交互行为进行深入分析，识别用户间的潜在联系和交互模式。这种分析主要集中在用户的浏览路径、社交网络关系以及参与活动的行为模式上。例如，一个社交媒体平台通过分析用户间的互动，如评论、点赞、分享等行为，可以揭示用户群体之间的共同兴趣或活动偏好。这些信息为平台提供了宝贵的洞察，帮助其识别可以连接用户群体的新服务或内容领域。平台可以根据这些洞察，开发或整合相关服务或内容，如创建针对特定兴趣群体的社交圈子、推出与用户活动偏好相关的新功能或合作内容。这不仅增强了用户在平台上的参与度和满意度，也为平台带来了新的增长机会。例如，如果某健身平台的数据分析显示用户对某类运动或健康话题特别感兴趣，平台就可以引入相关的健康追踪工具或合作健身课程，从而增强平台在这一领域的吸引力。

### （二）构建包容性网络连接架构

构建包容性网络连接架构指的是建立一个能够支持不同系统、应用或服务之间无缝连接和数据交互的技术基础设施。这里的“包容性”指的是平台架构具备能够支持和整合多种不同类型的系统、应用程序、服务、数据源和技术的能力。

这种架构设计需要确保不同网络间的兼容性，同时提供灵活、高效的数据交换和集成功能。这种架构使得平台能够更加灵活地整合和扩展其服务范围，不仅增强了用户体验，还为平台带来了更广泛的市场机会和更大的商业价值。例如，谷歌的云平台（Google Cloud Platform）通过提供广泛的 API 和服务，如计算、存储、机器学习和大数据工具，使不同的应用和服务能够在其云平台上高效运行。谷歌云平台的架构支持各种语言和工具，允许企业轻松地将它们现有的系统和数据迁移到云端，实现不同服务的无缝整合。这种多元化的网络连接架构不仅为用户提供了强大的功能，也为谷歌在云计算市场上提供了竞争优势。

平台构建包容性网络连接架构可以采取以下三种策略。

（1）平台要确保数据交换标准化。这是实现系统间一致性和互操作性的基础。在这个过程中，平台需要创建和采纳统一的数据交换标准，包括定义通用的数据格式和协议，比如互联网中广泛使用的两种数据交换格式 XML（Extensible Markup Language）或 JSON（JavaScript Object Notation）。这些标准化的格式和协议使得不同平台和服务间的数据能够被无障碍交换和解析，从而实现了高效的数据互联互通。

此外，平台不仅要保证数据的一致性，还要确保接口的易用性和安全性，以适应不同开发者的需求，因此，统一的 API 设计也至关重要。通过这样的标准化过程，平台可以降低技术整合的复杂性和成本，同时提升系统间的兼容性和灵活性。标准化的数据交换机制为平台上不同的服务和应用提供了一种共通的沟通语言，极大地增强了整个网络连接架构的效率和稳定性，为后续的扩展和集成打下了坚实的基础。

（2）平台要确保系统架构兼容性。这是实现不同技术和应用集成的关键。要达到这一目标，平台可以采用模块化设计、微服务架构以及容器化技术等先进的系统设计方法。模块化设计允许平台以独立模块的形式集成各种功能，这些模块可以被单独开发、测试和部署，从而提高整体系统的灵活性和可维护性。微服务架构进一步强化了这种灵活性，通过将应用拆分成一组小型服务来实现，每个服务都围绕着特定业务功能运行，且拥有独立的运行环境，这样不仅有利于不同团队的并行开发，也使得系统更易于扩展和维护。

容器技术（Docker）允许用户将基础设施中的应用单独分割出来，形成更小的单元，即容器，并在任何基础设施上运行，为应用提供了轻量级、可移植的运行环境，使得应用可以在不同的计算环境中无缝运行，这极大地简化了部署和迁移过程。通过这些技术策略的综合应用，平台能够创建一个既灵活又兼容的系统架构，不仅支持当前的技术需求，也为未来的技术演进和新应用的集成留出了空间。

（3）在构建包容性网络连接架构中，平台要实施强有力的安全措施。这些安全措施包括但不限于数据加密、访问控制、身份验证以及持续的安全监控。数据加密是保护数据传输过程中不被截取和泄露的关键，它确保数据在移动和静态时都处于加密状态。访问控制和身份验证机制则确保只有授权参与者才能访问敏感数据和关键系统资源，同时通过身份验证提高了参与者身份的准确性和可靠性。持续的安全监控可以实时检测并响应各种网络威胁和异常行为，保证系统的持续安全运行。

举例而言，亚马逊云服务提供了全面的安全服务，这些服务涵盖了网络安全、身份和访问管理以及合规性审计等方面，不仅保障了客户数据的安全，也符合各种监管要求。通过这些综合性的安全措施，平台能够在开放和多元化的网络环境中维护高度的安全性和信任度，从而保护参与者信息、维护网络的稳定性以及提升参与者对平台的信任。

### （三）培育多平台互补协作网络

在平台内部进行网络桥接时，培育多平台互补协作网络意味着一个企业可以建设多个平台，构建一个跨越不同产品和服务的生态系统，其中各个平台之间相互补充、协作并分享资源。这种协作网络能够为用户提供更加丰富和综合的体验，同时促进平台间的协同效应，从而使整个生态系统的价值大于各单一平台的总和。

以字节跳动为例，它不仅拥有短视频平台抖音，还拥有新闻聚合平台今日头条、音乐流媒体服务平台锐音（Resso）等。字节跳动通过在这些平台间进行数据和内容的共享，以及推广策略的协调，使得用户在一个平台上的活动能够增强另一个平台的价值。例如，用户在抖音上的热门内容可能会在今日头条上被推荐，从而吸引更多用户参与互动。这种跨平台的协同效应增强了字节跳动在内容和娱乐市场的整体竞争力。

平台培育多平台互补协作网络可以采取以下两种策略。

（1）进行有效的跨平台数据整合与共享。平台需要构建一个数据共享机制，使不同平台间能够有效地交换和利用用户数据和行为信息。这涉及对多平台用户需求的深入分析和理解，以及对现有数据资源的整合和共享。通过实施这一策略，各平台能够结合其他平台用户的行为模式、偏好和反馈等综合信息，提供更加个性化和精准的服务。

例如，一个社交媒体平台和一个电商平台可以共享用户数据，从而在电商平台上推荐用户在社交媒体上表现出兴趣的商品。这种跨平台的数据共享和整合不仅增强了用户体验，也提高了用户在各个平台上的黏性，进而增加了整个生态系统的综合价值。

（2）积极推动不同平台间产品和服务形成相互支持和增强的关系。这要求各平台在产品和服务策略上进行精细的调整和规划，确保在市场定位和用户体验方面能够相互补充，而非简单重复或竞争。例如，同一企业下的内容创作平台与电子商务平台可以相互合作，前者提供吸引用户的高质量内容，而后者则提供与这些内容相关联的产品和服务。

这种策略的实施使得用户在一个平台的体验能够增强对另一个平台的吸引力，从而形成一个更加紧密和协调的生态系统。通过这样的互补和协同，各平台不仅能够在各自的领域内更有效地满足用户需求，还能够相互借力，提高用户的整体满意度和忠诚度，共同推动整个生态系统的成长和竞争力提升。

## 第二节　规避平台风险

### 一、平台风险的类型及影响

#### （一）平台风险的类型

在数字化时代，平台经济模式的兴起带来了诸多机遇，同时也伴随着各种风险，常见的平台风险包括去中介化风险、多宿主风险和运营风险，它们在不同层面对平台的运营和发展构成了挑战。去中介化风险涉及用户绕过平台直接交易的可能性，多宿主风险关注用户和互补者同时使用多个竞争平台的现象，运营风险则涵盖了因多种内外部因素引发的运营中断风险。对这些风险的正确识别和管理是确保平台持续健康发展的关键。

去中介化风险是指在数字平台上，当用户之间建立了足够的信任和关系后，他们可能绕过平台直接进行交易的现象。这种风险的成因主要有以下两个方面。

（1）节省交易费用。当平台收取的佣金或费用过高时，用户可能选择直接交易以减少成本。例如，如果一个在线市场对卖家收取高额的交易费用，卖家可能倾向于与买家直接联系，以避免支付这些费用。

（2）互补者和用户关系建立。一旦用户通过平台建立了信任和关系，他们可能会选择直接交易，以维护和加强这种关系。例如，在设计或咨询等专业服务平台上，一旦客户和服务提供者建立了良好的工作关系，他们可能会选择在平台外直接合作，绕过平台的中介作用。

多宿主风险是指在一个平台生态系统中，用户或服务提供商同时使用或参与多个竞争平台的现象。多宿主行为对单个平台来说可能意味着用户忠诚度的降低和市场份额的分散，因此管理和应对多宿主风险是平台战略的重要组成部分。例如，开发者可能同时在iOS和Android平台上发布应用，而用户可能同时使用优步和来福车进行出行。这种风险的成因主要有以下两个方面。

（1）用户的多元化需求。不同平台可能提供不同的特色服务或优势，吸引用户在多个平台间分散活动。例如，针对视频流媒体服务领域，奈飞（Netflix）、亚马逊视频（Amazon Prime Video）和视频网站Hulu各有其特色内容和服务。奈飞以其原创剧集著称，而亚马逊视频则会提供与电视购物相关的附加优惠，Hulu更倾向于提供实时电视节目。用户可能会同时订阅多个服务，以获得更全面的娱乐体验。

（2）互补者的分散风险需求。例如，一个应用开发者可能会在苹果的App Store和谷歌的Play Store同时发布应用。如果仅依赖一个平台，那么一旦该平台政策变动或市场份额下降，可能会严重影响开发者的收入。通过在多个平台上运营，互补者可以吸引更广泛的用户群，增加收入来源，并减少因单一平台变动带来的不稳定性风险。

运营风险是指由内部流程、人员、系统或外部事件的攻击、动荡或不足引起的各种潜在风险，这些风险涵盖了从管理不善、员工失误、技术系统故障，到网络攻击、自然灾害、市场变化或法规变动等多个方面。运营风险的成因主要有以下三个方面。

（1）内部技术或管理因素。不充分或过时的架构设计可能无法应对高流量或复杂的数据处理需求，导致性能下降或架构崩溃。除此还有用户或供应商的不当行为，如欺诈、虚假信息或侵权等可能损害平台的声誉。如果平台没有有效的监管和质量控制机制，可能会导致服务质量下降，增加安全事故的风险。

（2）外部安全威胁。外部的恶意攻击，如黑客入侵，可能导致用户敏感数据的泄露，严重影响平台的信誉和用户信任。

（3）市场和环境因素。市场动态、经济波动、自然灾害、政府监管等外部因素可能导致运营环境的不确定性，影响平台的正常运作和盈利能力。

### （二）不同类型平台风险的影响效应

去中介化、多宿主、运营风险不仅威胁到平台的直接经济利益，还可能引发运营效率降低、用户忠诚度下降和市场竞争力减弱等一系列连锁反应。因此，理解这些风险及其潜在影响，对于数字平台的持续发展和竞争力至关重要。接下来，我们将详细探讨这些风险对数字平台产生的影响。

去中介化风险对数字平台产生的主要影响包括以下两点。

（1）短期的收入损失。当用户绕过平台直接交易，平台将失去佣金或交易费用，这直接影响其主要收入来源。

（2）长期的用户基础侵蚀。去中介化会影响平台的市场份额和用户基础，如果用户发现他们可以在平台外更有效或更便宜地完成交易，他们可能会逐渐减少使用平台的频率，从而侵蚀平台的用户基础。例如，爱彼迎可能会遇到房东和租客在短期租赁后直接建立联系，未来交易时绕过平台，减少了平台的重复使用率和市场份额。

多宿主风险对数字平台产生的主要影响包括以下两点。

（1）用户忠诚度降低。用户在多个平台间分散，可能降低对任一平台的黏性。订餐服务的用户可能既使用美团又使用饿了么，用户轻易在不同平台间切换，平台很难将其保留为忠诚用户。

（2）价格竞争加剧。为了吸引和保留用户，平台可能会通过降低服务费用或提供更多激励来与对手竞争。这种价格战可能会侵蚀平台的利润率。例如，视频流媒体服务平台之间的竞争会导致对热门影视内容的大量投资和频繁的会员促销活动，这增加了平台成本压力并减少了其利润空间。

运营风险对数字平台产生的主要影响包括以下四点。

（1）平台运行效率降低。技术风险可能导致系统故障或性能问题，从而影响平台的正常运作。例如，一个电商平台支付系统的瘫痪，将导致订单处理速度减慢，影响整体的运营效率。

（2）用户信任度下降。数据泄露或服务滥用事件可能导致用户对平台的信任迅速下降，影响用户的长期留存和平台吸引新用户的能力。

（3）额外的财务损失。安全事故或声誉受损可能导致法律诉讼、罚款或赔偿，对平台造成直接的财务损失。遭遇技术风险时，平台也可能需要投入大量资源来修复问题和升级系统，包括财务成本以及时间和人力资源的投入。

（4）平台市场竞争力减弱。持续的声誉问题或安全事件可能损害平台的市场地位和竞争力，也可能影响平台与供应商、广告商和其他业务伙伴的关系，限制其商业机会和资源。

## 二、平台风险的规避策略

### （一）调整平台的定价结构

调整平台的定价结构是指平台通过修改其收费模式来改变参与者行为，增加参与者使用平台的吸引力，减少参与者直接交易的动机或在多个平台间分散使用的倾向。以美团为例，美团通过提供不同级别的服务和相应的定价策略，以及在特定时期提供优惠或补贴活动，形成其灵活的定价结构。

具体来说，美团通过提供标准和高级服务选项等差异化的服务层次，以及根据市场需求和竞争对手的价格调整服务费用的灵活定价方式，使广泛的商家和消费者群体实现有效匹配。此外，通过时段性的优惠和补贴活动，美团增强了平台对用户的吸引力，鼓励他们持续使用该平台而非选择直接交易或转向其他平台。

调整平台的定价结构以规避去中介化风险和多宿主风险可以采取以下三种策略。

（1）采取面向互补者的激励式定价策略。针对平台的互补者，平台可以实施灵活的定价模型，如基于交易量或利润的分成模式。通过激励式定价，平台能够吸引更多的互补者加入，从而丰富平台的内容和服务。随着更多高质量的互补者加入，用户可以享受到更多样化的产品和服务，从而提升整个平台的市场竞争力和吸引力。例如，阿里巴巴通过向商家提供与其交易量相关的优惠费率和营销工具，激励它们增加在平台上的销售额。这不仅帮助商家增加收入，同时也增加了平台的交易活跃度。

（2）采取面向用户的差异化定价策略。对于用户，平台可以实行个性化定价，根据用户的行为特征、使用频率、购买历史或忠诚度来设计定制化的价格方案，如为常客提供特别折扣或奖励计划，以增加用户对平台的忠诚度和黏性。例如，滴滴出行会根据用户的使用频率和乘车偏好提供个性化折扣和奖励，对于经常使用滴滴服务的用户，平台会提供定期的优惠券、特别促销活动或优先预订权等特权。这种策略能够增强用户与平台之间的连接，不仅有助于保持现有用户群，还能吸引新用户。

（3）进行基于竞争对手的定价分析。这一过程涉及对市场的持续监控，包括密切关注竞争对手的价格变动、促销活动和市场策略。通过这样的分析，平台能够深入理解竞争对手的盈利模式和市场定位，从而有效地调整自身的定价策略来应对市场的变化。例如，京东在重要的促销期间，如“618”或“双11”购物节，会对竞争对手的定价策略进行分析，并据此调整自己的价格和促销活动，如价格相匹配，或者提供额外优惠或限时活动，以吸引和保留用户。这种分析不仅涉及对竞争对手定价策略的理解，还包括对整个市场环境的深入洞察，以确保平台在吸引用户和互补者方面保持竞争力。

### （二）强化平台的技术规则

强化平台的技术规则是指利用先进的技术手段和策略，实现数字平台内部控制和外部防御机制的综合提升。例如，使用技术措施可以限制用户在平台外进行直接交易或沟通的能力，减少用户绕过平台直接交易的动机和可能性，从而保护平台的收入来源和市场地位。爱彼迎通过在订单预订完成前模糊化房东的联系方式和详细地址，避免房东和房客的去中介化。

Li 和 Zhu（2021）专注于在线每日交易市场，研究了平台竞争中信息透明度的变更和多宿主行为，发现团购网站 Groupon 停止公开显示每个交易的销售数量。这一改变使得竞争对手如 LivingSocial 难以识别哪些交易是受欢迎的，从而影响其在市场中的竞争策略和决策。通过减少销售数据的透明度，Groupon 降低了其他平台模仿其成功交易的能力，从而减少了用户的多宿主行为。

平台可以通过技术规则的强化以规避去中介化风险、多宿主风险和运营风险，应该采取以下三种策略。

（1）平台交易监控强化。在数字平台中，平台交易监控的强化是确保平台健康运行和收入稳定的关键。平台可以利用技术手段，如大数据分析和人工智能，对交易行为进行实时监控，有效识别并阻止可能的去中介化交易。例如，淘宝运用技术手段，通过监控聊天系统中的关键词来识别和阻止可能引导到平台外交易的行为，当系统检测到用户在聊天中提及如“离线交易”“微信支付”等，表明他们可能在尝试将交易转到平台外进行，系统便会采取措施进行警告或干预。

（2）数据加密与隐私保护。在数字平台运营中，数据加密与隐私保护是确保用户信任和平台安全的关键环节。随着数据泄露和网络攻击事件的增多，用户对于个人信息的安全和隐私越来越关注。因此，平台需要保护用户数据，确保通信安全，并防止数据的未授权访问和滥用。例如，平台可以通过使用强加密算法确保用户数据在传输和存储过程中的安全，数据加密不仅防止了数据在传输过程中被截获，也确保了即使在数据泄露的情况下，信息仍然是不可读的。

（3）系统安全性增强。为了防御外部攻击和预防数据泄露，平台必须采取一系列综合措施，如强化防火墙和反病毒软件，确保这些安全措施能够抵抗最新的网络威胁，如病毒、木马、勒索软件等。同时，实施入侵检测和预防系统对于监控可疑网络活动、识别潜在的未授权访问和安全漏洞至关重要。

此外，定期进行安全漏洞评估和渗透测试可以帮助平台识别并修复可能被黑客利用的弱点。随着网络攻击手段的日益复杂化，数字平台必须不断地加强其安全架构，确保在维护自身可靠运营方面始终处于前沿，赢得参与者信任。

### （三）平台补充服务的增值

平台补充服务的增值通常指平台在基本服务之上，为满足用户更深层次需求而提供的额外服务。这些服务往往具有高度个性化，是用户在平台外无法获得的，能够提供更为丰富的用户体验。补充服务对平台而言，是提升竞争力、增加用户黏性、扩大市场份额的重要手段，能够增加用户对平台的依赖，还能有效地提高用户切换到其他平台的成本，从而降低多宿主风险和去中介化倾向。

对用户而言，补充服务能够满足其更为多样化和高级别的需求。例如，阿里巴巴集团旗下的淘宝平台，通过提供个性化推荐、直播购物、社区互动等补充服务，极大地丰富了用户的购物体验，提高了用户在平台上的停留时间。京东平台则自建物流体系，提供快速可靠的配送服务，同时提供全面的售后服务，包括退换货、维修等，流程简便，响应迅速。这些补充服务在提升用户体验、增加用户黏性方面发挥着重要作用，也是这些平台竞争策略的一部分。

平台通过补充服务的增值以规避去中介化风险和多宿主风险可以采取以下三种策略。

（1）新的服务形态的开发。通过创新和开发独特的服务，平台能够提供用户在其他平台上无法体验到的服务，从而增加用户在该平台上的留存率，并减少他们转向其他平台或进行去中介化交易的动机。例如，基于人工智能的个性化推荐系统是一种创新服务形态。这种系统通过综合分析用户的行为、偏好和历史数据，能够提供精准的产品或内容推荐。相比于传统的基于简单规则的推荐系统，人工智能驱动的推荐更加个性化和动态，能够实时适应用户的改变和新兴趋势。

（2）高度个性化解决方案的制订。制订高度个性化的解决方案是吸引和保留用户的关键策略之一。这种策略涉及提供基于用户历史行为、偏好以及其他个人特征的定制化服务。通过这样的个性化体验，用户更可能成为平台的忠实用户，减少多宿主行为的风险。例如，小红书通过用户生成内容和社区互动来增强个性化体验。用户可以根据自己的兴趣和偏好关注特定的主题和博主，获得更加定制化的信息流和购物建议。这种社区驱动的个性化策略有效地增强了用户黏性，降低了他们转向其他平台的可能性。

（3）提供面向互补者的补充服务。通过开放 API 等支持举措，平台能够促进互补者更容易地接入平台的资源和服务。这种开放性不仅有助于互补者创新和产品开发，还能增强其对平台的归属感和忠诚度，从而减少其转向竞争平台的可能性。此外，平台还可以为互补者提供优先接入新市场或测试新功能的机会，这不仅是一种激励机制，还是一种合作伙伴关系的体现，能够让互补者感觉到自己是平台成长和创新的一部分，增加其在平台上的投入和忠诚度，减少其寻求其他平台合作的动机。

## 第三节　贯彻互惠主义

### 一、基于数字平台的互惠主义

互惠主义（Reciprocity）是一种存在于各种社会文化中的人际交往规范，通常涉及交换行为，其中一方提供某种形式的价值（如商品、服务、支持或资源）期望得到等价的回报。在社会学领域，互惠主义是维持社会关系和经济交易的基本原理之一，强调社会关系中的相互依赖和给予。这种行为可能是建立在长期关系和互相信任的基础上，不总是寻求直接的或等价的回报。例如，一个人会帮助朋友搬家，可能期望在将来需要时也能得到朋友的帮助。

这种互惠行为加强了社会纽带和群体凝聚力。企业间的合作关系、消费者与品牌之间的忠诚关系，甚至国家间的贸易协定，都可能体现出互惠主义。

基于数字平台的互惠主义是一种在数字经济背景下出现的合作策略，基于互惠原则，不同的平台或企业通过共享资源、技术和市场机会，共同构建或扩展它们的数字平台生态系统。这种策略是对互惠主义概念的现代化应用，特别强调在技术和市场层面上的合作与共享。例如，两个平台可能共享数据中心或云存储资源，以降低运营成本和提高效率。此外，平台间的资源共享也可以包括专业知识和人才交流，以此促进双方的技术和业务发展。

基于数字平台的互惠主义在本质上是一种商业合作策略，与传统互惠主义在动机和形式上有所区别。从动机来看，平台之间的合作更多是为了市场扩张、加快创新和减少与主导平台的直接竞争。在传统互惠主义中，交换的动机可能包括加强社会纽带、培养长期关系或实现社会和谐。这种交换并非总是以经济利益为导向，有时更多是基于文化、社会或情感上的考虑。从形式来看，基于数字平台的互惠主义往往涉及明确的合同、协议以及共享资源和收益的具体条款，通常是更正式和结构化的合作。传统互惠主义往往是非正式的，基于社会规范和信任，可能不涉及明确的合同或协议。

## 二、互惠主义的布局策略

### （一）建立互补性合作关系获取合法性地位

当所处行业在位企业构建的数字平台生态系统已处于领导地位时，新进入者面临着如何处理与现有数字平台生态系统关系的问题，从而确保新建立平台具备合法性。由于网络效应的存在，在位企业具有不断加强其在特定生态系统中的领导地位的动机。

因此，通过互惠主义构建新的数字平台生态系统为新进入者提供了一种避免与受壁垒保护的主导平台直接对抗的竞争战略。新进入者通过实施互惠主义，基于对现有数字平台生态的角色识别与功能分析，可以创建现有平台的互补性平台，在新生的数字平台生态中逐步占据关键生态位，最终确立自身的合法性地位。例如，滴滴与许多地方交通运营商合作，基于互惠主义的原则，共享资源并拓展其服务范围，实现了在本地市场的快速增长。

Khanagha 等（2022）描述了云计算平台生态系统中处于边缘角色的思科（Cisco）如何通过物质性、符号性和制度性行动的动态组合来重新定位自己，从而成功开发了雾计算平台并获得了市场的认可。具体而言，思科识别现有数字平台中未得到满足的用户需求，利用其能力和合作伙伴网络创建基于雾计算技术的新的平台生态系统，通过创建开放式架构、开发文化概念、组建行业联盟等一系列策略减少阻力，取得了利益相关方的认同，并获得新平台的领导地位。

平台获取自身合法性地位可以采取以下四种策略。

（1）建立互补性合作关系。新进入者应深入分析现有市场和生态系统，识别其中的需求缺口和潜在机会，特别是那些被现有平台忽视或未能被充分满足的用户需求和市场细分。基于这些发现，新平台可以开发与现有平台互补的产品或服务，填补市场空白，同时提供独特的功能或改进的用户体验。通过提供这些互补性的解决方案，新平台不仅能吸引用户和合作伙伴，而且能在生态系统中逐渐建立起自己的影响力和品牌认知。例如，在社交应用照片墙（Instagram）推出之前，社交媒体市场已经有了如脸书和推特等巨头。然而，照片墙并没有尝试复制这些平台的功能，而是专注于简化手机摄影流程并美化照片效果，补充现有的社交媒体功能。这一战略强调与现有主导平台的合作而非直接竞争，通过这种协作关系，新平台可以更有效地利用现有的市场基础、技术资源和客户网络，同时为整个生态系统带来新的价值和市场机会，从而逐渐建立自己的合法性和市场地位。

（2）强化新平台的身份和品牌意识。新平台需要重点强化自身的身份和品牌意识，以建立独特的市场定位。这一过程不仅关乎品牌形象的塑造，更要求平台确立独特的品牌文化和价值观。因此，新平台需要明确其市场定位，塑造与众不同的品牌个性，比如专注于创新、用户体验、社会责任或技术领先等方面。例如，爱彼迎的品牌定位聚焦于提供“独一无二的旅行体验”，让用户“住在当地人的家中”而非仅仅预订一个酒店房间，从而在短租和旅行住宿市场中成功地与传统的酒店预订业务区分开来。通过这样的策略，新平台可以在用户心中建立起独特的品牌形象，与其他竞争对手区分开来。此外，平台需要进行有效的品牌传播和市场推广活动来提高品牌识别度和市场影响力，如在线营销、社交媒体活动、内容营销以及与用户互动的各种活动，从而传达其品牌信息和价值主张，吸引并留住目标用户群。

（3）设计平台的声誉反馈系统。在数字平台生态系统中，信任是多边主体开展交易的关键，声誉反馈系统则是建立信任的核心工具。然而，传统的信息反馈系统大多允许交易双方公开发布有关过去交易伙伴的信息。这种系统中，互惠性可能导致反馈信息的扭曲，即交易双方倾向于根据对方给出的反馈来给出自己的反馈，这种模式可能降低了反馈信息的真实性和有用性，并最终影响市场效率。因此，Bolton 等（2013）提出了两种解决方案以优化声誉反馈系统。方案一是使传统的信息反馈转变为盲反馈（Blind Feedback），即交易双方同时给出反馈，而不能互相看到对方的反馈。方案二是引入详细的卖家评级系统（Detailed Seller Rating），作为传统反馈的补充，只有买家可以给出详细的评级，卖家无法回应。与传统反馈相比，盲反馈和详细的卖家评级系统这类声誉反馈系统设计均能改变反馈信息的流动方式，提高信息反馈的准确性和市场效率。

（4）参与行业联盟与行业标准制定。为了在行业中建立权威性并增强自身的合法性，新进入的数字平台需要积极参与行业联盟和标准制定的过程。这种参与不仅使新平台能够直接影响行业发展的未来方向，还能够与行业内的其他重要参与者建立联系和合作关系。通过共同制定行业标准，新平台可以确保其产品或服务符合行业趋势和市场需求。同时，加入或组建行业联盟则为新平台提供了与同行交流、分享最佳实践、协同解决行业共性问题的平台，进而有助于建立行业内的合作网络和声誉。此外，这样的参与还能够使新平台更好地理解和适应行业法规、市场动态和技术进步，从而在竞争激烈的市场环境中保持领先地位。

### （二）与成熟的数字平台生态系统进行数字模块互联

平台是模块化的系统，不同的功能模块能够通过数字化手段相互连接和交互。这些模块可以是应用程序、服务、工具、用户或任何形式的数字资源，具备高可转移性和强聚合能力的特征。这些模块就像积木一样，可以灵活组合，构建出一个更大、更复杂的数字平台生态系统。在保证整体结构连贯性和模块兼容性的情况下，在位平台企业能够通过对平台模块进行补充设计、动态调整生态系统中的技术标准等途径持续优化平台生态。

对于新创建的平台而言，通过与成熟的数字平台生态系统进行数字模块互联实现互惠主义也是一个有效途径。成熟的数字平台生态系统具备更强的用户和互补者基础。对于新进入者而言，通过将自身模块嵌入其他领域成熟的数字平台生态系统，共享其部分资源，能够降低构建新的数字平台生态系统的成本。例如，通过与社交平台微信的连接，社交加拼团的商业模式让拼多多实现基于功能创新的快速增长，从而在竞争激烈的电商市场中与淘宝、京东等平台实现差异化竞争。对于拼多多而言，通过与微信这个社交平台的模块相连接，成功打通了下沉市场，通过对现有电商市场潜力的进一步挖掘，确立了平台的差异化属性与市场定位。

与成熟的数字平台生态系统进行数字模块互联可以采取以下两种策略。

（1）寻找技术与业务双向兼容的合作平台。在选择合作平台时，新进入者应选择那些与自身市场定位相符，或能够帮助拓展新市场的平台。例如，一个专注于电子商务的平台在寻找合作伙伴时，会倾向于那些能够提供补充性服务的社交平台或技术解决方案提供商，这样可以实现双方服务的无缝集成和数据的高效交换。通过这种方式，平台不仅能够利用合作伙伴的资源和技术优势来加强自己的核心业务，还能够通过新的合作关系进入以前未曾触及的市场领域，实现业务的多元化和市场的扩张。比如拼多多与微信的结合，就是利用了微信强大的社交网络和用户基础，来加强其社交电商模式。

（2）数字模块的动态调整与优化。平台需要采取一种灵活且动态的策略来应对不断变化的市场和技术环境。这意味着平台必须持续监控其业务环境，以便及时调整和优化模块间的互联策略。例如，当市场趋势发生变化或新技术出现时，平台可能需要寻找新的合作伙伴，以引入创新技术或服务，从而增强自身的市场竞争力。同时，平台也可能需要重新评估现有的合作关系，决定是否继续合作或寻找更合适的替代方案。

这种策略的关键在于保持灵活性和适应性，确保平台能够迅速响应市场和技术的变化，维护其在激烈竞争中的领先地位。如阿里巴巴通过不断的技术创新和市场策略调整，成功地从一个主要面向企业客户的电子商务平台转型为涵盖电子商务、云计算、数字媒体和娱乐等多个领域的多元化集团。通过这种持续的动态调整，平台能够确保其数字模块始终处于最佳状态，最大化其业务潜力和市场影响力。

### （三）跨领域多平台联合以实施协同发展

跨领域多平台联合是指属于不同企业的多个平台之间基于资源共享、能力互补或战略合作来实现共同成长和创新的过程。不同平台拥有不同的资源和能力，如技术、用户群、市场渠道或知识资产。通过多平台间的合作，每个平台都能在保持自己独特性的同时实现不同平台资源和能力的互补，共享更大的市场和更多的机会，形成协同效应，这也是基于数字平台互惠主义的体现。

这种策略不仅增强了各个平台的市场竞争力，还为用户提供了更为全面和多样化的服务。多平台合作可以打破传统的竞争界限，形成新的市场模式和商业机会，实现市场规模的扩张。这种协同合作还使得资源和知识共享成为可能，这不仅降低了单个平台的运营和研发成本，还加速了整体创新过程。各个平台可以在保持自身特色的同时，共同探索新的增长点和创新方向。例如，腾讯通过其开放平台策略，陆续开放了QQ空间、朋友社区、腾讯微博等重要的流量用户平台，为所有来自不同领域合作伙伴提供完善的数据、推广、支付、安全开发接口，基于腾讯云开放硬件、运营方面的帮助，以及其他优质推广资源，促进了整个互联网行业生态的增长和创新。

Kwak、Kim和Park（2018）探讨了3D打印创新生态系统的发展，重点关注多平台协同的作用。研究识别了四个关键平台：开源硬件平台、在线服务平台、免费和低成本的3D设计软件平台以及众筹平台。如复制模型（RepRap）这样的开源硬件平台，使任何人都可以构建或修改自己的3D打印机。这种开放性激发了3D打印新创业公司的发展，并显著扩大了用户基础和3D打印机的销售量。在线服务平台在3D打印创新生态系统中的作用主要体现在为用户提供了一个集中的平台，用于访问、分享和交易3D打印相关的设计、产品和服务。

免费和低成本的3D设计软件平台使更广泛的用户群体，包括业余爱好者和专业人士，都能更容易地参与3D设计。众筹平台为创业者提供了获得资金和市场验证的途径，促进了3D打印生态系统内新产品和服务的开发。每个平台都在特定领域内发挥着自己的作用，通过相互之间的补充和支持，共同促进了整个3D打印生态系统的增长和创新。

为了实现跨领域多平台联合带来的协同效应，平台可以采取以下三种策略。

（1）跨平台合作伙伴识别与关系网络构建。这一过程涉及考量合作伙伴的资源、技能、市场地位以及与自身战略的契合程度。这种评估既关注当前的合作潜力，也预测未来的合作发展动向。在构建关系网络时，特别重要的是确立一种基于互惠共赢的合作框架，这就要求双方在合作中都能获得明确且实质的好处。这种关系架构不仅涉及合作双方短期的利益交换，更重视长期的战略合作，以促进双方的持续发展和深入合作。

例如，京东与腾讯的合作是基于互补和共赢原则的典范。京东在电商领域拥有强大的物流和零售能力，而腾讯则在社交网络和在线支付方面占据市场领先地位，腾讯在其微信和QQ平台上为京东提供了流量和渠道支持，腾讯则通过京东投放的广告增加了收入，京东平台对于微信支付的集成也加强了腾讯在在线支付市场的竞争力。通过这样的方法，平台不仅能够有效利用合作伙伴的资源和优势来加强自己的市场地位，还能够通过扩展业务网络和提升服务质量在竞争日益激烈的市场中保持竞争力。

（2）资源整合与跨平台互操作性实现。在这一过程中，关键在于制定和采纳共同的技术标准，以及利用API技术和数据接口进行平台间的联通。通过这些措施，不同平台之间可以实现数据和服务的无缝整合。共同的技术标准有助于简化数据格式和通信协议，从而确保不同系统间有效地互联互通。这种标准化不仅提高了系统间的兼容性，还降低了整合的复杂性和成本。

同时，利用先进的API技术和数据接口对数据进行高效交换和功能集成，使得不同平台之间能够更灵活地共享信息和服务，增强整体生态系统的功能性和用户体验。例如，通过API连接，一个电商平台可以无缝接入社交媒体平台的用户数据，从而提供更个性化的购物推荐，为用户带来了高效的服务体验。

（3）开发创新服务以实现共同迭代优化。这一策略涉及在合作伙伴网络中推动研发活动，充分利用各方的资源和专长来共同创造新的服务和解决方案。例如，华为与不同行业和领域的合作伙伴携手，共同研发和优化服务，如在5G技术方面，华为与电信运营商合作，开发出适用于5G网络的云解决方案和服务。在这个过程中，用户需求和洞察被置于核心位置，这就意味着所有的创新活动都应紧密围绕着增强用户体验和满足用户需求展开。

同时，这一策略不仅涉及新服务的开发，还包括对现有服务的持续优化。为了保持服务的竞争力和相关性，多平台之间需要建立一种快速迭代的机制，以确保服务能够灵活地根据市场反馈和用户行为进行调整和改进，从而在不断变化的市场环境中保持前瞻性和适应性，促进整个多平台生态系统的持续发展。

# 数字化转型企业如何构建数字平台生态系统

## 第一节　分模块适应以推动特定业务变革

数字化转型企业实现数字化转型和搭建数字平台生态的第一步是分模块适应，即强调企业在数字化战略中应专注于利用特定技术和数字系统来推动特定业务的数字化变革。硬件的小型化、微处理器功能的强大化、内存的扩大化和宽带通信的低价化使得工业时代产品关键功能的数字化成为可能，汽车、电话、电视、相机甚至书籍正在逐步实现嵌入式的数字属性，在提供新颖功能的同时也表明数字创新的扩散创造了积极的网络外部性，数字化转型企业需要在数字化情境下以分模块适应的方式推动研发、生产、物流和销售等业务的数字化变革。

### 一、识别企业痛点克服关键挑战

通过自主识别和明确数字化转型企业在数字化情境下的痛点是驱动特定业务变革的重要引擎，有助于解决企业在数字化转型过程中的实际问题。

#### （一）识别核心痛点

数字化转型企业要根据内部实际情况和外部竞争态势通过深入洞察分析

企业内部关键痛点，如库存积压和用户流失率上升等问题，有计划地制定数字化转型阶段性目标。例如，McGrath 和 McManus（2021）指出，数字化转型企业在面对数字化转型的挑战时要采取渐进式的变革策略，在开始数字化的初期集中精力解决最紧迫的业务难题，并提出了从小规模起步、持续测试、大量学习到快速行动的数字化转型模式。

具体而言，先从企业痛点之一入手，可以是对一个特定的业务流程、部门或产品线进行数字化尝试，不断根据测试反馈进行适当的调整和改进，比如技术调整、去除冗余步骤和升级或集成新的技术解决方案等，一旦试点项目成功便快速增加技术和资源的投入，以支持其他更大规模的数字化转型尝试，渐进式地进行数字化变革。这种有针对性的部分业务的数字化“单点突破”对于企业适应特定技术或发展独特创新能力至关重要，尤其是对于能力不足和资源有限的中小型企业的数字化战略变革而言，分模块适应是其数字化战略变革的高效方式。

### （二）匹配解决方案

数字化转型企业在识别数字经济时代下的自身痛点之后，企业需要在明确竞争环境的基础上，有针对性地设计和实施匹配的数字解决方案，包括应用云计算、大数据和物联网等数字工具。例如，引入信息系统可以帮助知识获取、知识解释、知识分享、组织记忆和知识反馈，推动数字化转型企业对痛点业务的流程数据化、试错过程清晰化和知识流动交互化。此外，关键业务的数字化变革是一个持续不断的过程，这意味着数字化转型企业需要快速实施、测试、评估和收集反馈，并及时进行调整。

重复流程和实时数据的自动化是实现痛点业务数字化转型的关键，在许多数字化转型企业中，痛点业务往往占用最多的资源、人力和时间，例如通过纸质记录或手动输入的系统来管理库存余量、订单处理、报告编制或用户信息等重要环节，而这样的过程不仅效率低下和耗费大量的人力资源，还使得数据共享和流程协调变得困难，对痛点业务完成数字化转型的快速响应形成桎梏。数字化转型企业需要通过使用自动化工具，如机器人流程自动化（RPA）、供应链管理系统（SCM）和用户关系管理系统（CRM）等，帮助痛点业务在数字化转型过程中的流畅过渡。

## 二、开展数字学习更新传统业务

数字平台生态战略变革是一个渐进式完成的过程，数字化转型企业更需要在不同的情境中逐步学习新的数字化业务实施方式（如医院的医生学习与机器人一起合作完成手术）。企业结合数字化转型过程中的学习反馈，可为现有传统业务带来改进。

### （一）建立数字学习机制

建立反馈评估和数据驱动的学习机制，企业通过数字技术实现对痛点业务数字化过程学习成果的检测和分析。在对数字化转型企业自身痛点进行数字化改革的同时，建立起有效的反馈渠道以及客观的评估指标。数字化转型的核心思想在于企业通过引入数字技术、融入数字网络以及搭建数字平台，实现用更少的人力资源完成更多工作。

为此，Govindarajan 和 Venkatraman（2022）提出可以采取一种称为时间投资回报率（Return On Time Invested，ROTI）的衡量指标，即企业总收入除以员工人数。例如，通过比较 2018 年数字企业亚马逊和数字化转型企业沃尔玛在时间投资回报率的差异，我们可以发现亚马逊的净销售额为 2329 亿美元，拥有 64.75 万名员工，即每个员工净销售额为 359691 美元。相比之下，沃尔玛的净销售额为 4958 亿美元，拥有 230 万名员工，即每个员工净销售额为 215565 美元，因此亚马逊单个员工的绩效较高，比沃尔玛高出约 67%。

除此之外，数字化转型企业可以增设一个跨部门的团队，专门分析各个传统业务数字化转型的进展、挑战和学习点。例如，定期分享成功数字化业务的实践、数字变革中业务的难题或改进建议等。这种方式可以促进数字化转型企业在跨部门和跨层级之间的学习交流，使整个组织都能从数字化转型的经验中受益。

### （二）转化数字学习成果

分模块适应的特定业务数字变革不仅仅涉及对数字技术的学习，还涉及对数字经验成果的推广和应用。

（1）一旦建立了有效的数字学习机制，企业就可以开始将从数字化转型中获得的学习成果应用到优化其他业务领域，这需要企业结合自身市场定位确定哪些业务可以从已有的数字变革经验中受益最大。例如，如果企业的痛点是用户服务领域并通过数字化完成了转型，那么接下来可以考虑将相似的数字技术和流程应用到市场营销领域。

（2）企业需要在改进其他业务的过程中考虑潜在的阻碍因素，例如资源限制或技术兼容性等问题，并提前制订应对策略。

（3）企业必须意识到将数字化转型的学习成果应用到其他业务是一个迭代的过程，应该建立跟踪和评估机制以监测通过数字学习将技术应用到其他业务的效果，定期审查新开展的数字变革项目并在必要时进行调整。

## 三、发展数字业务响应新兴需求

### （一）拓展互补新业务

数字化转型企业可以通过引入数字技术和信息系统充分发挥数据效能，在企业内部开发新流程或新业务，响应数字化转型需求。数字化转型企业发展数字新业务时，首先要进行对市场格局和数字技术新趋势的大量研究和调研，识别与自身现有业务互补的新机会，通过利用自身在原有行业中积累的经验和用户资源，探索能够借助数字化手段提供增值服务或为用户创造新的消费体验的机会。

传统制造业企业可以开发基于物联网的智能监控系统，为用户提供更为便利和安全的服务。上汽集团不仅利用物联网技术使汽车的驾驶状态和故障信息等车辆数据能够实时连接到云端，还将物联网、传感器和算法结合，积极探索自动驾驶技术。

零售业企业在追求效率的数字时代可以基于人工智能的购物助手应用，为用户提供个性化的购物建议和更新优惠活动。京东开发的“京言 AI 助手”可以通过分析用户的历史搜索和交易数据，提供个性化的产品推荐。此外，京东也发展了无人车配送等与物流相互补的新业务，以实现自动配送和降低物流成本。

在探索新业务时，企业需要利用引入前沿的数字技术，如大数据分析、云计算和人工智能等进行市场需求分析、技术可行性讨论、竞争对手研究和市场风险评估。

Greeven 等（2023）在研究中国制造业企业创新时，发现海尔在 2018 年成立了一个微型企业，旨在开发与其厨房电器产品互补的食品产品和服务。最初，该团队尝试将新鲜食物与智能冰箱相结合，但面临控制温度、湿度和品质等冷链物流上的挑战。该团队在重新调研、评估和明确家庭饮食需求的过程中，发现许多家庭喜欢吃烤鸭等需要专业厨师且制作程序较为复杂的中式菜肴。

因此，该团队通过与厨师、餐馆和食品加工制造商的合作，开发了能够预制烤鸭等方便消费者使用的产品，可以将食物的原材料直接放入与之配套的预编程海尔烤箱中，以获得高质量的烤鸭。

### （二）探索全新业务领域

数字化转型企业也可以考虑进入与其原有业务不同的市场领域，利用数字技术创造全新的产品或服务。Verhoef 等（2021）在研究数字化转型时指出，企业在探索全新业务领域时，通过数字技术开发新的商业模式，不仅能创造更多的价值，还能使企业在快速变化的市场需求中保持灵活性和响应能力。

这种转型需要企业在市场需求分析、技术可行性讨论、竞争对手研究和市场风险评估方面进行深度研究。

例如，一个在制造业领域有深厚背景的企业可以考虑进入数字健康、智能家居或可持续能源领域。进一步地，传统的机械设备制造企业可以考虑利用其在机械和工程方面的专业知识，进入智能软件解决方案领域，如可以开发用于工业自动化和预测性维护的软件平台。这个平台可以利用机器学习算法来分析工业设备的运行数据，预测设备故障并提供维护建议。这种转型不仅为企业开辟了一个全新的收入渠道，而且提升了其在工业技术领域的竞争力。

## 第二节 系统性转变以支撑企业整体数字化协同

系统性转变意味着数字化战略变革需要在顶层设计上进行统筹协调并发挥整体性作用。系统性转变涉及企业从行业环境的数字化出发，对企业数字愿景和战略的调整，这意味着企业需要通过数字手段加强业务和职能之间的整体变革，具体包括以下三个方面。

（1）通过划小管理单元建立微粒化数据标签，全方位汇聚、融合和处理数据，为企业在精细化管理、运营、服务以及创新方面提供完整的数据信息支撑。

（2）通过数据中台等综合平台，使得企业各个业务环节共享平台数据；通过实现数字化基础设施、空间资源的充分利用，降低资源供给成本，提高资源利用效率。

（3）通过企业全产业链的数据打通、数据挖掘，实现数据驱动业务运行与价值创造，例如实现绩效评价、用户营销、资源配置、业务投资的精准化等，并最终实现企业内部业务流程和组织结构的系统化转变。

通常而言，整体架构是企业的传统组成之一，体现为功能元素和物理组件之间复杂且重叠的映射，但是这些组件之间的接口是非标准化的，因此某一职能的变化通常会影响企业的其他职能，且这种影响通常是不可预测的。而数字经济下的数字变革普遍强调分阶段的演进，数字化转型企业需要逐步制定与特定职能相互协调的数字化目标并纾解相应的变革困境，如实现职能部门接口的互联互通、实体业务和虚拟业务的结合等。

## 一、协调企业多职能部门接口互连

数字化转型企业通常存在各职能部门之间信息孤岛和工作流程分割的问题，需要推动多职能部门接口互联。这样不仅帮助企业实现内部协作和流程的优化，还能通过职能部门的协作带来多种渠道的人力资本和信息资源的聚合，提高企业的灵活性、敏捷性和快速应对数字化转型需求。其中，战略规划职能部门和人力资源职能部门的互联，销售职能部门、用户关系管理职能部门和市场营销职能部门的互联，以及研发职能部门和生产职能部门的互联是数字化转型企业实施系统性转变的重要环节。

### （一）通过数字化协作和信息共享实现战略规划和人力资源职能部门的互联

数字化转型企业可以借助数字化协作工具（如在线会议、团队协作工具、项目管理软件等）使得不同职能部门较为便利地共享信息、文档和数据，并进行实时的协作和沟通。特别地，战略规划职能部门将更好地与人力资源职能部门共享长期战略方向，促使员工可以更直接地与战略职能部门同事反馈数字化转型过程中遇到的实际问题，这将有助于数字化转型企业在数字变革的战略规划上实施持续改进。

### （二）通过数字化的用户互动实现销售、用户关系管理和市场营销职能部门的互联

社交媒体、在线客服、电子邮件和网站等数字渠道使企业能够与用户建立更紧密的联系。例如，用户支持团队可以搭建与市场营销团队相接的信息接

口，在服务用户咨询和售后等环节的同时，借助销售团队定期更新的用户关系管理系统为用户提供个性化的品牌体验，有助于提高用户满意度和忠诚度。

## 二、推动实体业务和虚拟业务相结合

在数字时代数字化转型企业必须认识到，实体业务和虚拟业务的结合是一项关键性的数字化转型战略举措。这种结合为数字化转型企业提供了更广泛的市场用户基础，降低了运营成本，并增加了捕捉创新机会的可能性。

例如，在销售层面，数字化转型企业将实体业务和虚拟业务相结合可以实现线上线下的无缝连接，用户可以实现线上下单，线下提货，还可以先在实体店体验产品，再通过线上渠道购买，购物便利性的增加不仅帮助企业覆盖更广泛用户基础，还有助于提升用户黏性；在运营层面，数字化转型企业将部分实体业务数字化可以提高企业运营效率，例如通过物联网技术对供应链的实时监控代替原先依赖人力的低准确性监控，减少人工成本和库存成本的同时提高效益；在研发层面，实体业务和虚拟业务相结合为数字化转型企业研发拓展更为广泛的空间，通过收集在线购物平台和社交媒体平台等虚拟业务产生的大量数据，研发团队可以进行更为精细的数据分析，这将有助于企业提升实体产品的设计和性能以满足多元化的市场需求。

数字化转型企业可以通过以下两种途径实现实体业务和虚拟业务的融合。

### （一）建立全面数字化的运营体系

数字化转型企业需要意识到生产设备、实体店面等实物资产提供的更稳固的运营架构是其在数字时代的一大竞争优势，在此基础上构建数字化的运营体系可以帮助数字化转型企业实体业务和虚拟业务之间的信息流更为通畅，且更加高效地管理和共享信息。

例如，McGrath 和 McManus（2021）认为数字化转型企业相较于原生数字平台企业的优势在于具备实体店，以及能够与用户实现面对面的线下交互，并分析了百思买（Best Buy）商场如何在数字经济下重新调整商业模式以创造独特竞争优势。“展厅式购物（Showrooming）”是数字时代消费者的一种常见行为，他们通常会先在实体店查看产品质量、功能和外观，然后在亚马逊等电商平台以在线折扣价格购买。这使得百思买等传统零售连锁店因存在库存、实体店运营和租金等固定成本无法提供有竞争力的价格而导致经营受到冲击。为了吸引用户，百思买开始大力改造仓储、物流、供应链和售后等环节。例如，百思买增设下单即日配送服务，以减少用户在亚马逊购物后的等待收货时间，以及缓解高价产品在运输途中可能伴随的破损或失窃等风险。

此外，提升用户黏性是百思买数字化转型过程的核心，企业雇用受过集中培训的技术顾问，帮助顾客上门安装和设置电视、音响系统、计算机等各种电子设备，以及提供故障排除和产品维护等服务。通过与消费者建立更紧密的关系，百思买以实体店销售为主的模式能够与电商巨头竞争。

### （二）实现线上线下一体化的用户体验

一体化用户体验帮助数字化转型企业线上和线下销售渠道的合作更加紧密，用户可以在线上下单后选择在附近的实体店提取所购买的商品，这种互通性有助于提高销售并增强客户黏性。

例如，迪士尼公司（Disney）是一个典型的传统娱乐业企业，在实体娱乐和主题公园领域取得了巨大成功。然而，在数字化情境下，迪士尼也构建了虚拟业务并与实体业务实现融合，以适应不断变化的数字经济挑战。例如，迪士尼推出了自己的流媒体平台“Disney+”以提供旗下迪士尼、皮克斯、漫威、星球大战等品牌的数百部电影和电视节目的在线流媒体访问。迪士尼还通过虚拟现实（VR）和增强现实（AR）技术将主题公园的参观体验带到了数字领域，通过应用程序设置虚拟现实眼镜，迪士尼为用户提供与迪士尼实体公园相似的虚拟游乐设施和娱乐体验，从而增加了在线互动性和娱乐价值。

此外，传统销售与数字化营销的融合也是实现一体化用户体验的常见做法。数字化转型企业的销售模式通常是面对面的线下销售，优势是提供更为人性化和真实的互动体验、加深用户对品牌的印象、进行试穿和试用以及即时回应用户提问等。而数字化营销则可以通过引入虚拟体验技术、社交媒体互动等手段提升用户在购物过程中的感知和体验。

例如，传统销售中缺乏的在线试衣、虚拟展示等元素能够在数字化平台上实现，为用户创造更富有个性化的购物场景。因此，数字化转型企业通过传统实体门店与线上虚拟平台的整合为消费者提供更便捷和一体化的购物体验，在保持传统销售业务模式的强势优势下，融合虚拟业务实现企业整体的数字化协同。

## 第三节 交互式演化以实现企业数字生态融入

企业业务运营的数据化及人工智能等技术使得企业与外部合作伙伴及顾客建立即时互联的深入关系，内部管理趋向扁平化、去层级化，线性结构开始弯曲，以大数据、云计算为支撑的数字平台构建了企业与顾客、企业与企业、企业管理者与员工之间的新型关系。数字平台连接了人力、渠道、产品、供应、生产、营销等商业要素，构建了新的商业格局。数字平台中的各类用户群体彼此之间进行资源互换，形成了复杂多样的关系。

### 一、推动与数字企业的产品互联

在数字技术日益成为企业核心竞争力的数字时代，用户偏好和市场需求正在发生巨大变化，数字化转型企业亟须与在数字化方面拥有丰富经验的数字企业建立产品互联，在借助数字合作伙伴的先进技术优化自身数字变革流程的同时，更迅速地理解和响应用户需求。在数字经济情境下，许多行业竞争优势的来源从独立的产品或服务转向基于多个独立企业的相互依赖产品的集成价值主张，这对于传统的企业来说是一个重要挑战。

在数字经济情境下，数字原生企业总是能够取得先发优势的重要原因在于不断与其他数字企业建立连接，而数字化转型企业通常缺乏必要的技术基础设施来支持与合作伙伴的连接和数据共享，且由于技术应用的滞后以及流程标准化程度的低下往往导致企业结构层级的僵化，进一步带来难以引入新技术和灵活整合以适应市场环境的问题，进而落后于数字企业。因此，数字化转型企业更需要在数字经济时代与商业生态系统中跨越不同行业边界的其他数字合作伙伴共享数字产品，在推动产品互联的过程中汲取数字企业在数据处理、自动化和云计算等数字技术层面的经验。

（1）数字化转型通常涉及来自不同供应商和使用不同技术标准互补企业的多个系统、平台和应用程序，数字化转型企业需要通过强调连接，实现与数字企业产品上的互操作性，确保数据的共享和交换以消除信息孤岛。例如，Porter 和 Heppelmann（2021）认为智能互联产品为制造业企业拓宽了数据来源渠道。制造业企业的产品在实现智能互联之前，数据主要来源于企业内部运营和价值链上的交易活动，例如产品设计、订单处理和销售反馈等。虽然这些传统的数据来源也可以帮助企业捕捉用户需求，但对于优化产品功能仍然有较大局限性。

随着数字化转型企业与数字企业在产品上的智能互联，智能互联产品生成的大量实时数据对传统的数据源进行了有效补充，帮助企业更深入地了解产品在市场竞争中的表现、优化产品设计以及提供更加个性化的用户服务。更为重要的是，智能互联产品有效地推动了数字化转型企业从交易型销售模式转向数据驱动导向的服务模式数字化尝试，帮助企业在实践中学习数字技术应用以及开发虚拟云端系统。

（2）数字化转型企业需要主动发展数字能力突破自身经营模式的局限，尤其通过与数字合作伙伴在产品或销售等方面的合作，帮助数字化转型企业更快速地加入和适应新市场，并扩大其在数字经济时代下的用户基础。例如，苹果的 iPad 引领了图书行业的数字化。通过 iBooks 应用，苹果提供了一个平台，允许出版商将图书发布为多媒体内容丰富读者阅读体验，这也带来了出版商对数字内容的创新，包括互动式书籍、音频书和视频书籍等，苹果的 iPad 等设备的出现，使得电子书阅读变得普遍。图书行业的数字化转型也为全球读者提供了更大的可访问性，便捷地在互联网上购买和下载书籍，而不必考虑地理位置或库存的限制。

这类系统性转变让如苹果这样原本与传统出版业不相关的科技企业成了图书行业的重要参与者，电子书和阅读设备的普及也使得像亚马逊这样原本与传统出版不相关的技术公司成为图书行业的重要参与者，推动了图书行业的数字化协同。

## 二、构建用户社区激发网络效应

数字化转型企业在融入数字生态的过程中除了注重与其他数字企业的互联之外，也要意识到开发和构建用户社区的重要性，推动用户间的交互，激发强大的网络效应，这是其融入数字生态的关键途径。

（1）社区中用户经验分享、问题解决和创新想法交流等形式的高度参与和互动不仅增强了用户之间的连接，还有助于提升用户对企业品牌的情感依赖，进而提高用户留存率。

（2）用户社区提供的真实反馈和需求信息直接影响企业产品开发的方向，也使得企业的产品和服务进一步满足用户的实际需求。随着时间的推移，这种基于用户社区的深度参与和交流在形成良好反馈循环的同时，将有助于吸引潜在其他利益相关者融入数字化转型企业生态，增强数字化转型企业在数字时代的竞争力。

Wessel 等（2016）提出，大多数数字化转型企业在数字经济时代很难维持竞争优势的原因是受制于原有价值链和较为固定的合作伙伴网络，同时企业内部较为僵化的资源分配流程和激励机制等成为数字化转型企业利用数字机会扩展和优化用户关系的阻碍。在数字时代，数字化转型企业构建以用户为主导的社区，推动用户和用户之间的连接以激发网络效应，这是助力数字化变革、实现交互式演化的关键策略。

例如，小米通过其MIUI操作系统和MIUI社区平台建立了强大的用户社区，它不仅提供技术支持，还是用户交流的场所，成功地激发了网络效应。在MIUI社区中，用户可以分享产品使用经验、提出建议和参与讨论，这有助于在用户之间形成互动和共鸣，即MIUI社区为用户创建了具备归属感的社交连接。这种用户社区大大增强了用户黏性，从而为用户带来了较高的退出壁垒，放弃使用小米意味着用户失去在小米社区融入的社交圈子，因此一旦用户与社区产生了频繁的交互和连接将导致其更不愿意更换产品。

## 三、搭建协同共演的数字平台生态系统

搭建平台以连接数字化转型企业与各方利益相关者，这在数字时代尤为重要。在工业经济时代，企业与利益相关者的联系由于受到空间和时间的限制通常呈现间接和线性的特性，决策过程和产品研发主要基于有限的数据和长周期的市场反馈，这种模式对于进入数字化情境的数字化转型企业而言存在明显的局限性。数字化转型企业亟须建立利益相关者交互的数字平台，通过整合和优化信息流提高与合作伙伴和第三方开发者的互联效率，帮助企业快速响应数字时代不断变化的市场需求。

Hanelt等（2021）在对以数字化转型为主题的文献进行综述时发现，已有研究大多集中于探讨信息系统的应用如何影响组织内部结构，然而数字技术的不断涌现和迭代促使数字基础设施具备高度的开放性和灵活性，企业边界甚至行业边界的模糊化导致对企业数字化转型的过程需要从系统性和交互性的共演视角出发，才能体现符合实践的数字变革动态性和复杂性。数字原生企业之所以具有吸引力是因为平台所需要的资本投入相对较低，因此搭建共演的数字平台生态对于数字化转型企业而言是极大降低成本的途径之一。

例如，经营传统酒店需要拥有客房、物业、预订系统、员工等资源，与之不同的是，爱彼迎直接利用大量房东带来的房源网络提供上述资源，而爱

彼迎作为一个数字化平台直接控制的部分仅涉及匹配房东和用户以及保障住宿交易可在云端的进行，这不仅具有无限的可扩展性，还降低了运营成本和资本需求。因此，数字化转型企业需要加速与利益相关者的共演，打通技术、数据和人才的共享通道，让数字化转型企业的 IT 团队将注意力集中在数字化转型业务以突破产品创新上。

数字化转型企业可以采取如下两个途径搭建协同共演的数字平台生态系统。

（1）加强基于云计算的协作是帮助数字化转型企业与外部合作伙伴、供应商以及用户实现共同协作的核心。云平台允许处于不同地理位置的利益相关者实时交互和共享信息，及时捕捉用户需求和反馈、推进产品研发创新和促进沟通，使得整个数字平台生态系统不断自我强化和更新。例如，数字化转型企业可以利用云平台完善供应链管理系统，提升供应链透明度和实现实时监控，从而缓解数字化转型企业常遇到的库存管理问题。同时，云平台还可以作为产品创新的孵化器，鼓励企业内部研发团队、第三方开发者和用户共同参与新产品的研发和讨论，在提高内部运营效率的同时加强与利益相关者的深入交互，从而推动企业整体价值链的升级。

（2）提供应用程序编程接口使第三方开发者和合作伙伴与数字化转型企业实现系统间的相互操作和扩展平台功能的关键环节。共演的数字平台生态通常需要与外部系统和服务进行交互，数字化转型企业通过开放 API 技术不仅可以吸引第三方开发者和合作伙伴在平台上构建增值服务和应用程序，从而扩展平台功能并吸引更多用户，还通过允许不同系统组件的独立开发和维护使得数字平台可以灵活地扩展和迭代。这将帮助数字化转型企业在数字平台生态的赋能下，快速适应数字时代的市场变化和用户需求。

例如，中国建设银行作为一家传统的金融机构于 2016 年推出的龙支付平台，这是其围绕用户体验、运用互联网思维打造金融生态系统的重要转型。龙支付平台不仅为用户提供了便捷的银行服务和支付功能，还积极整合了保险和投资等第三方服务提供商，它通过连接其他银行、第三方服务提供商和用户形成了一个多元的金融生态系统。具体而言，建行龙支付平台利用云计算支持庞大的交易处理需求和数据存储，并通过开放 API 技术使得用户可以同时在平台上绑定工行、农行、中行、招商等多家银行。

此外，外部开发者也可以创建与龙支付平台集成的应用，从而提供更多样化的金融服务。龙支付平台同时利用 NFC、二维码、人脸识别等数字技术覆盖线上线下各类场景，积极与线下多家龙头商户在全国范围内开启“乐享龙支付——指尖慧生活”等主题营销活动。因此，龙支付平台不仅提供了便利、快捷和安全的支付方式，还通过开放 API 技术和强大的云计算基础设施建立了广泛的合作伙伴网络，确立了自己作为数字化转型和数字平台搭建的金融领域先行者。

# 下　篇

# 数字平台生态观的热点议题

第八章
Chapter

# 数字平台情境下基于互补者体验的设计与众筹项目成功

随着众筹平台的迅速崛起和发展，众筹逐渐成为创业者进行融资的一种新方式。本章运用回归分析方法和计算机文本分析技术，通过引入数字平台中的设计理论，着重探讨了基于互补者体验的多种设计特征配置，以及这些配置如何影响众筹平台上的参与度。研究结果表明，内容吸引、互动参与和社交连通性显著提高了数字平台上众筹项目的成功率。此外，通过进一步提炼语言和心理成分，研究发现引入虚词、关注影响力、真实性、休闲、宗教以及生物学状态相关的内容，并优化语言表达方式，也能有效提升项目的融资比例。基于这些发现，本章为筹资者在众筹平台上采用基于互补者体验的设计提出了一系列建议，以帮助更好地展示众筹项目。

## 第一节　以互补者体验为基础的数字平台设计

众筹，作为一种新兴的、技术驱动的创新活动，已成为创业者日益重要的资金来源。作为对传统投资方式的补充，众筹主要利用平台技术和公众力量以更透明的方式筹集资金（Beaulieu 等，2015）。简单来说，众筹作为一种集资方式，通常通过专门的众筹平台进行，允许个人或组织通过互联网向群众募集小额资金，以支持各种项目或创意。

众筹的主要形式包括以奖励或产品样品作为回报的奖励型众筹、投资企业以期望获得股份或利润的股权型众筹、提供贷款并期待未来收回本金加利息的借贷型众筹和无物质回报的慈善捐款性质的捐赠型众筹。众筹对于项目发起人来说是一种相对容易且成本低廉的资金筹集方法，同时也为支持者提供了一个直接参与创意和创新的渠道。近年来，全球众筹市场迅速增长。据Statista的数据，2021年全球众筹市场估值为136.4亿美元，预计到2028年将翻一番，并以11.2%的复合年增长率扩张。众筹的普及融合了Web 2.0、虚拟社区以及信息和通信技术的概念，为在线资源请求创造了新机会。

众筹项目表现的好坏在很大程度上依赖于近年来发展的平台技术。例如Kickstarter、IndieGoGo和RocketHub这些受欢迎的众筹平台，都是依靠数字平台的基础设施促进项目发起人和支持者之间的资源交换。项目发起人利用这些众筹平台，以清晰且吸引人的方式向潜在支持者展示他们的想法或项目。个人则通过浏览这些平台来发现和投资项目。与天使投资者或风险投资人等传统投资者不同，众筹项目中的投资者通常是非专业人士，几乎没有正式的投资经验（Agarwal等，2023；Davis等，2017）。

因此，在众筹活动期间，潜在支持者主要根据项目发起人控制的信息的可用性和透明度来判断是否支持一个项目。由于在众筹活动中，信息的传播与投资完全通过在线方式由互补者进行，因此在项目发起人启动众筹项目时，吸引互补者的注意并强调基于互补者体验的项目设计显得尤为关键。

平台由一系列共享的服务和架构组成，需要互补者通过提供互补资源来增强其价值（Chen等，2022b；Panico和Cennamo，2022）。以众筹平台为例，投资者就是其互补者，因为他们为众筹项目发起人所启动的项目提供资金。众筹发起人则是在平台上发布他们项目想法的用户。基于互补者体验的设计指的是为确保互补者与参与者利益的兼容性而构建和实施的特定平台设计特征，旨在实现平台上各方的互利共赢（Chen等，2022a；Nguyen和Nguyen，

2022）。

随着平台的增多，互补者体验已成为数字平台创造竞争优势的关键决定因素，尤其是在在线产品设计和零售、在线营销和广告方面（Pappas，2018；Yang 等，2019；Yi 等，2015）。数字平台的设计特征，如数据访问配置、组件互操作性和“核心—扩展”耦合，很大程度上决定了互补者的体验，并因此影响平台众筹项目的成功。例如，数据访问配置决定了用户如何获取和利用平台上的数据，它影响用户能否方便地获取所需信息，从而影响他们的满意度和参与度。

组件互操作性是指平台的不同部分如何有效地协同工作，这直接影响用户体验的流畅性和效率。“核心—扩展”耦合则涉及平台的核心功能与其可扩展的附加功能之间的关系，这决定了平台能否灵活适应不同用户的需求和创新。这些设计特征共同塑造了互补者的体验，从而对平台众筹项目的成功产生显著影响。一个设计良好的平台能够提供出色的用户体验，吸引并留住用户，从而促进平台的长期繁荣和增长。

因此，研究设计特征如何影响互补者在数字平台上的互动是有价值的。关于众筹平台，文献已经指出众筹项目的成功受互补者体验的影响，如项目发起人的个人激情、项目发起人和支持者之间的互动质量、积极的叙述风格和众筹项目的独特性（Chan 等，2021；Roma 等，2017；Taeuscher 等，2021；Wang 等，2018）。虽然一些基于互补者体验的设计特征对数字平台的重要性已经得到初步验证，但仍有重要的研究空白需要去填补。

（1）检验数字平台设计特征如何影响互补者行为的文献通常从平台所有者的角度出发，例如考虑互补者的采用行为、决策权分配和边界资源开放性对平台所有者的利益的影响（Agarwal 等，2023；Chen 等，2022a）。尽管已有研究关注到参与者之间的互动对他们在平台上的表现的影响（Burtch 等，2022；Xu 等，2021），但从互补者的角度来看，基于互补者体验的设计特征的影响尚未详细研究。

（2）众筹平台上的项目与其他交易性数字平台商品不同，它们不要求即时可用的产品原型，主要依靠其项目发起人的对产品的文字或视频描述以及个人资料来赢得投资者的信任（Calic 等，2023）。因此，许多关于交易性或社交数字平台设计特征的研究结果可能无法直接应用于众筹平台等创新性数字平台。

（3）众筹平台的研究已经揭示了许多能够影响众筹成功的因素，包括语言可理解性、信号可观察性和项目独特性（Taeuscher 等，2021；Wang 等，2022）。尽管这些发现在一定程度上证实了基于互补者体验设计特征的重要性，但它们缺乏一个全面的框架，并且缺乏设计特征之间的比较。事实上，Chen 等学者（2022）已经开始呼吁对数字平台设计特征的多样性进行比较研究。

（4）根据语言期望理论，众筹平台的筹资者还必须精心编写他们的项目推介页面的文本，以满足目标受众的期望（Dillard 和 Pfau，2002；Zhu，2022）。但目前尚不确定哪些文本元素能增强基于互补者体验的平台设计特征。

因此，本章的内容以众筹平台为研究背景，旨在探讨以下问题：众筹平台的筹资者如何通过不同类型的基于互补者体验的设计特征影响投资者的决策？具体来说，众筹推介页面的文字内容是筹资者描述其项目细节和目标受众的重要渠道（Wang 等，2022），需要采用有说服力的语言风格（Nielsen 和 Binder，2021），同时力求降低众筹环境中的信息不对称（Courtney 等，2017）；它也是一种平台设计特征，并且与依赖第三方参与者或难以改变的其他特征不同，筹资者在撰写推介页面的文本时拥有更大的自由度和灵活性，可以根据自己的意愿和策略来策划内容，从而有效地传达信息和吸引潜在支持者。因此，本章进一步提出并回答以下问题：筹资者如何改进他们的众筹活动的文本内容，以增加其吸引力和成功率？本章使用 Python 分析方法搜集在众筹平台 Indiegogo 上筹集资金的项目信息数据，来回答这些问题。

本章构建了两个研究来阐明这些问题。研究 1 对四种基于互补者体验的设计特征对众筹项目的影响进行了全面的定量分析，确定了哪些设计特征能影响众筹表现。在第一项研究的基础上，研究 2 进一步探讨了内容吸引维度的有效语言机制。通过这种结合实证研究和计算机化文本分析的方法，本章提供了对有效互补者体验为基础的设计特征的深入理解，从而有助于提高互联网众筹项目的成功率，以及缓解创业早期的融资约束。

本章的研究贡献有如下四点。

（1）探讨了筹资者在众筹平台上应用互补者体验为基础的设计如何影响投资者的决策，这有助于筹资者和平台理解如何将这些设计作为运营众筹的成功策略。

（2）将互补者互动行为的研究范畴从交易性数字平台扩展到了创新性数字平台，增加了易受基于互补者体验的设计特征影响的结果变量。

（3）将内容吸引、互动参与和社交连通性整合到一个框架中，为增强众筹平台的基于互补者体验的设计特征提供了一个整体视角，以更好地说服潜在投资者提供资金。该框架考虑了基于消息传递和交互的三个设计特征：信息提供、知识交换和外部关系控制。

（4）基于内容吸引维度，通过大数据挖掘、文本分析和实证研究相结合的混合研究方法，深入探索了众筹项目的文本吸引力的内在机制。

在管理启示方面，建议募资方需要在信息提供、知识交换和外部关系控制等方面采取多重策略，增强潜在投资者的体验。此外，众筹平台应该采取合理的措施来协助筹款方实现众筹活动的成功，例如为活动提供详细的启动指南。

## 第二节　数字平台情境下基于互补者体验设计的理论基础

### 一、数字平台情境中的设计理论

随着数字平台日益普及并在各行各业中扮演着越来越重要的角色，我们亟须明确如何进行有效的平台设计。平台设计是指构建和实施特定的规则，旨在确保不同参与者的利益相兼容，并实现平台和其用户群体的共同目标和期望的最佳结果（Chen 等，2022a；Nguyen 和 Nguyen，2022）。

根据设计理论，这些最佳结果和产出不仅仅是平台所有者所期望的，也应符合其他平台参与者的偏好，这强调了超越平台所有者视角的必要性（Chen 等，2021）。数字平台的成功在很大程度上依赖于互补者的参与和互动（Saadatmand 等，2019）。特别是在具有明显网络效应的行业中，互补者之间的互动以及对平台规则的遵守已成为推动平台生产力的关键因素（Eaton 等，2015；Jacobides 等，2018）。

基于设计理论，之前的数字平台研究主要关注平台所有者为实现有效的平台治理而构建和实施的特定工具或设计特征。例如，平台所有者通过提供开放的 API 或代码库（Eaton 等，2015）以及设计模块化和分层架构（Cennamo 等，2018），制订相应策略来塑造互补者的行为。

因此，已经有呼声要从互补者的角度出发，比较多种工具或设计特征的效果（Chen 等，2022）。随着激励兼容性和信息效率的提升需求，数字平台更加需要建立有效的措施，以促进关键利益相关者或互补者之间的互动（Jacobides 等，2018）。激励兼容性是指平台提供的激励措施符合不同参与者的利益和目标。信息效率则涉及平台上信息的流通和利用，保证参与者能够快速、准确地获取他们需要的信息。通过增强激励兼容性和信息效率，平台能够提高其对利益相关者的吸引力，提升平台生态系统的活力，促进长期增长。因此，我们从平台互补者的视角出发，探讨平台设计特征如何影响互补者的互动，具有重要的价值和意义。

## 二、数字平台情境中基于互补者体验的设计

在数字平台的环境中，平台本身提供一些基础的、核心的功能。这些功能构成了平台的主要操作和使用方式，同时外部行动者可以通过提供额外的组件或服务，与平台的核心功能相结合，从而增加平台的能力和范围。在这

些平台上，行动者包括平台所有者、互补者和用户（Panico 和 Cennamo，2022）。以众筹平台为例，筹资者是使用平台的用户，而投资者则扮演提供互补资金的角色，是平台的互补者。这些互补者是平台上关键的第三方资源提供者，他们与平台上的其他生产者群体形成了相互依赖的多边关系（Chen 等，2022b；Staub 等，2021）。他们通过贡献知识和资源，增强了集体和生态系统的凝聚力，并专注于自己专长领域进行投资。

基于互补者体验的设计是指构建确保与互补者利益兼容，以达成理想结果的设计特征（Chen 等，2022；Nguyen 和 Nguyen，2022）。良好的基于互补者体验的设计是全面的，包含认知、情感、生理和社会等多个方面。互补者体验代表了一种心理状态，反映了他们对数字平台的主观感受（Rose 等，2011）。这意味着互补者体验不仅是多维的，且对每个互补者来说都是独特的，因为它源于个人的内在心理状态。但是，由于互补者体验是在互动过程中形成的，不仅涉及使用平台的功能，还包括与平台界面的交互、内容的获取、与其他用户或服务的互动等方面，因此平台的设计者可以通过改善平台的设计来优化这种体验（Yang 等，2019）。

现有研究已经探讨了数字平台的设计如何激发互补者的参与并提升他们的满意度（Saadatmand 等，2019）。

（1）数字平台为互补者提供了丰富的多向信息来源。互补者可以处理和解释多种类型的在线感官信息，比如基于文本的信息、视觉图像、视频或音频以及其他传入的感官数据，从而提高了他们对购买对象的整体感知水平（Becker 和 Jaakkola，2020；Boye 和 Hult，2006；Parise 等，2016）。互补者处理这些信息并将其存储在记忆中，有助于其形成积极的印象，增加了他们进行购买的可能性（Martin 等，2015）。

（2）数字平台为互补者提供了多样的社交互动渠道。他们可以通过阅读他人的评论、在线与客服沟通或观看直播等方式进行沟通和社交互动（Bolton 等，2018）。这种方式增强了连通感，激发了互补者体验中的情感处理部分，并创造了持久的记忆（Chen 和 Yang，2021；Lemon 和 Verhoef，2016）。

（3）数字平台使互补者能够在自己选择的时间和地点访问网络并进行在线购买，这改变了传统的“组织—客户”关系中的权利平衡。在传统的“组织—客户”关系中，组织通常控制着产品或服务的访问方式和时间。然而，在数字平台上，互补者可以根据自己的选择，在任何时间、任何地点访问网络服务进行在线购买，这种灵活性赋予了互补者更多的控制权和自主权（Labrecque 等，2013）。

尽管文献为通过平台设计改善互补者体验提供了丰富的解释，但许多研究都集中在平台所有者的角度（Chen 等，2022a）。与交易型数字平台不同，众筹平台上的项目往往不需要立即可用或现成的原型（Chen 和 Yang，2021；Hsu 和 Chen，2018；Yi 等，2015），而主要依靠文本或视频描述的焦点项目、项目概况和项目发起人的个人特征来获得潜在投资者的信任。因此，这些以前基于交易型数字平台的设计特征可能不适用于众筹平台。

## 三、众筹平台中基于互补者体验的设计的四维分析框架

众筹平台是一类典型的数字平台，其核心功能是使项目发起人能够筹集资金、生产和推广他们的商业理念或产品，或者建立品牌意识。在这个平台上，支持者以期待未来的回报、股权或其他利他原因为这些项目提供资金支持（Junge 等，2022；Messeni Petruzzelli 等，2019）。众筹是项目发起人、支持者、众筹平台、项目本身以及众筹结果共同协作的成果（Messeni Petruzzelli 等，2019）。

项目发起人，如个人、组织或公司，在启动筹资活动前需要遵循特定规则，并得到平台的审查和批准（Belleflamme 等，2014）。在众筹开始之前，项目发起人必须设定一个资金目标，并通过视频、图片或文字等方式向潜在贡献者提供项目详细信息（Li 等，2021；Maier 等，2023）。因为支持者对创新项目的资助本身承担着技术和市场不确定性的风险，所以项目发起人需要提

供充分且有说服力的项目信息以吸引投资者参与（Herd 等，2022）。

在众筹过程中，对项目的设计和描述是核心环节，这一环节直接涉及三类主要的参与者：项目发起人、支持者以及平台所有者，他们每一方都需要做出各自的运营决策，这些决策影响着整个众筹活动的成功与否（Messeni Petruzzelli 等，2019）。平台所有者负责技术和程序上的设计和管理，包括提供给项目发起人用以展示信息的方式。支持者需要基于发起人提供的信息和体验来进行评估，并决定资助哪些项目。项目发起人必须设计和管理专门的众筹活动页面，这些页面提供项目信息、视觉展示，并实现与支持者的互动。根据体验价值理论，顾客价值通常建立在消费过程中的体验感知上（Mathwick 等，2001）。

这种体验感知包括了使用产品或服务时的感受、情感反应，以及与之相关的社交互动等各个方面。例如，购买一杯咖啡的价值不仅仅在于咖啡本身的味道和质量，还包括购买过程的便利性、店内的氛围、员工的服务态度，以及与朋友在咖啡店内的社交互动体验等。所有这些因素共同构成了顾客的整体消费体验，从而影响他们对咖啡价值的感知。因此，活动页面的设计和管理成为发起人沟通策略的关键部分，并在塑造众筹环境中的互补者体验中发挥重要作用（Davis 等，2017；Parhankangas 和 Renko，2017）。一个良好设计的活动沟通策略可以优化支持者的在线体验，减少他们的不确定性，并激励他们为众筹项目做出贡献（Xiang 等，2019）。

一系列众筹领域的研究已经开始探讨如何通过项目设计改善潜在贡献者的体验，以预测筹资结果（Cho 和 Kim，2017；Hobbs 等，2016）。通常来说，项目描述的可读性（如长度、语言流畅性和修辞手法）、可信度（如发起人的经验和专长）或可视化（如演示文稿、视频和图片）等特征对筹资成功有积极影响（Bi 等，2017；Colombo 等，2015；Zhou 等，2018）。

然而，由于众筹市场特有的信息不对称，许多产品甚至没有原型，支持者面临高度的项目质量不确定性（Roma 等，2023；Xiao 等，2021）。为减少这种不确定性对潜在支持者贡献意愿的影响，项目发起人可以主动发布更新，提供关于项目的详细和最新信息，或通过项目页面与投资者进行双向沟通，增加信息透明度（Courtney 等，2017；Granados 等，2010）。消息传递是单向沟通的形式，一个主体向另一个方向的主体发送消息。互动涉及双向沟通，两个主体可以互相发送消息以交换信息（Auger，2013；Cooper 等，1989）。发起人还可以通过与潜在支持者群体互动，使其熟悉项目内容，以积极主动的方式沟通或提供有关其活动的信息，这也增加了获得资金的可能性（Anglin 等，2018；Tafesse，2021）。众筹项目的初始建立和有效发展主要从发起人的社交网络开始，因此发起人的社会资本也对实现筹资目标有积极影响（Cai 等，2021；Zhang 等，2022）。

基于前文所讨论的内容，本章提出了一个众筹活动中基于互补者体验的设计的四维分析框架。具体来说，众筹平台中的基于互补者体验的设计可以通过以下四个维度来实现：

（1）审美诱惑。

（2）内容吸引。

（3）互动参与。

（4）社交连通。

其中，审美诱惑和内容吸引代表信息提供方面的平台设计特征，信息提供是指互补者用来提供界面相关信息以预见其预期回报的设计特征。前者专注于视觉信息的提供，而后者则通过文本形式传递静态信息。互动参与代表知识交换方面的平台设计特征。与单方面的信息提供不同，知识交换需要潜在投资者和项目发起人的双方的积极参与。互动参与使知识在众筹平台的参与者之间传递，影响潜在支持者对新技术信息的处理方式，从而影响他们的投资决策（Fang 等，2021；Jiao 等，2022）。此外，数字平台并非在真空中运作，社交连通决定了互补者被允许与同一筹资者发起的其他众筹活动互动的权限（Chen 等，2022）。也就是说，一个众筹项目的支持者不仅仅能够看见这个项目，还可能对同一项目发起人的其他众筹项目进行注资，这种跨越多个项目的情况对于建立信任、增加参与度和促进项目成功是至关重要的。

具体来说有四个方面的内容。

（1）审美诱惑指的是通过感官（如视觉、听觉、味觉和触觉）感知为消费者提供即时满足的体验。例如，众筹项目发起人可以通过高质量的图片、吸引人的图表设计、引人入胜的视频呈现来吸引潜在的支持者。

（2）内容吸引，如发布的内容信息丰富度，对产品的感知有用性有积极影响（Susan 和 David，2010）。众筹项目发起人可以在他们的项目故事中添加更多细节并增加文本长度，以帮助潜在投资者评估项目并支持他们的筹资决策（Cheung 等，2008）。

（3）互动参与意味着众筹平台为在线虚拟社区提供了一个安全隔离的沟通和交流渠道，允许互补者积极互动。互补者可以讨论项目，交换意见，甚至可能形成合作，共同推动项目的成功。这种互动性是众筹平台提供的重要功能之一，有助于建立社区感和信任，促进项目的资金筹集。

（4）社交连通性是指与焦点主题之外的更多相关资源的连接（Fox 和 Moreland，2015）。在众筹平台上，如果一个项目发起人有多个众筹项目，这些项目之间的互相可见性允许投资者访问同一发起人发起的其他相关项目。通过在不同项目之间创建链接，投资者可以更方便地浏览、比较和评估这些项目。同时，这种互相连接的项目还有助于投资者对发起人的整体工作和愿景有更全面的了解。在接下来的部分中，我们将详细讨论这四个维度在众筹中的具体作用，以及它们与众筹活动成功的关系。

## 四、众筹平台中基于互补者体验的设计与众筹项目成功

在研究众筹的相关文献中，一致强调基于互补者体验的设计如何影响投资者行为，从而决定众筹项目的成功是至关重要的。因此，在本节中，我们将探讨四种基于互补者体验的设计特征——审美诱惑、内容吸引、互动参与和

社交连通——它们是如何影响众筹项目成功的。审美诱惑和内容吸引主要是单方面的信息提供设计，而互动参与则鼓励知识在参与者间的传递。社交连通性则控制着互补者与其他平台项目的互动权限。

（1）审美诱惑设计与众筹项目成功。叙述是影响人类态度和行为的有效工具，其影响会根据不同的媒介类型而变化（Ho 和 Bodoff，2014）。相关研究众筹的文献指出，项目发起人需要投入足够多精力和时间来阐释项目目标和内容，并通过包括视频、图片和文字描述等多种方式来详细准确地介绍其众筹项目，以吸引支持者（Messeni Petruzzelli 等，2019）。有些视频和图片通常结合视觉、语言和音频元素，而文字描述需要被精心设计。根据社会感知研究，视频和图片凭借其丰富的色彩和清晰展示更容易抓住投资者的注意力，并通过有效运用非语言线索来赢得他们的青睐（Li 等，2021）。

非语言线索包括图像中的形状、颜色、布局和运动等视觉属性，这些都可以无需文字即可向观众传达情感、气氛、重要性和其他关键信息。例如，使用鲜艳的颜色和动态的视觉效果可以创造出积极和具有活力的感觉，而清晰的图像布局则能帮助传达项目的专业性和可信度。观看众筹项目的宣传视频时，投资者能够从非语言线索中提取信息，并快速形成对项目的判断（Willis 和 Todorov，2006）。然而，像视频这样的媒介也可能会因为包含太多具体信息而干扰投资者的模糊想象，导致他们在查看众筹项目的文字内容时忽视关键信息（Lagazio 和 Querci，2018）。

（2）内容吸引设计与众筹项目成功。众筹活动的文字信息被视为项目质量的一个指标（Bi 等，2017；Lagazio 和 Querci，2018）。例如，在技术项目众筹中，发起人会提供关于产品规格的详细信息，描述关键使用场景和核心技术（Calic 等，2023；Zhu，2022）。在娱乐项目众筹中，如游戏发起人需要概述游戏的主要情节，描述游戏的故事线，包括关键事件和角色发展，介绍目标受众和类型，即指明这款游戏主要面向哪类玩家，如年龄、兴趣或经验水平，并说明发起人将向投资者提供的具体成果，如游戏的早期访问权限、特殊内容，或者其他形式的回报（Song 等，2019；Wachs 和 Vedres，2021）。

总体来说，项目描述的详细程度，尤其是众筹项目展示的文字数量是一个项目质量的关键指标。文字描述越详细，越能增加支持者的信任和对项目的投资意愿（Bi 等，2017）。另外，根据语言期望理论，寻求众筹的发起人通过满足潜在投资者的不同语言期望来获得成功（Dillard 和 Pfau，2002）。语言期望理论主要关注于听众（潜在投资者）对于沟通者（众筹发起人）的语言使用有一定的预期。

这些期望可能涉及信息的清晰度、说服力、可信度、情感表达、专业性和逻辑性等方面。例如，投资者可能期望项目描述不仅仅是清晰和详细的，还要具有吸引力和说服力，能够激发他们的兴趣和信任。因此，发起人精心设计项目内容来传递关于项目本身的客观信息，以及能够触及潜在投资者情感和主观心理元素，尽可能多地满足潜在投资者的语言期望，成为众筹平台上文本内容设计的关键。

（3）互动参与设计与众筹项目成功。在众筹背景下，线上平台往往通过评论部分促进发起人和投资者之间的互动和双向沟通（Courtney 等，2017）。信息不对称在众筹发起人和投资者通过虚拟渠道互动时会被放大（Courtney 等，2017；Sewaid 等，2021）。在众筹平台上，使用数字工具（如社交媒体、电子邮件营销、众筹网站上的互动功能等）可以帮助发起人更有效地吸引并参与潜在的个人支持者。通过这些数字工具，发起人可以传播关于自身项目的信息，包括项目目标、用途、潜在价值等，以便潜在支持者能够获得足够的信息来做出是否投资或捐赠的决策。

众筹项目内的互动沟通为投资者提供了与其他成员建立关系并交换想法、意见和信息的机会（Brajnik 和 Gabrielli，2010）。这些评论通常包括以往支持者的反馈、对项目的看法和体验分享，有时还可能包括发起人对问题的回复或对进展的更新。特定项目的评论信息发布了有关项目质量的信号，发起人对评论回复较多的话，还能在一定程度上减少投资者的困惑，并表明发起人对解决信息不对称持积极态度，这影响了投资者的决策（Block 等，2018；Mollick，2014）。

（4）社交连通设计与众筹项目成功。一个项目的社交连通性越强，其发起人建立潜在投资者资源池的可能性就越大，从而增加了项目支持者的数量（Beaulieu 等，2015）。连续发起人通过此前发起的众筹活动积累了一定量的社会资本，并获得了一个拥有相似价值观和兴趣的投资者群体（Calic 和 Mosakowski，2016）。社会资本在这里指的是通过发起人以往的成功众筹活动所累积的信誉、人脉以及社交网络。由于这些投资者与连续发起人建立了信任和共鸣，他们更愿意为这些发起人的新项目提供资金支持和反馈。因此，那些在社交网络中具有较强连通性的众筹项目发起人更有可能动员他们的社交联系以获得支持，从而在新的众筹活动中成功筹集所需资金（Colombo 等，2015；Jones 等，2004）。

## 第三节　数据分析的具体方法

### 一、数据来源

在样本选择上，我们选择了 Indiegogo 众筹平台作为研究背景。Indiegogo 是美国第二大产品众筹网站，成立于 2008 年，是互联网众筹行业的先驱之一，拥有超过 65 万个众筹项目，累计投资额达 10 亿美元。Indiegogo 作为互联网众筹的代表平台，具有成熟的平台设计规则、项目融资流程和互补行为。Indiegogo 将项目分为三大类：技术与创新、创意作品和社区项目。由于众筹正逐渐发展成为最快的融资方案，特别是对于创意作品和创新领域的初创企业而言，而创意项目通常具有更高的互补性体验要求，因此本文重点关注创意活动的众筹项目。

## 二、数据收集过程

Indiegogo 将创意众筹项目分为艺术、漫画、舞蹈和戏剧、电影、音乐、摄影、播客、博客和视频日志、桌面游戏、视频游戏、网络连续剧和电视节目、写作和出版等类别。由于 Indiegogo 的分类标准在 2017 年之后发生了变化，因此本文的样本仅包括 2018 年 1 月至 2021 年 10 月之间关闭的项目，以保持数据一致性。如前所述，本研究使用 Python 获取有关 Indiegogo 众筹项目及其发起人的数据。Python 是一种动态的计算机编程语言，可以对网页进行高效的分析，对文档进行简洁的处理。因此，Python 特别适合于开发爬虫程序和收集网络数据资源。下面介绍具体的数据收集和分析过程。

（1）利用 Indiegogo 平台的应用程序编程接口，创建一个网络爬虫，将请求参数“category_top_level”更改为“创意作品”，“per_page”更改为“50”，“page_num”更改为 1 到 100 之间，“q”更改为 2018 到 2021 之间。因此，在 2018 年至 2021 年期间，Indiegogo 平台网站的创意作品类别的数据池中可以随机请求 100 个页面，每个页面请求 50 个项目（Anglin 等，2018）。

（2）对于每个活动，获得其基本数据（如活动 ID 和活动标题），以及统一资源定位系统（URL），然后使用 URL 访问活动详细信息页面，并获得关于它的进一步信息，如评论数量和活动描述中的文本。

（3）访问活动详情页面，然后开始对活动发起人的个人身份信息进行抓取。

（4）所有以 json 格式存储的活动信息数据，都被实时解析并存储在 MySQL 数据库中，便于以后检索。

（5）对输出的数据进行整理，任何缺少关键信息的样本都被排除。按照上述程序，本文收集了 2018 年 1 月至 2021 年 10 月期间通过 Indiegogo 众筹平台资助的 4156 个创意活动的数据。

# 第四节 研究 1：基于 STATA 工具的回归分析

研究 1 基于互补者体验的设计特征的四个维度：审美诱惑、内容吸引、互动参与和社交连通，使用 STATA 工具通过回归分析来评估基于互补者体验的设计特征与活动众筹成功之间的关系。

## 一、变量测量

### （一）因变量

筹资成功。参考 Moradi 和 Badrinarayanan（2021），用实际筹资金额与筹资目标金额之间的比率来衡量众筹活动的成功程度。如果这个比例正好是 1，那么众筹活动已经成功筹集到所需的资金；如果大于 1，则投资者极度看好该项目，且筹资金额已经超出预期。

### （二）自变量

（1）审美诱惑。审美诱惑为互补者提供了愉悦的感官体验，影响他们的情感并驱动相应行为（Vazquez 等，2021）。例如，购物网站经常在其在线营销中使用丰富的视觉特征来影响消费者的购买决策（Jankowski 等，2019）。在 Indiegogo 上，活动发起人可以上传视频或照片来吸引潜在支持者。本文选择与项目相关的图片数量作为基于互补者体验的设计特征中审美部分的代理变量。

（2）内容吸引。互补者对产品或项目质量的积极感知和情感偏好是产品或项目成功的重要因素（Park，2019；Yang 等，2019）。众筹项目通常涉及不完整的产品或服务，因此项目描述对潜在投资者判断项目质量至关重要（Zhou 等，2018）。在任何 Indiegogo 众筹活动的详细信息页面上，发起人经常会对活动起源、使用方式、应用场景和其他细节做出解释。本文通过筹资者用来介绍项目的字符数量来衡量基于互补者体验的设计特征的内容吸引部分。

（3）互动参与。互补者体验强调设计有效的互动机制（Lallemand 等，2015）。由于众筹产品是虚拟投资，不涉及实体产品或传统的资产形式，而是基于对一个业务概念或想法的信任和支持，潜在投资者特别重视他们能够获取关于一个业务项目的信息量，这些信息帮助他们评估项目的可行性、潜在价值以及风险。Indiegogo 的评论区域作为投资者和项目发起人之间，以及投资者之间的对话渠道。投资者可以阅读并评论其他人的活动评论，而发起人可以回应问题咨询。因此，用一个项目的总评论数量来量化基于互补者体验的设计特征的互动参与部分。

（4）社交连通性。众筹活动的在线记录使得能够在同一项目发起人发起的所有项目之间创建社交联系。当潜在投资者在其 Indiegogo 网页上浏览有关众筹项目的信息时，他们也可能很容易地查看发起人的其他项目。此外，当发起人启动一个新的众筹项目时，其之前项目的支持者形成了他（或她）的内部社会资本（Butticè 等，2017）。通过这种方式，可以建立不同众筹项目之间的在线社交联系，提升一个项目的筹款表现。本文计算每个项目的发起人完成的项目数量来确定每个项目的社交连通性水平。所有变量都进行了标准化处理。

### （三）控制变量

（1）根据以往关于众筹的研究（Block 等，2018；da Cruz，2018；Lagazio 和 Querci，2018）控制了项目特定特征，包括项目更新次数（NP Updates）、持续时间（Duration）、筹资目标（Funding Goal）和平均投资额（Avg Investment）。

项目更新次数指的是项目发起人在项目启动后发布的更新的次数，更新可能包括项目进展的信息、变更、回应支持者的问题等，这通常是为了保持透明度和增加支持者的信任感。项目的持续时间是指从项目众筹开始到结束的总天数，它反映了发起人设定的筹资时间框架，这段时间内发起人需要达到其筹资目标。筹资目标是发起人希望从支持者那里筹集的资金总额，通常根据项目的预计成本来设定，影响着项目的规模和执行的可行性。本文使用对数值来对这些数据进行平滑处理。平均投资额表明了一个项目的平均支持水平，通过将项目在筹资期间收集的全部资金除以总投资者人数得出，同样使用对数计算。

（2）本文还限制了项目发起人在 Indiegogo 平台上提供的外部网站链接数量（Extern Webs），如 Facebook 和 Twitter，以专注于项目在众筹平台上的基于互补者体验的设计特征（Lagazio 和 Querci，2018）。此外，本文添加了虚拟变量来考虑活动结束的年份和活动的类别。

表 8-1 显示了所有变量的描述性统计和相关系数矩阵。

表 8-1　描述性统计及相关系数矩阵

| 变量 | 均值 | 标准差 | (1) | (2) | (3) | (4) | (5) | (6) | (7) | (8) | (9) | (10) |
|---|---|---|---|---|---|---|---|---|---|---|---|---|
| 筹资成功 | 0.489 | 1.366 | 1.000 | | | | | | | | | |
| 审美诱惑 | 4.004 | 5.240 | −0.037** | 1.000 | | | | | | | | |
| 内容吸引 | 8.252 | 0.765 | 0.005 | 0.100*** | 1.000 | | | | | | | |
| 互动参与 | 0.728 | 6.928 | 0.179*** | −0.002 | −0.017 | 1.000 | | | | | | |
| 社会连通 | 1.773 | 1.865 | 0.179*** | 0.013 | −0.072*** | 0.254*** | 1.000 | | | | | |
| 项目更新次数 | 2.547 | 6.228 | 0.108*** | 0.104*** | 0.050*** | 0.478*** | 0.308*** | 1.000 | | | | |
| 持续时间 | 44.791 | 15.540 | −0.124*** | 0.037** | 0.027* | −0.060*** | −0.090*** | −0.047*** | 1.000 | | | |
| 外部网站链接数量 | 1.413 | 1.746 | −0.014 | 0.153*** | 0.079*** | 0.050*** | 0.207*** | 0.207*** | −0.010 | 1.000 | | |
| 筹资目标 | 8.798 | 1.181 | −0.178*** | 0.105*** | 0.171*** | 0.085*** | −0.071*** | 0.102*** | 0.211*** | 0.139*** | 1.000 | |
| 平均投资额 | 3.834 | 1.238 | 0.097*** | 0.023 | 0.108*** | 0.045*** | 0.075*** | 0.114*** | −0.011 | 0.048*** | −0.007 | 1.000 |

注：*** p<0.01，** p<0.05，* p<0.1。

## 二、结果分析

表 8-2 为回归模型的实证结果。对只包含控制变量的基准模型进行 VIF 检验，平均 VIF 值为 1.32，所有变量的值均小于 2.32，表明该模型不存在显著的多重共线性问题（Hair 等，1995）。

表 8-2　基于互补者体验的设计特征对众筹成功的影响

| 变　量 | 众筹成功 | | | | |
|---|---|---|---|---|---|
| | 系　数 | 标　准　差 | t 值 | 95%置信区间—上限 | 95%置信区间—下限 |
| 审美诱惑 | −0.022 | 0.021 | −1.077 | −0.063 | 0.018 |
| 内容吸引 | 0.053** | 0.022 | 2.459 | 0.011 | 0.096 |
| 互动参与 | 0.198*** | 0.023 | 8.439 | 0.152 | 0.244 |
| 社会连通 | 0.170*** | 0.022 | 7.726 | 0.127 | 0.213 |
| 项目更新次数 | 0.002 | 0.004 | 0.505 | −0.006 | 0.010 |
| 持续时间 | −0.006*** | 0.001 | −4.579 | −0.009 | −0.003 |
| 外部网站链接数量 | −0.025** | 0.012 | −2.015 | −0.049 | −0.001 |
| 筹资目标 | −0.175*** | 0.019 | −9.275 | −0.212 | −0.138 |
| 平均投资额 | 0.093*** | 0.017 | 5.554 | 0.060 | 0.126 |
| 2019 年 | 0.079 | 0.050 | 1.580 | −0.019 | 0.178 |
| 2020 年 | 0.122** | 0.057 | 2.134 | 0.010 | 0.235 |
| 2021 年 | 0.061 | 0.074 | 0.822 | −0.084 | 0.205 |
| 电影 | −0.076 | 0.066 | −1.154 | −0.206 | 0.053 |
| 艺术 | 0.030 | 0.085 | 0.351 | −0.136 | 0.196 |
| 漫画 | 0.403** | 0.157 | 2.568 | 0.095 | 0.711 |
| 其他创意作品 | 0.050 | 0.144 | 0.346 | −0.232 | 0.332 |
| 音乐 | 0.188*** | 0.071 | 2.649 | 0.049 | 0.328 |
| 摄影 | 0.404** | 0.166 | 2.428 | 0.078 | 0.730 |
| 播客、博客和视频日志 | 0.017 | 0.191 | 0.089 | −0.358 | 0.392 |
| 桌面游戏 | 0.568** | 0.251 | 2.259 | 0.075 | 1.060 |
| 视频游戏 | −0.018 | 0.188 | −0.093 | −0.386 | 0.351 |
| 网络连续剧和电视节目 | 0.009 | 0.125 | 0.074 | −0.235 | 0.254 |
| 写作和出版 | 0.237*** | 0.078 | 3.024 | 0.083 | 0.391 |
| 常数 | 1.848*** | 0.182 | 10.135 | 1.490 | 2.205 |

注：*** $p<0.01$，** $p<0.05$，* $p<0.1$；N = 4156 个观察值；Adj 调整后 $R^2$=0.105。

表 8-2 考察了基于体验的四个互补性设计特征对众筹成功的影响。这些结果表明，审美诱惑没有显著的影响。根据关于图片的描述性统计，80.3%的筹款人选择了六张或更少的图片。这表明，图片向投资者传递的积极信号相当有限。此外，Lagazio 和 Querci（2018）已经证实，视频并不能增加众筹活动的成功率。内容吸引的系数为正（β=0.053），在 5%的水平上具有统计显著性（p<0.05）。

这一发现表明，更详细、更翔实的项目演示可以帮助投资者全面掌握众筹活动，鼓励投资，增加活动成功的可能性。互动参与与众筹成功显著正相关（β=0.198，p<0.01）。这一发现表明，投资者在该众筹平台上的互动以及投资者与筹资者之间的互动对投资者的决策产生了有利的影响。大量的评论和回应反映了筹资者对项目开发的积极态度。

另一方面，就像网购者在做购买决策时依赖产品评论一样，众筹项目的高评论量可以说服人们相信这个项目有良好的口碑。社交连通也具有统计显著性，并且与筹资比例呈正相关（β=0.170，p<0.01），这意味着如果筹款人在平台上发起多个项目并有效地在这些项目之间建立联系，比如通过交叉推广或共享资源，这种策略可以显著提高他们任何一个项目的筹资成功率。

此外，如果一个新的众筹活动是由一个投资者已经参与过的筹款人发起的，由于这两个众筹活动之间的社会联系，投资者会更好地了解情况，增加再投资的可能性。对这四个组成部分的系数进行比较，可以看出互动参与在众筹活动中的作用相对更强。

在稳健性检验中，将因变量替换为投资者参与度，通过单个项目中的投资者总数来评估投资者参与度。如果一个众筹项目能吸引更多的投资者，这通常意味着项目提供了一种优质的互补体验。这种高质量的体验激励了更多的投资者参与并提供资金，帮助项目达成其筹资目标。总之，投资者数量的多少可以视为项目吸引力和满足投资者需求的一个指标。稳健性检验结果如

表 8-3 所示。审美诱惑仍然是一个不显著的影响。内容吸引具有正系数（β=10.829），并且在 1%水平下显著性不断增强。互动参与（β=63.797，p<0.01）和社交连通（β=5.672，p<0.01）都与投资者参与度呈显著正相关。以上结果表明了研究结果的稳健性。

表 8-3 稳健性检验：投资者参与度作为因变量

| 变量 | 投资者参与度 | | | | |
|---|---|---|---|---|---|
| | 系数 | 标准差 | t 值 | 95%置信区间—上限 | 95%置信区间—下限 |
| 审美诱惑 | −1.668 | 1.803 | −0.925 | −5.203 | 1.867 |
| 内容吸引 | 10.829*** | 1.877 | 5.769 | 7.148 | 14.509 |
| 互动参与 | 63.797*** | 2.032 | 31.401 | 59.814 | 67.780 |
| 社会连通 | 5.672*** | 1.904 | 2.979 | 1.940 | 9.404 |
| 项目更新次数 | −1.941*** | 0.338 | −5.748 | −2.603 | −1.279 |
| 持续时间 | −0.746*** | 0.116 | −6.450 | −0.972 | −0.519 |
| 外部网站链接数量 | 0.863 | 1.065 | 0.811 | −1.224 | 2.950 |
| 筹资目标 | 18.420*** | 1.637 | 11.255 | 15.211 | 21.628 |
| 平均投资额 | 6.818*** | 1.448 | 4.709 | 3.980 | 9.657 |
| 2019 年 | −4.240 | 4.356 | −0.973 | −12.781 | 4.300 |
| 2020 年 | 4.863 | 4.968 | 0.979 | −4.878 | 14.604 |
| 2021 年 | 4.268 | 6.381 | 0.669 | −8.242 | 16.778 |
| 电影 | −18.120*** | 5.723 | −3.166 | −29.341 | −6.899 |
| 艺术 | 3.605 | 7.331 | 0.492 | −10.769 | 17.978 |
| 漫画 | 38.377*** | 13.606 | 2.821 | 11.702 | 65.051 |
| 其他创意作品 | −9.693 | 12.456 | −0.778 | −34.114 | 14.728 |
| 音乐 | 14.127** | 6.160 | 2.293 | 2.050 | 26.203 |
| 摄影 | 8.946 | 14.412 | 0.621 | −19.309 | 37.201 |
| 播客、博客和视频日志 | 73.444*** | 16.547 | 4.438 | 41.002 | 105.886 |
| 桌面游戏 | −5.762 | 21.758 | −0.265 | −48.420 | 36.896 |
| 视频游戏 | 50.256*** | 16.278 | 3.087 | 18.342 | 82.170 |
| 网络连续剧和电视节目 | −16.917 | 10.801 | −1.566 | −38.093 | 4.259 |
| 写作和出版 | 28.143*** | 6.798 | 4.140 | 14.814 | 41.471 |
| 常数 | −105.485*** | 15.793 | −6.679 | −136.448 | −74.521 |

注：*** p<0.01，** p<0.05，* p<0.1；调整后 $R^2$=0.284。

## 第五节　研究 2：基于 LIWC 工具的计算机文本分析

根据研究 1 的结果，内容吸引、互动参与和社交连通对众筹活动的成功有着显著影响，这强调了有效沟通在筹资过程中的重要性。然而，众筹投资者在特征、期望和对企业沟通的反应方面存在差异（Beaulieu 等，2015）。筹资者可以通过调整内容和设计直接传递信号，吸引更多支持者，而不仅仅依赖互动参与和社交连通。因此，选择将内容吸引维度作为进一步分析的重点，主要基于以下三个原因。

（1）根据语言期望理论（Dillard 和 Pfau，2002），寻求众筹的创业者需要满足目标受众的不同语言期望才能取得成功（Wang 等，2022；Zhu，2022）。在交流中，基于受众的文化、背景和个人经验，受众对于沟通者的语言表达有特定的期望，如果沟通者能满足这些期望，他们的信息更有可能被接受。通过适应和满足潜在投资者的语言期望，众筹项目发起人能够提高自身项目的吸引力和筹资成功的概率。为了弥补这些期望的不确定性，沟通内容的设计成为了众筹平台上众筹项目发起人必须依赖的重要工具。众筹项目发起人通过设计叙述风格和相关语言来传达项目的可理解性，并与投资者建立联系（Martens 等，2007）。

（2）由于语言风格在塑造社会影响方面具有整体性作用（Parhankangas 和 Renko，2017），它可能成为众筹项目发起人为吸引潜在投资者而特别努力设计的领域之一。语言风格不仅仅是文字的选择或语法结构，而是包括表达方式、语气、专业术语的使用等，这些都能影响信息的接受度和说服力。为了在竞争激烈的众筹环境中脱颖而出，众筹项目发起人可能需要特别关注如何优化他们的语言表达。众筹项目的推介页面允许众筹项目发起人自主地调整和定制其内容的风格和表达方式，帮助筹资者向所有潜在目标受众提供尽可能多的信息（Moss 等，2018；Nielsen 和 Binder，2021）。

（3）由于发起人和潜在支持者之间存在信息不对称，发起人需要披露可靠的信息来帮助后者评估众筹项目的潜力（Courtney 等，2017）。与互动参与或社交连通相比，项目的文字内容向潜在投资者发送了更直观的质量信号。众筹受众对企业家在活动中使用的语言风格非常敏感（Parhankangas 和 Renko，2017）。

为了进一步探索内容吸引维度的内在语言机制，本章对众筹项目内容设计的心理吸引力和语言吸引力进行了解构，并通过大数据挖掘、计算机化文本分析与语言查询和单词计数（LIWC）以及对研究 1 中的数据样本进行的实证结果进行了混合研究。众筹活动的描述，即故事，是投资者获取关于焦点项目信息的最直接和最重要的途径。故事文本的分析可以通过闭合词汇、单词计数等方法以计算机化方式进行（Pennebaker 等，2015）。

使用预先定义的词汇集合来分析文本，通过比较文本中的词汇与这个集合，可以对文本的内容、风格或作者的意图等进行分类或评估。通过分析哪些词汇最常出现，也可以揭示文本的主题、重点或情感倾向等特征。语言在传达个体的思想、信念、情感、关系和个性方面极为重要。详细的描述帮助互补者确定众筹项目的可行性。因此，通过分析和评价众筹项目发起人如何通过文字描述、故事叙述等手段来提升项目的吸引力和互动性，可以帮助其他项目发起人了解和应用有效的语言设计技巧，从而改善互补者的整体体验。

具体而言，本章使用 LIWC 来分析从 Indiegogo 获得的文本。LIWC 是最广泛使用的自动文本分析软件。LIWC 基于字典，并计算大于 90 个输出变量用于任何给定文本。这些变量包括语言和心理两个组成部分。例如，为了评估“负面情绪”，LIWC 使用包含不同目标词的字典，如“ignorant”“impatient*”和“anger*”，然后追踪这些词的出现频率，并生成“负面情绪”的综合值。与 LIWC2007 相比，LIWC2015 拥有更新的单词计数算法，更加具备数据友好性（Pennebaker 等，2015）LIWC2015 还包括了网络语言词汇，这些词汇在社交媒体和短信中经常出现，并与众筹项目通过网络吸引分散投资者的实际情况相符合。

此外，LIWC 需要一定数量的单词来获得有意义的结果。由于需要每个条目达到该分析的最小字数要求，因此本章排除了那些可处理文本少于 50%和少于 50 个单词的项目故事，以量化 LIWC 可以使用其字典测量来读取和处理的文本比例。最终的样本量为 3932 个。

## 一、变量测量

### （一）因变量

基于研究 1，我们将众筹成功作为代表众筹成功的因变量，如每个众筹活动所示。当一个项目的内容吸引性越强，其众筹成功的比例就越高。

### （二）自变量

LIWC 具有层级结构。例如，“总功能词”（第 1 层）包括子类别“代词”“冠词”“介词”和“副词”（第 2 层）。“代词”包括“个人代词”和“非人称代词”（第 3 层）。“个人代词”包括子类别“I”“we”和“you”（第 4 层）。LIWC 的研究团队已经证明，字典中的所有词在大型数据集中以统计上有效的方式相互关联（Tausczik 和 Pennebaker，2010）。在这项研究中，关注 LIWC 的最高层次（第 1 层）的语言和心理构建，并将它们用作自变量。

具体来说，基于 LIWC2015（版本 1.6.0）的内部字典，本文计算了 32 个自变量（第 1 层），包括 15 个语言变量和 17 个心理变量（Pennebaker 等，2015）。语言变量具体如下：总结维度，包括每句话的单词数（wps）、超过六个字母的单词数、字典单词计数；功能词，包括总功能词；其他语法，包括常见动词、常见形容词、比较、疑问句、数字、量词；时间取向，包括过去焦点、现在焦点、未来焦点；非正式语言标记，包括非正式语言；标点符号，包括总标点。

心理变量具体如下：总结维度，包括分析性思维、影响力、真实性和情感基调；心理过程，包括情感过程、社会过程、认知过程、感知过程、生物学过程、驱动和相对性；个人关注，包括工作、休闲、家庭、金钱、宗教和死亡。

### （三）控制变量

基于研究 1，控制了项目特定的特征，包括项目更新次数、持续时间、筹资目标、平均投资额、外部网站链接数量、审美诱惑、互动参与、社交连通。此外，单词数量（取对数）也作为控制变量包括在内，以控制分析的文本数量与结果变量之间的潜在关联。

## 二、结果分析

表 8-4 根据 LIWC 总结了众筹活动故事内容中包含的语言和心理变量。还给出了用于操纵每个变量的目标词的示例。每个目标变量的总体均值和标准差显示在表 8-4 中。为了进一步区分众筹项目的筹款表现，根据是否成功募集到目标资金对项目进行分组，其中“success=1”代表项目达到了筹款目标，“success=0”代表相反的情况。因此，在表 8-4 中列出了不同细分市场中每个变量的平均值。最后一列是经由方差分析（单因素方差分析）获得的 p 值。

表 8-4　LIWC 语言变量和心理变量的描述性统计分析

| 变量 | # Target words (examples) | Overall values | | Mean values by group | | P value (one-way ANOVA) |
|---|---|---|---|---|---|---|
| | | Mean | Standard deviations (SD) | success=0 | success=1 | |
| 语言变量 | | | | | | |
| 总结维度 | | | | | | |
| 每句话的单词数 | — | 20.976 | 5.255 | 20.830 | 21.820 | 0.000 |
| 超过六个字母的单词数 | — | 22.517 | 4.280 | 22.578 | 22.169 | 0.034 |
| 字典单词计数 | — | 80.599 | 5.744 | 80.500 | 81.167 | 0.010 |
| 功能词 | | | | | | |
| 总功能词 | 491 (about, an, thereafter) | 45.590 | 5.098 | 45.450 | 46.399 | 0.000 |
| 其他语法 | | | | | | |
| 常见动词 | 1000 (drove, hope, send) | 12.070 | 2.648 | 12.084 | 11.989 | 0.421 |
| 常见形容词 | 764 (empty, large, sweet) | 4.451 | 1.184 | 4.453 | 4.441 | 0.816 |
| 比较 | 317 (before, milder, purer) | 2.014 | 0.800 | 2.014 | 2.014 | 0.998 |

（续）

| 变量 | # Target words (examples) | Overall values | | Mean values by group | | P value (one-way ANOVA) |
|---|---|---|---|---|---|---|
| | | Mean | Standard deviations (SD) | success=0 | success=1 | |
| 疑问句 | 48 (how, which, whos) | 1.188 | 0.634 | 1.152 | 1.397 | 0.000 |
| 数字 | 36 (billion*, half, single) | 2.430 | 1.484 | 2.459 | 2.266 | 0.004 |
| 量词 | 77 (adding, bits, less) | 2.197 | 0.853 | 2.178 | 2.308 | 0.001 |
| 时间取向 | | | | | | |
| 过去焦点 | 343 (already, missed, won) | 1.943 | 1.020 | 1.972 | 1.776 | 0.000 |
| 现在焦点 | 424 (arrive, is, today*) | 8.905 | 2.217 | 8.894 | 8.969 | 0.450 |
| 未来焦点 | 97 (expect*, futur*, plan) | 1.507 | 0.769 | 1.466 | 1.742 | 0.000 |
| 非正式语言标记 | | | | | | |
| 非正式语言 | 380 (aight, gonna, tryna) | 0.440 | 0.477 | 0.443 | 0.420 | 0.285 |
| 标点符号 | | | | | | |
| 总标点 | — | 17.387 | 6.196 | 17.493 | 16.776 | 0.010 |
| 心理变量 | | | | | | |
| 总结维度 | | | | | | |
| 分析性思维 | — | 84.146 | 10.662 | 84.415 | 82.592 | 0.000 |
| 影响力 | — | 82.440 | 14.234 | 82.697 | 80.959 | 0.007 |
| 真实性 | — | 21.995 | 16.326 | 21.310 | 25.949 | 0.000 |
| 情感基调 | — | 81.424 | 17.714 | 81.269 | 82.318 | 0.188 |
| 心理过程 | | | | | | |
| 情感过程 | 1393 (cheer, eager, loyal) | 5.291 | 1.554 | 5.281 | 5.347 | 0.341 |
| 社会过程 | 756 (engag*, friend, talk) | 10.762 | 3.072 | 10.750 | 10.827 | 0.000 |
| 认识过程 | 797 (accept, define, sort) | 8.373 | 2.159 | 8.380 | 8.337 | 0.658 |
| 感知过程 | 436 (bitter, listen, stink) | 2.371 | 1.292 | 2.402 | 2.191 | 0.000 |
| 生物学过程 | 748 (acne, horny, thirsty) | 1.245 | 0.892 | 1.232 | 1.320 | 0.028 |

（续）

| 变量 | # Target words (examples) | Overall values | | Mean values by group | | P value (one-way ANOVA) |
|---|---|---|---|---|---|---|
| | | Mean | Standard deviations (SD) | success=0 | success=1 | |
| 驱动 | 1103 (achieve*, profit*) | 10.777 | 3.032 | 10.844 | 10.387 | 0.001 |
| 相对性 | 977 (county, gap, while) | 12.498 | 2.380 | 12.544 | 12.234 | 0.004 |
| 个人关注 | | | | | | |
| 工作 | 444 (agency, hired, salar*) | 4.976 | 2.217 | 4.868 | 5.598 | 0.000 |
| 休闲 | 296 (bath*, chat*, relax*) | 3.900 | 1.712 | 3.944 | 3.647 | 0.000 |
| 家庭 | 100 (beds, couch*, maid) | 0.397 | 0.442 | 0.403 | 0.366 | 0.066 |
| 金钱 | 226 (bet, cash, wage) | 1.614 | 0.978 | 1.619 | 1.582 | 0.395 |
| 宗教 | 174 (church*, god, soul) | 0.210 | 0.530 | 0.217 | 0.175 | 0.078 |
| 死亡 | 74 (coffin*, fatal*, war) | 0.116 | 0.273 | 0.119 | 0.101 | 0.151 |

注：N = 3932 个观察值。关于 LIWC 的信息取自 LIWC2015 的语言手册，该手册还提供了关于每个结构的信度和效度的信息（Pennebaker 等，2015）。大多数输出变量以占总字数的百分比表示。有六个例外：原始数字、每句话的单词数、分析性思维、影响力、真实性和情感基调。这六个变量都是基于先前研究的标准化组合。根据 LIWC2015 语言手册中描述的大量文本语料库，将复合材料转换为百分位数。

表 8-4 中的结果显示了多个语言变量和心理变量的组间显著差异。语言维度表明，成功的众筹项目中每句使用更多的单词（p=0.000）、字典单词（p=0.010）、总动能词（p=0.000）、疑问句（p=0.000）、量词（p=0.001）和关注未来焦点（p=0.000）。相比之下，失败的众筹项目中往往使用更多超过六个字母（p=0.034）、数字（p=0.004）、关注过去的焦点（p=0.000）和标点符号（p=0.010）的单词。

此外，心理变量也存在类似的结果。结果表明，成功的众筹项目在对项目进行文本描述时，较少使用能体现分析性思维（p=0.000）和影响力（p=0.007）的词汇，但偏好使用与真实性（p=0.000）相关的词汇，并且更多地使用与社会过程（p=0.000）和生物学过程（p=0.028）相关的词汇。相比之下，未达到目标的项目则倾向于使用更多与感知过程（p=0.000）、驱动（p=0.001）和相对性（p= 0.004）相关的词汇。关于个人关注，结果显示，一个成功项目的内容更多提及关于工作（p=0.000）的描述，而较少提及关于休闲（p=0.000）、家庭（p=0.066）和宗教（p=0.078）的描述。

为了进一步说明两组之间的这些差异，图 8-1 和图 8-2 以图形方式绘制了其中每个变量的平均值。为了进一步标准化数据，使用总体均值和标准差对每个变量消除数据中的尺度差异，即将每个变量的每个数据点减去该变量的均值，然后除以该变量的标准差。

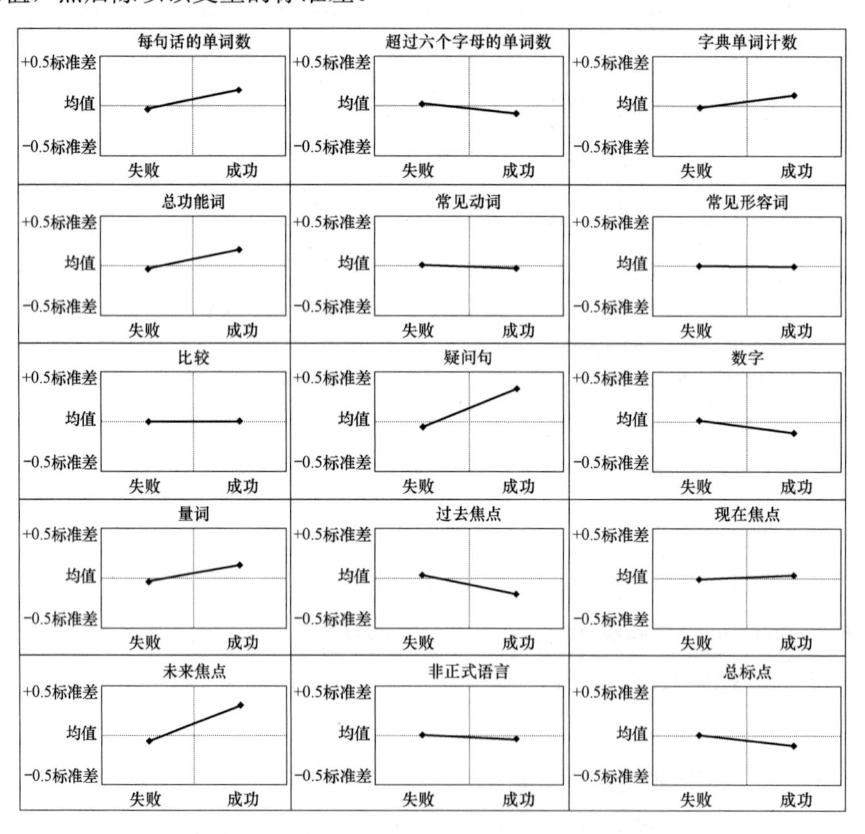


图 8-1　两个不同组间语言变量的平均值

注：N = 3932 个观察值。每个变量使用表 8-4 中报告的总体均值和标准差进行缩放。

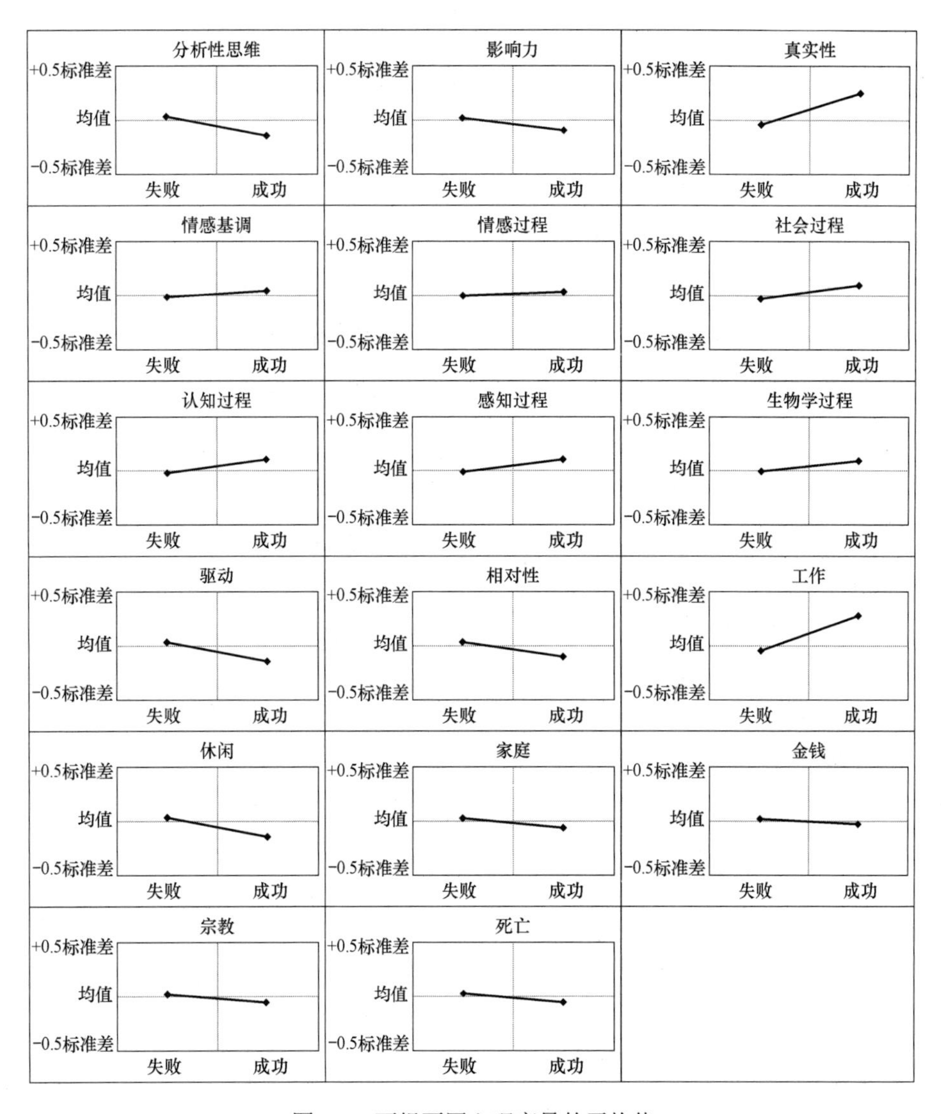


图 8-2　两组不同心理变量的平均值

注：N = 3932 个观察值。每个变量使用表 8-4 中报告的总体均值和标准差进行缩放。

如图 8-1 所示，成功的项目倾向于使用关注未来的词语。对这一现象的一种可能解释是，通过明确和积极的未来展望，众筹项目发起人可以更具说服力地展示项目的价值和潜力。明确的未来表述可以帮助投资者更好地理解他们可能从投资中获得的具体利益和回报，减少投资决策中的不确定性。当项目的未来被积极展示时，投资者对项目成功的可能性会感到更加有信心，这种信心是投资决策的重要因素。此外，图 8-2 表明，一个成功项目的故事内容往往更真实。更诚实、更个性化、更公开的故事内容会增加投资者的信任和促成进一步投资。

与研究 1 类似，在基准分析中，我们使用带有年份固定效应和类别固定效应的线性回归。使用固定效应估计能够控制内容层面的异质性，并专注于每个项目内容设计的变化。模型采用筹资比率作为因变量。关于独立变量，我们包括 LIWC2015 字典中的语言变量和心理变量。此外，回归模型控制了项目特定特征和内容特定特征。VIF 测试表明，模型没有显示出显著的多重共线性问题（Hair 等，1995）。

表 8-5 中的结果显示，与项目内容密切相关的语言描述动词和形容词显著影响项目成功。动词的使用对筹资比率有负面且显著的影响（$\beta=-0.053$，$p<0.10$）。虽然动词可以明确地指向时间点和状态点，可以帮助投资者界定项目的重点、展示事件的优先级、明晰发起人的主要意图，以及描述项目实施过程中预计会采取的行动以及预计将实现哪些具体目标（Tausczik 和 Pennebaker，2010）。但是，由于动词的这些特性，也可能抑制投资者对项目未来发展趋势的设想。形容词的系数显著且为正（$\beta=0.030$，$p<0.05$），这意味着生动的内容和详细的描述更有可能帮助投资者形成积极的洞察力并足够打动他们投资资金。

表 8-5　基于语言变量的回归分析

| 变　量 | 比　率 | | | | |
|---|---|---|---|---|---|
| | 系　数 | 标 准 差 | t 值 | 95%置信区间—上限 | 95%置信区间—下限 |
| 总结维度 | | | | | |
| 每句话的单词数 | −0.009 | (0.006) | −1.565 | −0.021 | 0.002 |
| 超过六个字母的单词数 | 0.002 | (0.007) | 0.371 | −0.011 | 0.016 |
| 字典单词计数 | −0.004 | (0.003) | −1.326 | −0.011 | 0.002 |
| 功能词 | | | | | |
| 总功能词 | 0.004 | (0.005) | 0.721 | −0.006 | 0.013 |
| 其他语法 | | | | | |
| 常见动词 | −0.053* | (0.029) | −1.812 | −0.111 | 0.004 |

（续）

| 变　量 | 比　率 | | | | |
|---|---|---|---|---|---|
| | 系　数 | 标 准 差 | t 值 | 95%置信区间—上限 | 95%置信区间—下限 |
| 常见形容词 | 0.030** | (0.014) | 2.110 | 0.002 | 0.058 |
| 比较 | 0.026 | (0.041) | 0.632 | −0.054 | 0.106 |
| 疑问句 | 0.031 | (0.020) | 1.507 | −0.009 | 0.071 |
| 数字 | 0.012 | (0.017) | 0.713 | −0.021 | 0.045 |
| 量词 | 0.016 | (0.015) | 1.106 | −0.012 | 0.045 |
| 时间取向 | | | | | |
| 过去焦点 | 0.038 | (0.028) | 1.359 | −0.017 | 0.092 |
| 现在焦点 | 0.051 | (0.034) | 1.494 | −0.016 | 0.119 |
| 未来焦点 | 0.101 | (0.070) | 1.433 | −0.037 | 0.239 |
| 非正语言标记 | | | | | |
| 非正式语言 | 0.015 | (0.048) | 0.321 | −0.079 | 0.109 |
| 标点符号 | | | | | |
| 总标点 | 0.001 | (0.005) | 0.310 | −0.008 | 0.011 |
| 控制变量 | | | | | |
| 总单词数 | 0.118*** | (0.045) | 2.622 | 0.030 | 0.207 |
| 项目更新次数 | 0.001 | (0.006) | 0.164 | −0.011 | 0.014 |
| 持续时间 | −0.006*** | (0.001) | −4.913 | −0.008 | −0.004 |
| 筹资目标 | −0.179*** | (0.034) | −5.254 | −0.245 | −0.112 |
| 平均投资额 | 0.091*** | (0.006) | 14.336 | 0.079 | 0.104 |
| 外部网站链接数量 | −0.030* | (0.017) | −1.738 | −0.063 | 0.004 |
| 审美诱惑 | −0.005** | (0.002) | −2.404 | −0.009 | −0.001 |
| 互动参与 | 0.029** | (0.013) | 2.243 | 0.004 | 0.054 |
| 社会连通 | 0.096*** | (0.037) | 2.600 | 0.024 | 0.168 |
| 2019 年 | 0.080 | (0.050) | 1.588 | −0.019 | 0.178 |
| 2020 年 | 0.119*** | (0.039) | 3.038 | 0.042 | 0.196 |
| 2021 年 | 0.072** | (0.035) | 2.046 | 0.003 | 0.141 |
| 电影 | −0.074* | (0.044) | −1.672 | −0.161 | 0.013 |
| 艺术 | 0.037 | (0.039) | 0.945 | −0.040 | 0.113 |
| 漫画 | 0.346 | (0.254) | 1.362 | −0.152 | 0.843 |
| 其他创意作品 | 0.040 | (0.087) | 0.458 | −0.131 | 0.210 |
| 音乐 | 0.198 | (0.153) | 1.300 | −0.101 | 0.498 |
| 摄影 | 0.405 | (0.425) | 0.954 | −0.428 | 1.238 |
| 播客、博客和视频日志 | 0.001 | (0.091) | 0.013 | −0.178 | 0.180 |
| 桌面游戏 | 0.529* | (0.297) | 1.782 | −0.053 | 1.112 |

（续）

| 变　量 | 比　率 | | | | |
|---|---|---|---|---|---|
| | 系　数 | 标 准 差 | t值 | 95%置信区间—上限 | 95%置信区间—下限 |
| 视频游戏 | −0.058 | (0.075) | −0.770 | −0.205 | 0.090 |
| 网络连续剧和电视节目 | −0.009 | (0.061) | −0.149 | −0.129 | 0.111 |
| 写作和出版 | 0.192*** | (0.040) | 4.739 | 0.112 | 0.271 |
| 常数 | 0.924*** | (0.297) | 3.110 | 0.342 | 1.506 |

注：*** p<0.01，** p<0.05，* p<0.1；N = 3932 个观察值；调整后 $R^2$=0.105。

同样地，关于表 8-6 中的心理变量，影响力、真实性和情感基调都与众筹成功呈显著正相关（β=0.005，p<0.10；β=0.005，p<0.01；β=0.003，p<0.05）。这一发现表明，投资者更喜欢那些展示专业性和信心的项目描述，以及更积极、更乐观的文本风格。项目中包含更多诚实、个性化和开放性的文本内容，能够创建一种更亲密和人性化的体验，这减少了投资者对信息不对称的焦虑。此外，生物学过程对项目成功有积极且显著的影响（β=0.022，p<0.10）。

表 8-6　基于心理变量的回归分析

| 变　量 | 比　率 | | | | |
|---|---|---|---|---|---|
| | 系　数 | 标 准 差 | t值 | 95%置信区间—上限 | 95%置信区间—下限 |
| 总结维度 | | | | | |
| 分析性思维 | 0.003 | (0.004) | 0.650 | −0.006 | 0.011 |
| 影响力 | 0.005* | (0.002) | 1.924 | −0.000 | 0.009 |
| 真实性 | 0.005*** | (0.002) | 2.886 | 0.002 | 0.008 |
| 情感基调 | 0.003** | (0.001) | 2.154 | 0.000 | 0.006 |
| 感知过程 | | | | | |
| 情感过程 | −0.015 | (0.019) | −0.769 | −0.052 | 0.023 |
| 社会过程 | −0.002 | (0.011) | −0.200 | −0.025 | 0.020 |
| 认知过程 | 0.002 | (0.018) | 0.115 | −0.034 | 0.038 |
| 感知过程 | −0.010 | (0.025) | −0.423 | −0.059 | 0.038 |
| 生物学过程 | 0.022* | (0.013) | 1.709 | −0.003 | 0.047 |
| 驱动 | 0.003 | (0.012) | 0.225 | −0.020 | 0.025 |
| 相对性 | −0.008 | (0.012) | −0.716 | −0.031 | 0.014 |
| 个人关注 | | | | | |
| 工作 | −0.008 | (0.010) | −0.845 | −0.028 | 0.011 |

（续）

| 变　　量 | 比　　率 | | | | |
|---|---|---|---|---|---|
| | 系　　数 | 标　准　差 | t 值 | 95%置信区间—上限 | 95%置信区间—下限 |
| 休闲 | −0.030** | (0.013) | −2.367 | −0.055 | −0.005 |
| 家庭 | −0.053 | (0.042) | −1.244 | −0.135 | 0.030 |
| 金钱 | −0.036 | (0.026) | −1.380 | −0.088 | 0.015 |
| 宗教 | −0.063** | (0.029) | −2.161 | −0.121 | −0.006 |
| 死亡 | 0.048 | (0.065) | 0.743 | −0.079 | 0.175 |
| 控制变量 | | | | | |
| 总单词数 | 0.102*** | (0.037) | 2.756 | 0.029 | 0.174 |
| 项目更新次数 | 0.002 | (0.006) | 0.273 | −0.011 | 0.014 |
| 持续时间 | −0.006*** | (0.001) | −5.030 | −0.008 | −0.004 |
| 筹资目标 | −0.180*** | (0.035) | −5.186 | −0.248 | −0.112 |
| 平均投资额 | 0.091*** | (0.006) | 15.307 | 0.080 | 0.103 |
| 外部网站链接数量 | −0.026* | (0.016) | −1.691 | −0.057 | 0.004 |
| 审美诱惑 | −0.005** | (0.002) | −2.235 | −0.009 | −0.001 |
| 互动参与 | 0.029** | (0.013) | 2.260 | 0.004 | 0.054 |
| 社会连通 | 0.098*** | (0.037) | 2.649 | 0.026 | 0.171 |
| 2019 年 | 0.083 | (0.051) | 1.634 | −0.017 | 0.182 |
| 2020 年 | 0.116*** | (0.039) | 2.988 | 0.040 | 0.192 |
| 2021 年 | 0.063* | (0.036) | 1.776 | −0.007 | 0.133 |
| 电影 | −0.051 | (0.037) | −1.398 | −0.123 | 0.021 |
| 艺术 | 0.006 | (0.038) | 0.164 | −0.069 | 0.081 |
| 漫画 | 0.452* | (0.243) | 1.862 | −0.024 | 0.929 |
| 其他创意作品 | −0.019 | (0.085) | −0.219 | −0.185 | 0.148 |
| 音乐 | 0.237 | (0.177) | 1.338 | −0.110 | 0.585 |
| 摄影 | 0.418 | (0.426) | 0.982 | −0.416 | 1.252 |
| 播客、博客和视频日志 | −0.029 | (0.087) | −0.330 | −0.199 | 0.142 |
| 桌面游戏 | 0.544* | (0.295) | 1.847 | −0.034 | 1.122 |
| 视频游戏 | 0.014 | (0.079) | 0.180 | −0.141 | 0.169 |
| 网络连续剧和电视节目 | −0.017 | (0.051) | −0.326 | −0.117 | 0.084 |
| 写作和出版 | 0.199*** | (0.043) | 4.670 | 0.115 | 0.282 |
| 常数 | 0.471 | (0.521) | 0.904 | −0.550 | 1.493 |

注：*** $p<0.01$，** $p<0.05$，* $p<0.1$；N = 3932 个观察值；调整后 $R^2$=0.105。

这一发现表明，投资者非常关注与人类生物学过程相关联的语言和内容，如他们的健康或性别。此外，内容设计的休闲性与众筹成功显著负相关

（$\beta=-0.030$，$p<0.05$），这可能表明与更强调互补者娱乐的购物场景或游戏设计场景相比，众筹项目涉及物质利益和金融收益，因此投资者更希望项目发起人在运营他们的项目时严肃负责。宗教描述的系数为负且显著（$\beta=-0.063$，$p<0.05$）。宗教是一个重要的信仰和价值观系统，指导人们的心理过程和行为。当项目描述过分强调项目发起人或这个项目的宗教立场时，潜在投资者可能因价值观冲突而拒绝投资。

## 第六节　研究结论和对管理的启示

### 一、研究结论

本章通过对 Indiegogo 平台上的 4156 个创意众筹项目进行混合方法研究，识别了内容吸引、互动参与和社交连通这三种影响众筹项目成功的基于互补者体验的设计特征。我们利用 LIWC 文本分析工具来分析项目简介的文本内容，以确定能够在语言和心理层面吸引投资者的内容类型。研究发现，众筹项目发起人应该关注功能词的使用，并设计与影响力、休闲、宗教、真实性和生物学过程相关的具体内容，同时有效运用语气词，以增加项目成功的可能性。

### 二、理论贡献

（1）本章探索了众筹平台中基于互补者体验的设计特征。一方面，先前的研究主要关注数字平台设计特征对互补者参与的影响，例如互补者的采用情况、决策权的分配以及边界资源的开放性（Agarwal 等，2023；Chen 等，2022b）。然而，这些研究通常从平台所有者的视角出发，而没有充分考虑基于互补者体验的设计特征。

另一方面，学者们开始关注交易型数字平台中互补者体验的主题。例如，

Chen 和 Chang（2018）发现购物平台的用户体验设计与用户的购买意愿相关，Ijaz 等（2020）指出沉浸式虚拟现实运动平台中玩家的满意度对他们参与的意愿非常重要。本章将研究的重点从平台所有者的设计特征转移到互补者，并将研究背景从交易型数字平台扩展到创新型数字平台。

在众筹背景下，项目发起人通过众筹活动的设计向支持者发送质量信号，鼓励他们在众筹平台上进行投资（Chakraborty 和 Swinney，2021）。特别是，信号的生成和传播可以通过语言风格、互动水平等方式实现（Chan 等，2021；Parhankangas 和 Renko，2017）。

（2）本章提供了一个全面的框架，概述了众筹平台基于互补者体验的设计特征，从而丰富了数字平台设计理论。基于 Indiegogo 众筹平台的运作机制，本章构建了一个包含内容吸引、互动参与和社交连通的多维框架。该框架综合考虑了信息提供、知识交换和外部关系控制等三类设计特征。

信息提供是数字平台基于互补者体验的设计特征的一个重要方面（Chen 等，2022a）。只有当筹资者向投资者提供有关其众筹活动的全面信息时，他们才更可能出现投资行为。知识交换是数字平台上知识流动的重要渠道，拥有更多信息或资源的互补者主动分享相关经验以影响其他互补者的决策（Fang 等，2021）。知识交换是数字平台使互补者能够相互影响的重要机制。外部关系控制代表了一种允许筹资者让投资者访问他们的其他众筹项目的设计特征，这对于构建平台内部社会资本和增强投资者认可是至关重要的（Butticè 等，2017；Cai 等，2021）。

（3）本章通过区分心理和语言两大维度，探讨了项目内容特征中各种语言风格和术语类别的作用，为众筹沟通领域的文献做出了贡献。本文提出了一个基于语言和心理的视角，并表明投资者对描述这些项目的内容和语言非常敏感。本文揭示了内容表达和词语应用在众筹背景中的重要性。具体来说，特定语言功能词的使用，如动词和形容词，影响投资者对众筹项目的感知，进而影响其筹资成功率。这种影响的原因是动词的时态有明确的时间取向，它可以帮助投资者定义项目的焦点（Park 等，2017）。

动词时态，如过去时、现在时、将来时在句子中承载着时间信息。这种时态的使用不仅反映了行动的时间点是已经发生、正在发生、还是将要发生，还能表达持续性或完成性等时间属性。但是过去清晰的动词描述也可能限制潜在投资者对于项目的设想。此外，丰富的形容词通过增加详细信息来提高投资者对项目的积极期望，同时增强其可信度（Parhankangas 和 Renko，2017）。多样化和描述性强的形容词增加了文本的生动性和吸引力，使得项目描述不仅仅是事实的罗列，而是具有感染力的叙述。通过使用丰富的形容词，项目描述变得更为详尽和具体。这种详细的信息展示可以帮助投资者更全面地了解项目，从而减少信息的不确定性。

（4）本章突出了众筹平台中基于互补者体验的心理特征设计在众筹项目成功中的地位。在众筹项目中，除了实际信息的提供外，如何在心理层面上设计和表达信息也非常关键。众筹项目发起人通过构建吸引人的故事和叙述内容能够在心理上吸引潜在投资者和支持者的注意力。这种叙述被视为一种心理投射，意味着故事和叙述内容不仅仅是传递信息的手段，它们还能够引发观众的情感反应和兴趣（Pennebaker 等，2003）。通过叙述，发起人能够传递他们的情感和热情，这些情感和热情可以反过来触动听众，使他们产生情感上的回应，引发共鸣。

在众筹的背景下，由于结果的不确定性和利益相关者的期望模糊，心理因素在项目成功中起着重要的作用（Parhankangas 和 Renko，2017）。本章识别了休闲、宗教、影响力、真实性和情感基调等心理信息是影响项目成功的关键心理因素。例如，包含影响力或真实性的表达增强了项目的可信度，提升了投资者的信心；而与宗教相关的词语可能在投资者中引发价值观上的矛盾和冲突，从而损害他们对项目的印象。总之，互动、具体和精确的语言能够帮助投资者形成对项目价值和意义的感知。

（5）本章采用了结合数据挖掘、文本分析和实证研究的混合研究方法来调查有助于众筹成功的具体有效策略。这种混合研究方法的使用，有助于逐步解答本文的研究问题。本章利用基于 Python 的数据挖掘技术获取众筹平台上的非结构化数据，并通过文本分析来评估其他数字平台的互补者关注点。此外，本章对众筹项目简介的文本进行了深入的分析和解构。这种实证方法验证了数据挖掘和文本分析的结果，提供了关于影响众筹平台项目的成功是基于互补者体验设计特征的可靠结论。众筹项目发起人在撰写众筹项目简介时还应注意语调和措辞的选择。

## 三、对管理的启示

（1）针对众筹项目发起人，本章强调了通过基于互补者体验的设计来增强大众众筹参与意向的重要性，这体现在提供全面的信息、促进知识交换和有效控制外部关系等方面。项目发起人必须采用各种策略来改善投资者的互补者体验。例如，投资者喜欢丰富的文本描述，并通常对与量词、未来焦点词、影响力、真实性和情感基调以及感知过程和生物学过程相关的内容感兴趣。

此外，发起人必须在筹资窗口期间积极与潜在支持者沟通以增加他们的参与度，使发起人能够启动不同的项目。发起人还可以在其社交媒体站点和众筹项目之间建立连接，并在这些社交媒体站点上发布与项目相关的及时、有趣和有价值的内容，例如名人对项目的看法或项目的最新进展。

（2）针对平台管理者，众筹平台的运营商应该了解如何通过提升便利性和加强互补者满意度来支持项目发起人实现众筹成功。本章的研究识别了内容吸引、互动参与和社交连通作为众筹活动成功的关键因素。众筹平台可以利用这些发现改进他们的活动机制，为发起人提供更详细的指导，以赢得潜在投资者的支持。例如，平台可以提供激励措施，鼓励发起人分享更多连接到他们的个人社交媒体站点，并每天回应对他们项目的评论。

此外，众筹平台应认识到文本内容在帮助投资者理解创意众筹产品方面的重要性。当发起人描述他们的项目时，平台可以在他们的网页上提供额外的提示，以帮助发起人了解应当优先考虑什么。比如，“投资者对产品的发展前景非常感兴趣”。此外，平台应该缩小参与众筹的双方之间的信息差距，并监控每个项目的后续实施，从而赢得互补者对平台及其众筹项目的信任。

## 四、未来展望

（1）本章的研究结果可能仅限于创意类项目的众筹，这只是众筹项目的主要类型之一。未来的研究可以通过评估其他众筹类别（如与技术相关或与社区相关的众筹）中基于互补者体验的设计特征来扩展这一研究。

（2）由于每个众筹平台都有自己的一套关于活动应该如何运行的规定，因此未来研究可以调查项目发起人通过基于互补者体验的设计特征促进成功众筹的动机和有效性如何根据平台规则而变化，即分析在特定平台规则约束下，哪些设计特征最能激发投资者的兴趣和支持。

（3）这项研究表明，设计良好的众筹项目利用简介文字可以吸引更多的支持者。未来的研究可以集中在项目发起人如何使用修辞来获得资金，以及投资者如何能够确定众筹项目的文字描述是否包含虚假信息。

（4）未来的研究可以考察基于互补者体验的设计特征和文化效应的交互作用对众筹成功的影响。在众筹项目中，文化效应可能影响潜在支持者对项目的感知和参与意愿，例如不同文化对故事叙述的接受度、投资风险的态度，以及对奖励的偏好。

第九章
Chapter

# 基于共演视角的企业战略选择与数字平台生态系统构建

在数字经济情境下，企业如何通过战略选择行动构建数字平台生态系统，成为亟须解决的难题。本章将阐明数字经济情境下战略选择与数字平台生态系统共演的过程模型，表明企业可以动态实施战略选择行动，以构建数字平台生态系统。

（1）初始创建阶段，企业主要受数字技术驱动，通过供需匹配为核心的交易模块设计、新颖导向的数字身份塑造、透明开放的沟通制度确立的资源拼凑战略，构建基于明星产品的数字平台生态系统。

（2）规模扩展阶段，企业主要受数字消费者驱动，通过整合嵌入为核心的指导模块设计、互补导向的数字身份塑造、边界明确的技术制度确立的系统集成战略，构建基于组合产品的数字平台生态系统。

（3）跨界扩张阶段，企业主要受数字竞争驱动，通过跨界融合为核心的标准模块设计、包容导向的数字身份塑造、基于价值共创的合作制度确立的生态编排战略，构建基于场景化产品的数字平台生态系统。

一方面，基于环境选择逻辑，外部数字经济情境变化触发主导企业实施相匹配的战略选择行动，并构建数字平台生态系统；另一方面，基于组织适应逻辑，主导企业主动实施战略选择行动，并构建同一阶段的数字平台生态系统，且将当期的数字平台生态系统构建作为战略决策结果，进而影响了跨期的战略选择和相对应的数字平台生态系统构建。

本章通过阐明数字经济情境下企业战略选择行动与数字平台生态系统构建的共演关系，从环境选择逻辑和组织适应逻辑的双重视角拓展数字平台生态系统构建的过程机制研究，为企业通过有步骤的战略设计，实现数字平台生态系统持续演化提供管理启示。

## 第一节　数字平台生态系统构建的价值

伴随着数据要素引入与数字技术赋能的发展趋势，传统商业模式下的组织边界正进一步消解，商业活动的运行逻辑也在动态变化（Nambisan 等，2017；戚聿东和肖旭，2020）。企业与其他行动主体之间的合作与依赖关系进一步加深，并愈发表现出网状的互动关系结构，即企业的价值创造愈发依赖其所处的数字平台生态系统（Jacobides 等，2018）。中共中央、国务院印发的“十四五”数字经济发展规划指出，“支持有条件的大型企业打造一体化数字平台，全面整合企业内部信息系统，强化全流程数据贯通，加快全价值链业务协同，形成数据驱动的智能决策能力，提升企业整体运行效率和产业链上下游协同效率。”强调了企业构建数字平台生态系统的重要性和迫切性。同时，鉴于数字平台生态系统在经济社会发展全局中的地位和作用日益突显，我国也出台了多项中央与地方政策以引导数字平台生态系统规范健康地持续发展。

然而，并非所有企业都能通过构建数字平台生态系统乘势而起，一些企业仍然挣扎并深陷于数字化转型的泥沼。究其原因，一方面是源于数字技术、消费者偏好和竞争环境等企业外部环境日新月异，企业难以识别数字平台生态系统构建的恰当时机；另一方面则是源于数字平台生态系统构建是一项复杂的系统工程，需要企业在战略规划、流程管理、组织设计与文化建设等方面持续创新。因此，在数字经济情境下，企业如何成功创建数字平台生态系统以打造持续竞争优势成为一个重要的研究议题。

数字平台生态系统作为一种新兴组织形式，将价值创造重心从主导企业内部转移到与外部互补者的共同创造中来（Murthy 和 Madhok，2021），通过促进平台所有者和相互依存的参与者群体之间的互动来创造价值（Bereznoy 等，2021）。数字平台生态系统提供用户需求导向的技术与服务，并基于新兴数字技术呈现出超越传统产业边界的合作与竞争（王永贵等，2023）。

企业可以通过构建平台组织必要的资源，提供独特的产品或服务，实现单个企业单独所不能达成的价值创造（Gawer 和 Cusumano，2014）。为了打开数字平台生态系统构建的路径黑箱，需要进一步基于研究情境、实现途径和共演关系开展如何构建数字平台生态系统的研究。

（1）现有关于研究情境的文献，相对忽略了互补创新市场中数字平台生态系统如何实现多类别非通用互补产品提供的机制。多类别非通用互补产品是指在同一数字平台生态系统中存在多个从属于不同类别的产品，这些产品之间具有互补关系，但不属于同一通用产品种类。基于市场提供给用户的价值类型以及价值提供的方式，数字平台生态系统的研究情境可以分为多边交易市场、互补创新市场和信息市场等三种类型（Cennamo，2021）。区别于多边交易市场、信息市场等数字市场中的平台生态系统（Mantena 和 Saha，2012；Song 等，2018），互补创新市场中数字平台生态系统基于数据互操作技术创新将不同产品连接起来，有利于多产品进行互动，并由此形成新的产品系统，为用户的一系列需求提供集成解决方案，这些方案的各个组成要素由多个独立但相互关联的公司提供。

虽然已有研究对主导企业如何通过创建数字平台生态以提供互补产品或服务进行了探索，但是现有研究主要集中在主导企业如何针对同一产品品类构建单一功能产品、多种功能的系统集成方案，以及生态系统内独特的非通用互补产品（Stonig 等，2022）。主导企业如何建立数字平台生态系统为参与者提供核心技术架构，通过互补产品或服务为用户提供解决方案，将竞争优势的来源从单一产品或服务转向基于多个相互依赖主体的多类别非通用互补产品生态，未来还值得进一步研究。

（2）现有关于实现途径的研究，相对忽略了企业内部多个相互依存的战略选择行动对数字平台生态系统构建的影响。数字平台生态系统的构建包括市场定位、资源积累、技术发展和组织设计等实现途径。其中，市场定位强调基于交易行为的市场结构设计；资源积累强调平台生态互补资源的协调管理；技术发展强调平台生态系统的标准接口和互补模块设计；组织设计强调将平台生态系统视为元组织展开结构设计。

然而，构建数字平台生态系统是一项复杂的系统工程，不论是市场定位、资源积累、技术发展或组织设计，如果与企业战略选择脱节，那就可能导致构建数字平台生态系统行动的失败。现有研究多聚焦主导企业上述的单一组织行动，忽略了企业内部相互依存的行动如何系统影响数字平台生态系统的构建。企业作为一系列相互依存活动的配置集合，必须主动更新战略行动体系以实现内外部的契合。因此，本文基于战略选择的分析视角，探究企业如何通过有效地进行战略组合行动以构建数字平台生态系统。

（3）现有研究相对忽略了数字经济情境下主导企业的战略选择行动与数字平台生态系统构建的共演关系。战略管理理论认为，企业可以通过战略决策改变自身的资源和能力，进而适应动态复杂多变的环境。此外，数字平台生态系统强调内部多元组成要素之间的动态联系、互相影响与共同发展。Cozzolino 等（2021）也认为主导企业及其所处的数字平台生态系统处在更新迭代和共同演进之中，表现出动态演进的特征。因此，基于时间和空间的维度，二者之间的关系到底如何共演还需要进一步深入研究。当前，关于企业战略选择与数字平台生态系统构建的共演关系研究主要从环境选择逻辑和组织适应逻辑两方面展开。

一方面，基于环境选择逻辑，战略选择行动与数字平台生态系统共演是受技术、消费者、竞争者等外部数字经济环境驱动的过程（Subramaniam 等，2019）；另一方面，基于组织适应逻辑，战略选择行动与数字平台生态系统共演是受主导企业有意识行动部署驱动的过程（Teece，2018）。

然而，环境选择逻辑和组织适应逻辑并非相互对立，而是相互关联、互为统一的关系（Flier 等，2003）。因此，在引入环境选择逻辑与组织适应逻辑的基础上，数字经济情境下主导企业战略选择行动与数字平台生态系统构建如何相互作用，以共同塑造持续竞争优势的机制黑箱，在未来有待被进一步打开。

综上所述，为了回应以上现实问题和理论缺口，本文将聚焦于“数字经济情境下主导企业战略选择与数字平台生态系统构建如何实现共演。”这一核心问题，以小米科技有限责任公司（以下简称“小米”）作为研究案例，探究数字经济情境下主导企业战略选择行动与数字平台生态系统间的共演关系。本文提出的战略选择与数字平台生态构建的共演模型表明，战略选择与其数字平台生态系统的发展存在共演关系，二者互相迭代、协同更新。企业可以通过连续性的战略选择行动，动态创建并更新数字平台生态系统以获取持续竞争优势。

## 第二节 数字平台生态系统构建的理论基础

### 一、数字平台生态系统构建的情境

数字平台生态系统构建的研究情境有多边交易市场、信息市场和互补创新市场。多边交易市场中数字平台生态系统的主要作用是作为一种连接的数字系统（Teece 等，2022），该系统通过提供硬件基础设施将产品或服务的提供者与用户有效匹配，促进二者之间的互惠交易，如电子商务平台、拍卖平台、打车平台和团购平台等。信息市场中数字平台生态系统的主要作用是作为信息渠道基础设施，实现相关信息分类、搜索和共享，促进用户通过信息的交换和匹配来为自身创造价值，如搜索引擎平台、社交媒体平台、旅游信息平台和社交服务平台等。由于这类平台中最有价值的交换物是信息，该类平台通过将市场中的信息流货币化，为用户提供价值。

与多边交易市场和信息市场中的数字平台生态系统构建有所区分，互补创新市场中数字平台生态系统的主要作用是通过一套通用的核心技术架构、设计和治理规则将核心产品与参与者的互补创新进行整合，从而为用户提供集成性产品解决方案，如 iOS 和 Android 移动系统平台等。

目前对于主导企业如何通过创建数字平台生态以提供互补产品或服务的研究，主要聚焦于主导企业如何向消费者提供具有特定功能的单一产品或提供基于多个功能的集成解决方案（Stonig 等，2022）。主导企业如何通过协调其合作伙伴的活动，将企业竞争优势的来源从提供具有特定功能的单一产品或服务，转向提供基于多个相互依赖主体的多类别非通用互补产品，还值得进一步研究。

## 二、数字平台生态系统构建的实现途径

现有研究强调数字平台生态系统构建，可通过市场定位、资源积累、技术发展和组织设计四个途径展开。

（1）市场定位，关注围绕交易行为引发的市场结构变化和参与者互动关系变化等现象（McIntyre 和 Srinivasan，2017）。企业可以通过双边或多边平台汇聚不同类型的用户，利用网络效应等机制创造价值，并关注双向的价值传递（Eisenmann 等，2011）。

（2）资源积累，强调企业通过与提供互补资源的主体协同以获取相宜资源来构建生态系统（Ghazawneh 和 Henfridsson，2013）。适配的资源条件能够支持各主体围绕资源发展互动关系，从而支撑现有生态系统提供用户需要的产品或服务。例如，边界资源（Boundary Resources）既能支持数字平台生态系统发展其数字可供性（Digital Affordance），又能支撑开发者围绕平台进行开发互动。

（3）技术发展，强调通过发展不同功能模块的技术以实现数字平台生态系统的构建（Tiwana 等，2010）。数字平台以软件为基础，并通过不同标准接口和互补模块的设计以综合发挥作用，因此技术的整合、应用和部署对生态系统的构建存在影响。

（4）组织设计，强调企业可以为了适应或匹配生态系统而进行结构重新设计，或将数字平台生态系统构建作为元组织（Meta-organization）设计的一部分（Gulati 等，2012）。数字技术带来的交易成本降低，将进一步引起组织边界模糊化以及生态系统范围扩大。

然而，现有研究主要关注特定单一的组织活动，相对忽略了企业内部相互依存的活动如何系统影响数字平台生态系统的构建。以上市场定位、资源积累、技术发展和组织设计等实施途径一旦相互孤立，且与企业战略选择脱节，可能导致企业无法从数字平台生态构建中获益。战略选择强调在考虑外部环境中的竞争场景、技术潜力和顾客因素基础上，选择并确定企业创造和分配价值的指导计划和行动集合（Correani 等，2020）。因此，企业如何通过深思熟虑的战略选择，从而构建数字平台生态系统至关重要。

## 三、共演视角下的企业战略选择与数字平台生态系统研究

共演视角强调密切耦合要素之间存在潜在的相互作用，并最终导致某些方向的变化（Koza 和 Lewin，1998）。这提供了在统一框架下包含多个分析层次和情境因素、整合外部宏观环境和内部微观活动的解释思路，体现了对战略与组织研究的重新解释、重新构造与重新定向（Rodrigues 和 Child，2003）。该视角以组织种群为对象，认为种群由相互作用和相互影响的个体组成，且种群中的个体以变异、选择、保留等形式实现共同演进（Lewin 和 Volberda，1999；Murmann，2013）。共演发生在具备相互作用要素的组织群体中，并允许系统内部以及其他部分的相互反馈来驱动变化。

现有关于数字经济情境下企业战略选择与数字平台生态系统构建的共演

研究主要从环境选择逻辑和组织适应逻辑两方面展开。

（1）基于环境选择逻辑。已有研究认为，环境动态变化的随机性导致企业无法做出理性规划，且企业主体的认知限制增强了外部环境变化带来的风险和不确定性（Hannan 和 Freeman，1984），因此，战略选择与数字平台生态系统构建的共演进程主要由外部数字经济情境驱动。环境选择逻辑认为，数字技术的颠覆性更迭快速地改变着消费者行为，同时企业也面临着更加动态、复杂多变的数字化竞争，这些因素导致企业只能被动地对环境做出反应。用户需求更新、技术快速发展和竞争市场急剧变化等作为战略决策的外界环境，会影响企业的战略设计以及其构建的数字平台生态系统的整体演化（Subramaniam 等，2019）。

（2）基于组织适应逻辑。已有研究认为，组织可以主动通过不断调整战略和组织结构以适应动态变化的外部环境（Helfat 和 Raubitschek，2018），因此战略选择与数字平台生态系统构建的共演由生态系统中行动主体驱动。组织适应逻辑认为，数字经济情境下主导企业可以识别机会并制定深思熟虑的战略选择行动以主动适应环境变化。Helfat 和 Raubitschek（2018）研究发现，数字平台生态系统很少在其建立时就完全形成，平台领导者需要运用创新能力、环境扫描与感知能力以及基于生态系统编排的整合能力来设计、管理并针对环境变化进行主动调整。通过对数字平台生态系统的主动管理行动，企业能够克服固有的内部资源缺乏，重新构建新的能力体系，实现价值创造与价值捕获的有机统一（Marcon 和 Ribeiro，2021）。

综上所述，虽然现有研究已认识到了企业的战略能动性以及数字平台生态系统的动态演化特性，但尚未同时整合环境选择逻辑与组织适应逻辑来探究数字平台生态系统构建的不同阶段中，战略选择行动与数字平台生态系统如何实现共演。数字平台生态系统发展的不同阶段需要相对应的资源组合，且这些资源组合的更新与部署与企业战略选择行动密切关联（Sedera 等，2016）。同时，动荡的外部环境条件对企业构建资源组合等也存在重要影响

（Simon 等，2007）。

企业需要针对外部数字经济情境、内部战略选择行动与数字平台生态构建产生的交互结果，调整不同阶段的战略选择行动路线。外界环境变化和战略选择之间的契合会显著增加组织的生存机会（Meeus 和 Oerlemans，2000）。因此，本文将同时引入环境选择逻辑与组织适应逻辑的双重视角，揭示在数字平台生态系统构建的不同阶段主导企业战略选择行动的具体差异，从而打开数字平台生态系统构建的过程黑箱。

## 四、基于环境选择逻辑和组织适应逻辑双重驱动的研究框架

本文主要探究企业如何通过深思熟虑的战略选择行动，动态构建数字平台生态系统以获得持续竞争优势的过程机理，如图 9-1 所示。企业战略选择行动与数字平台生态系统构建存在互为依存和相互作用的共演关系，且该共演关系同时受环境选择逻辑和组织适应逻辑的双重驱动。基于环境选择逻辑，外部数字经济情境的变化影响数字平台生态系统中的行动者，驱动行动者实施相适应的战略选择行动以构建数字平台生态系统。

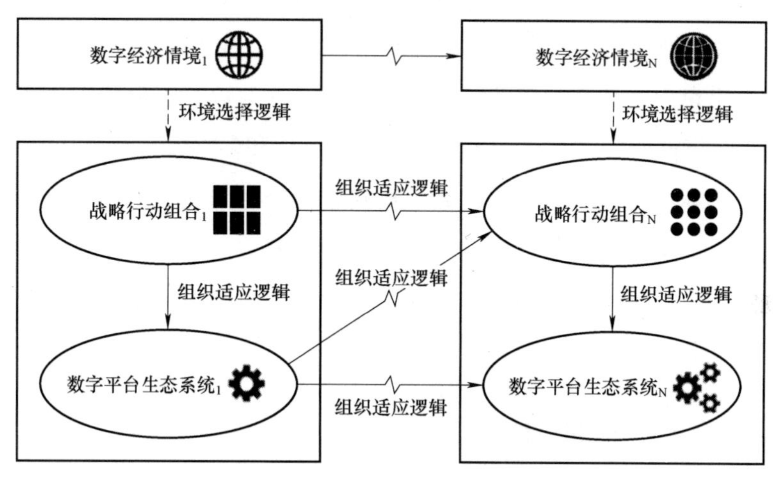


图 9-1　研究框架

同时，基于组织适应逻辑，企业可以主动实施战略选择行动并构建同一阶段的数字平台生态系统。企业当期的战略选择行动也会影响跨期的战略选择行动，且当期的数字平台生态系统构建作为战略决策结果，会影响跨期的企业战略选择和数字平台生态系统构建。由此，数字经济情境下的企业战略选择与数字平台生态系统构建互为动力、迭代演化，以协同打造企业在数字经济情境下的持续竞争优势。

## 第三节　数据分析的具体步骤

定量研究方法强调收集大量数据来得到相对普遍性的结论，着重于因果关系的探讨，相对难以捕捉复杂的多主体互动关系。与之相比，案例研究方法通过深入分析一个或几个代表性案例，能够提供比较深入的细节描述，从而能够详细分析数字经济情境下企业战略行动组合和数字平台生态系统构建的整体演进机制。因此，本节内容采取案例研究方法分析数字经济情境下企业战略选择与数字平台生态系统构建的共演过程，具体原因在于以下两点。

（1）旨在探索数字经济情境下企业战略选择与数字平台生态系统构建的共演过程，案例研究方法适合剖析复杂演化过程和多主体互动关系。

（2）以期探究数字平台生态系统构建过程中的企业战略选择行动，并解构数字平台生态系统构建的微观机理，案例研究方法通过多途径收集获得的数据有利于更加清晰地认识这一问题，有助于从数据中提炼规律和推进对实践现象的理解。

### 一、选择小米公司的原因

基于案例选择的代表性、可获得性和理论抽样原则，本节选择小米公司为案例研究样本。

### （一）遵循代表性原则

小米成立于2010年4月，是一家以智能手机、智能硬件和物联网平台为核心的消费电子及智能制造公司。在企业最初有限的人力和资本资源等诸多约束下，小米感知到智能硬件和物联网的发展趋势，布局诸多智能硬件产品，业务收益和投资收益显著增加。创业仅七年时间，小米营收就突破了千亿元，同比增速67.5%。

目前，小米已成为全球领先的智能手机品牌之一，智能手机全球出货量稳居全球前三，并已建立起全球领先的消费级人工智能和物联网（AIoT）平台。截至2022年12月31日，集团业务已进入全球逾100个国家和地区。因此，通过对小米的案例分析，本文尝试发掘数字平台生态系统成功构建的潜在因素，以及探索主导企业在技术、市场等外部环境变化下与数字平台生态系统共同演进取得竞争优势的内在逻辑。

### （二）遵循可获得性原则

研究团队长期跟踪调研小米，通过实地调研和访谈等途径，积累了有关小米的丰富一手素材。同时，有大量的档案文件和公开文献可供研究团队查阅和分析。在此基础上，研究团队进一步聚焦和提炼研究问题进行深度访谈，即引入共演视角探究数字经济情境下企业战略选择与数字平台生态系统构建的关系，在以上过程中可获得的深度访谈、大量档案文件和公开文献材料为研究提供了支撑。

### （三）遵循理论抽样原则

本文选取小米作为研究对象，从其面临的数字经济情境出发，分析小米如何通过持续的战略选择行动构建数字平台生态系统的机制。对小米经由各个阶段的战略行动驱动实现同期以及跨期数字平台生态系统塑造的探索，有利于丰富和发展数字经济情境下企业战略选择和数字平台生态系统构建的共演研究。

## 二、数据收集方法

本研究采用深度访谈、档案文件和公开文献搜集相结合的方法进行数据收集，具体如表 9-1 所示。

表 9-1 访谈核心内容与人员情况表

<table>
<tr><th>数据来源</th><th colspan="6">数据信息统计</th></tr>
<tr><td rowspan="7">深度访谈</td><td>调研部门</td><td>受访人数（人）</td><td>访谈时长（小时）</td><td>录音文稿（万字）</td><td>访谈内容</td><td>编码</td></tr>
<tr><td>小米集团的高层管理者</td><td>5</td><td>3.6</td><td>2.54</td><td>小米生态战略进展、挑战和未来规划等</td><td>$T_c$</td></tr>
<tr><td>小米集团战略合作部经理、高级总监、小米公益基金会秘书长</td><td>3</td><td>1.8</td><td>1.47</td><td>小米获得国家或地方相关支持的项目情况等</td><td>$T_s$</td></tr>
<tr><td>小米产品经理、设计师、研发工程师、质量专家等</td><td>13</td><td>7.3</td><td>7.52</td><td>小米内外部生态数据、研发与规划现状，小米各项业务信息系统或软件平台的运营情况，小米产品质量评测标准体系，小米产品生态建设情况等</td><td>$T_m$</td></tr>
<tr><td>小米品牌经理、资源经理、部门总监、商业分析师、品类运营管理等</td><td>10</td><td>4.9</td><td>3.44</td><td>小米的品牌传播推广进展，小米营销策略，小米生态客户建设现状，小米生态系统的供应链运作模式、规划和设计等</td><td>$T_b$</td></tr>
<tr><td>小米线下门店员工</td><td>9</td><td>4.5</td><td>4.07</td><td>小米线下门店管理情况、小米零售体系运营状况、小米人力资源管理计划等</td><td>$T_e$</td></tr>
<tr><td>小米粉丝、用户和股东</td><td>13</td><td>4.7</td><td>3.82</td><td>小米生态产品的使用体验、小米文化演变、小米投资者关系治理水平、小米社区参与经验等</td><td>$T_f$</td></tr>
<tr><td rowspan="2">档案文件</td><td colspan="5">小米官方出版的书籍《参与感》《小米生态链战地笔记》，小米授权传记《一往无前》《小米创业思考》，小米创始人、公司高管以及小米生态链企业高管的报告或讲话</td><td>$A_b$</td></tr>
<tr><td colspan="5">小米招股说明书、年报和公司公告</td><td>$A_r$</td></tr>
<tr><td>公开文献</td><td colspan="5">与小米公司相关的研究性文献、新闻报道、研究报告，以及行业最新动态</td><td>$P_r$</td></tr>
</table>

注：编码“T”代表深度访谈，“A”代表档案文件，“P”代表公开资料。

### （一）深度访谈

研究团队与小米管理层和员工，以及小米用户进行面对面交流，访谈了包括小米股东、智能硬件负责人、小米智能硬件产品经理、小米集团管理人员、小米商城员工、小米用户等在内共计 53 人。针对不同访谈对象的业务部门，拟定访谈提纲，有针对性地对小米所处外部环境、战略选择行动、数字平台生态系统构建等主题展开提问。

### （二）档案文件

档案文件主要从以下两个渠道获取：一是小米官方出版的《参与感》《小米生态链战地笔记》和授权传记《一往无前》《小米创业思考》共四本著作，以及小米创始人、公司高管和小米生态链企业高管的 47 份报告或讲话；二是小米科技和华米科技的招股说明书、年报和公司公告。

### （三）公开文献

公开文献主要从以下两个渠道获取：一是通过中国期刊全文数据库、Web of Science 数据库等中英文数据库，获得与小米公司相关的研究性文献，最终收集了 2010—2023 年的 65 篇研究性文献，其中中文论文 58 篇，英文论文 7 篇；二是通过百度等搜索引擎，搜索小米公司及其竞争对手的官方网站、主流财经媒体关于小米公司的新闻报道、研究报告，以及行业最新动态，最终收集了 2010—2023 年的 117 篇新闻报道及研究报告。

## 三、小米公司案例的深度剖析步骤

本文的数据分析围绕两个步骤依次展开。

第一阶段，基于深度访谈、直接观察和二手资料搜集所得到的数据，系统梳理小米公司的发展历程，并识别出关键的里程碑事件，如图 9-2 所示。小米以消费者多元场景需求为战略导向，先后布局了移动社交、居家生活和智能出行三大消费场景，因此本文将小米数字平台生态系统构建划分为以下三个阶段。

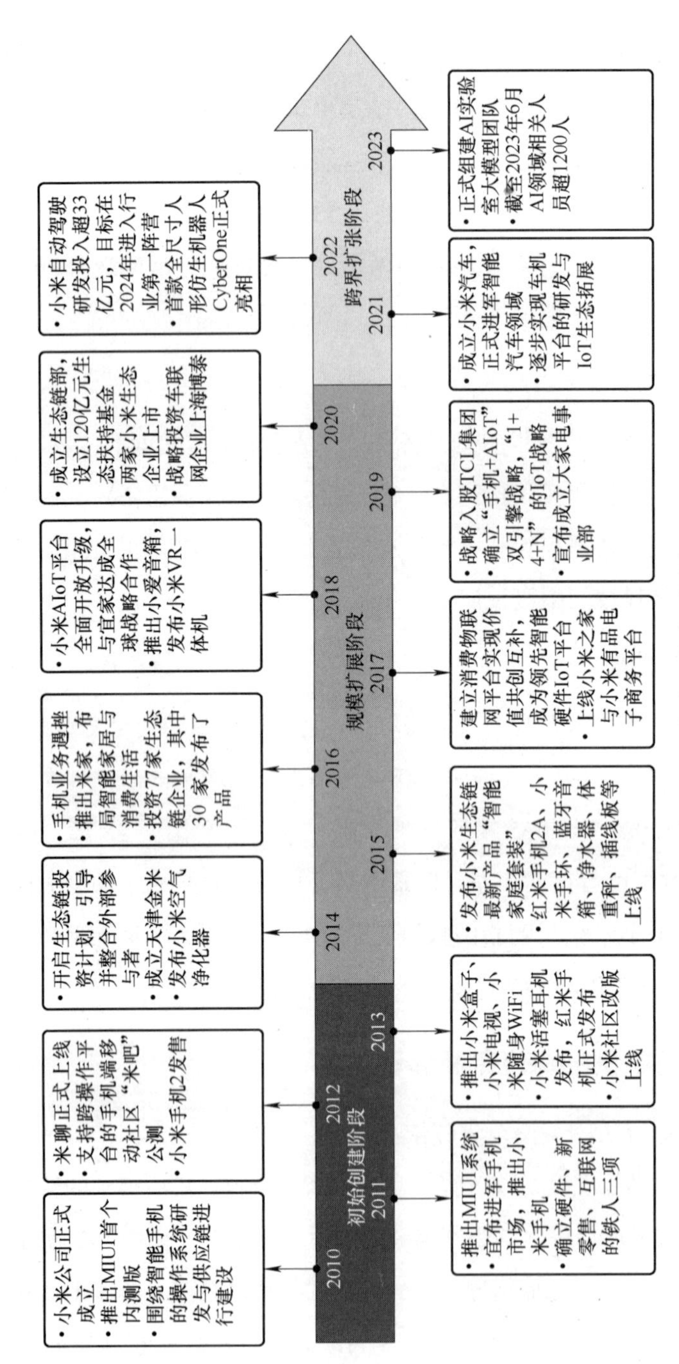


图 9-2　小米公司的发展历程

在2010—2013年，小米实施“智能手机硬件+新零售+互联网”为核心的“铁人三项”运营模式，表现出了智能手机产品塑造为核心的阶段特征，是数字平台生态系统的初始创建阶段。

2014—2020年，小米在提供智能手机及互补硬件等核心产品的同时，实施“手机+电视、智能音箱、路由器和笔记本+生态链产品”的“1+4+X”IoT品类战略，表现出以物联网平台为布局核心的扩张阶段特征，是数字平台生态系统的规模扩展阶段。

2021年至今，小米持续投入智能汽车和人工智能领域等新赛道，利用物联网布局带来的场景优势和品牌优势，结合线下渠道布局和现金能力等传统优势，表现出硬件终端与流量入口的跨界生态布局阶段特征，是数字平台生态系统的跨界扩张阶段。

第二阶段，本文遵循现有案例研究对过程数据的分析建议，精炼原始过程数据，通过归纳形成最终理论主题（王凤彬和张雪，2022）。

（1）创建一阶概念。在分析企业战略选择时，采用基于物质性、符号性、制度性的战略行动框架（Khanagha 等，2022）。其中，物质性行动（Material Actions）是指塑造生态系统的客观属性、技术设计和功能，重点关注操作层面的实际变化，这通常意味着组织需要进行实质性投资并开展可衡量的有形组织活动。符号性行动（Symbolic Actions）是指塑造利益相关者对所处生态系统的有利印象或看法，使组织可以在不付出巨大代价或不需要改变商业流程和组织惯例的情况下满足利益相关者的要求，这有利于组织取得生态系统参与者的合法性认同，并从改善与利益相关者关系的过程中获得回报。制度性行动（Institutional Actions）是指塑造生态系统的制度和规则以纳入其他互补主体并扩大生态系统边界，重点关注组织采取的社会规则、规范和信仰体系构建等行动。

例如，根据访谈陈述：“手机极客发烧友这一新颖且精准的定位，是小米在宣传与互动中与客户群共同塑造的。小米精准对接乐于探索智能硬件的青年用户群体，使得品牌定位迥异于已有品牌，并帮助小米成了手机极客发烧友的代表品牌。”我们得到“新颖导向的数字身份塑造”这个一阶概念，代表着小米具体实施的资源拼凑战略中符号性行动举措。以此类推，得出诸如“供需匹配为核心的交易模块”“透明开放的沟通制度”等若干一阶概念。

此外，Chen 等（2022）强调平台主导者需要重点协调与互补者的关系，认为平台主导者与互补者一致的集体行动决定了平台的成功。因此，本文从协作方式与价值流向两个方面分析数字平台生态系统的内部结构。其中，协作方式是指数字平台生态系统内主导企业与参与者基于共同合作共识，并围绕特定产品或服务提供价值；价值流向是指基于数字平台生态系统创造的价值在主导企业和参与者间的流动方向。同样地，本文得出诸如“围绕明星产品的高度相关型参与者整合”“主导企业的偏利价值分配”等若干一阶概念。

（2）从理论视角出发，基于确定的一阶概念抽象提取出具有理论内涵的二阶主题。将一阶概念与现有理论对话，赋予其不同的研究主题，将概念上属于同一个主题的一阶概念聚合成二阶主题，以求从理论层面描述或解释研究现象。例如，根据已有理论研究（Yoo 等，2010），数字技术发展既包括物理设备、硬件设施以及支持这些设备运行的基础软件和操作系统等数字技术基础设施层发展，也包括为用户提供的各种应用和服务等数字技术服务层发展，还包括数字技术上产生、存储和共享的各种内容等数字技术内容层发展。

因此，本文将“数字技术基础设施层发展”“数字技术服务层发展”“数字技术内容层发展”聚合为“数字技术发展”。在数字经济情境下，消费者在购买决策过程中具有更多的控制权和选择权，线下世界的消费文化可以通过线上表达被分享、强化、再化和认可，消费者希望能够打破各个独立场景和设备之间的数据孤岛，以达成一致的用户体验（Dey 等，2020）。因此，本文将“数字消费者决策赋权”“数字消费者线上与线下互惠”“数字消费者身份去分隔化”聚合为“数字消费者转变”。此外，数字竞争的边界变得愈发动态，企业的竞争对手不仅来自同一行业，还来自相近或完全不相关行业（Ferrier

等，2010）。因此，本文将“同业竞争者激增”“跨界竞争者涌入”聚合为“数字竞争者增加”。

由于资源拼凑战略强调企业在资源稀缺的环境中打破资源约束，聚焦关键价值主张，通过开发低成本、简单的规则来创造性地利用现有资源（Baker等，2003）。在数字平台生态系统构建的初期，互补创新市场的平台主导者建立明确透明的沟通渠道来打破现有信息偏差和确定自身定位的战略行动有助于主导企业保持专注并提高效率，同时引入供需匹配的价值创造过程是实现现有产品低成本利用和交易的有效途径，可以进一步帮助企业在资源稀缺的环境中通过重复交易行为寻求新的市场机会（Busch和Barkema，2021）。

因此，本文将“供需匹配为核心的交易模块设计”“新颖导向的数字身份塑造”“透明开放的沟通制度确立”聚合为“资源拼凑战略选择”。同样，当企业实施系统集成战略时，通过边界清晰的分级控制，指导互补组件相互嵌入以形成松散耦合网络，并最终从提供一体化和专业化的集成解决方案中受益（Brusoni等，2001）。因此，本文将“整合嵌入为核心的指导模块设计”“互补导向的数字身份塑造”“边界明确的技术制度确立”聚合为“系统集成战略选择”。

相似地，由于生态编排战略强调中心协调者通过一系列有目的的、深思熟虑的行动，如建立标准和接口、管理技术基础设施、维持多边合作伙伴关系和设定系统层面的一致目标等，以管理不同生态系统参与者之间的互动协作并实现价值共创（Sjödin等，2022）。因此，本文将“跨界融合为核心的标准模块设计”“包容导向的数字身份塑造”“基于价值共创的合作制度确立”聚合为“生态编排战略选择”。

（3）本文进一步将上述二阶主题归纳为聚合构念。例如，通过组合“数字技术发展”“数字消费者转变”“数字竞争者增加”以构建“数字经济情境变化”维度。这是由于新兴数字技术的出现影响了消费者行为，打破了现有竞争格局。因此，数字经济情境下的数字技术、数字消费者和数字竞争者等因素，共同推动了企业实施战略决策并构建数字平台生态系统。此外，本文将“基于明星产品的数字平台生态系统构建”“基于组合产品的数字平台生态系统构建”“基于场景化产品的数字平台生态系统构建”聚合为“数字平台生态系统构建”这一维度。本文的数据分析结构如图 9-3 所示。

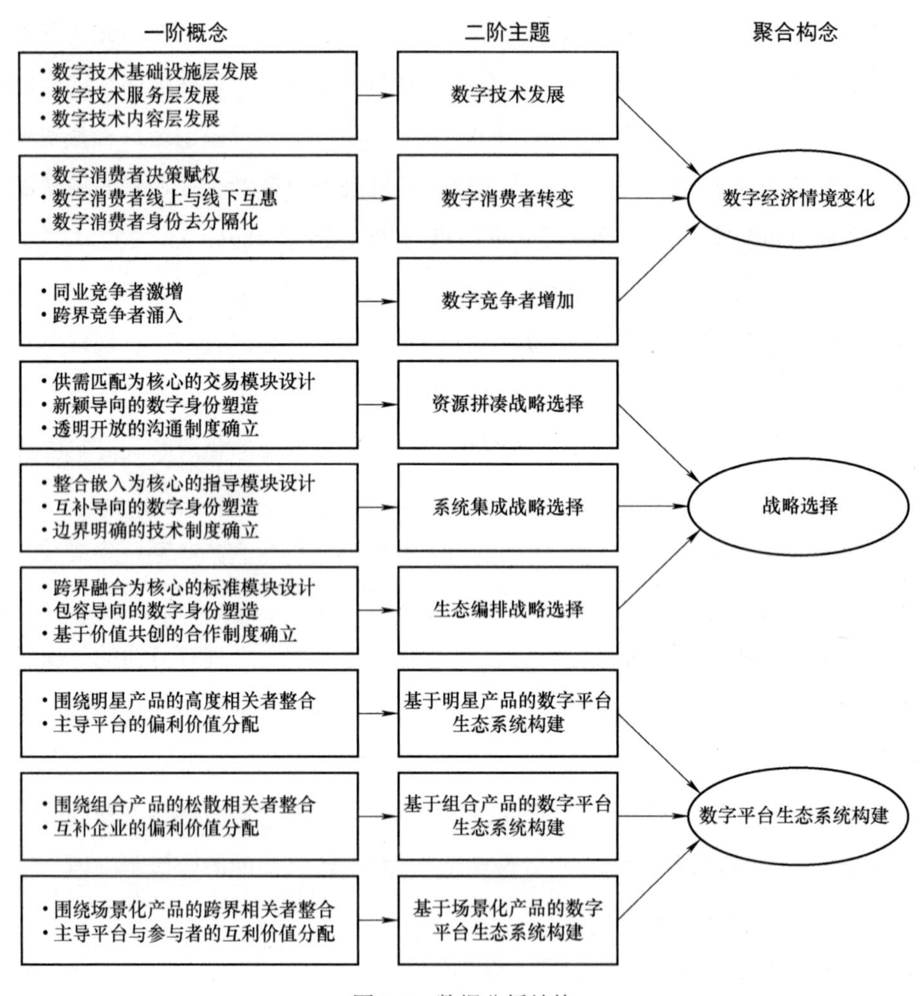


图 9-3　数据分析结构

为了保障内部效度和构建效度，在数据分析过程中我们采取了三项措施。

（1）我们使用了深度访谈、档案文件和公开文献等多个数据源，以保证数据的可靠性和准确性。数据收集完成后，我们进行三角验证工作，对同一对象多种信息提取方式，多个对象同一问题、多个来源同一问题的数据进行过滤。

（2）在编码过程中，为了降低理论涌现过程中的主观性，我们采取了团队研讨、“背靠背”编码分析、多轮讨论等方式，对构念的内涵和涌现过程进行控制。

（3）与案例企业形成畅通的沟通机制。通过向小米高层管理者征询意见，我们不断更新数据分析架构，直至与核心访谈对象达成一致。

# 第四节　小米公司构建数字平台生态系统的启示

## 一、基于智能手机产品的数字平台生态系统

### （一）数字技术发展

在成立初期，小米的目标客户人群定位为手机极客发烧友。小米以依托安卓系统的手机硬件为核心业务，结合线上线下的新零售渠道，持续为用户提供丰富的互联网服务，形成“铁人三项”运营模式。小米面对的外部环境关键特征是数字技术的快速发展，具体体现在数字技术基础设施层、数字技术服务层和数字技术内容层三方面。

（1）数字技术基础设施层的建设为智能手机行业的蓬勃发展奠定了基础。例如，各类处理器和传感器技术的快速进步，为智能手机新的应用场景开发创造了机会。

（2）智能手机行业相关的数字技术服务层，即在智能手机上直接为用户提供服务的应用功能，也经历了爆发式增长。例如，应用商店不断壮大，提供了海量的应用程序供消费者下载，覆盖游戏、社交媒体、工作应用和学习工具等。

（3）智能手机行业相关的数字技术内容层也在不断创新，文本、声音、图像和视频等多样化的内容形式开始更广泛地被存储和共享。例如，社交媒体的兴起使用户有了一个更加便捷的平台去创建和分享内容，用户生成的内容得到爆炸式的增长。随着移动网络的推广，视频内容开始在移动设备上得到广泛的传播和消费，用户不仅可以随时随地观看视频，也可以使用手机方便地创建和分享视频。

总结而言，数字技术特征涵盖从传统手机向智能手机的智能化，从传统互联网到移动互联网的移动化（曹鑫等，2022），以及从软件闭源开发到基于数字平台的开源化开发。因此，为了适应以上复杂动态的数字技术环境，小米创造性开发现有资源，专注于开发高品质和高性价比的技术产品。

### （二）资源拼凑战略选择

虽然小米创始人团队积累了软件行业与投资领域的经验，但随着小米进入智能手机行业，面临着数字技术发展的不确定性、硬件行业专有知识学习难度高、创业初期的盈利能力不足、现有智能手机供应链对新进入者不信任等困难与挑战。小米不得不在资源稀缺的情况下打破资源约束，创造性地整合和利用现有资源。

（1）设计供需匹配为核心的交易模块，吸引潜在参与者。模块是指允许不同但相互依赖的生态系统主体之间协调与交互的通用组件。小米设计供需匹配为核心的交易模块，即建立通用的交易标准将平台潜在且相互依赖的生产者与消费者通过供需关系进行匹配，吸引各类参与者加入平台，为最终消费者提供最优质的产品和服务。

这一模块的构建使小米聚焦价值创造过程，吸引了有迫切需求但未被满足的各类行为主体参与到数字平台生态系统中来。供需匹配为核心的交易模块既服务于主导企业与参与企业间的交易过程，又服务于主导企业与最终消费者间的交易过程。例如，小米围绕智能手机的研发与生产，以效率导向和品控保障为原则，主动引导产业链上下游企业嵌入小米电商平台生态。小米主动提供相应的资源和渠道，为智能手机供应链上下游的企业建立采购与供货的关系，将供需双方按照交易关系进行匹配，这一举动吸引到了更多优质供应商的支持和加入。

此外，在智能手机发售以后，小米为了实现从传统手机厂商向电商平台的转型，通过学习凡客诚品与乐淘网等现有电商平台的做法，小米自建电子商务平台。通过搭建灵活和可拓展的电商平台，小米不仅降低了销售渠道建设的成本，还实现了小米粉丝流量的转换与变现，进一步扩大消费者规模和提升用户忠诚度。高性价比的智能手机产品帮助小米吸引潜在消费者和供应商，迅速扩大了现有市场的占有份额，为数字平台生态系统的构建奠定了基础。在这一过程中，小米围绕供需关系逐步塑造交易模块，实现了相互依赖的生态系统参与者之间的有效互动。

（2）塑造新颖导向的数字身份，打造以顾客为中心的品牌形象。数字身份是指在互动过程中形成的数字化自我定义和表达。小米通过构建自身独特的数字身份，向客户传达新颖的品牌形象，获得客户认同和市场合法性。如将“为发烧而生”作为品牌口号，吸引并催生了一大批“米粉”手机发烧友。

2010年，MIUI操作系统首个内测版推出时，仅有100位内测用户，而一年后，米聊注册用户已经超700万，MIUI论坛用户超60万，这些米聊注册用户和MIUI论坛用户在小米初期拓展市场的过程中起到了关键作用。小米智能手机生态的发展路径紧密围绕着这一核心客户群体的需求与反馈展开，明确提出智能手机硬件发烧友的全新独特产品定位，利用小米社区精准对接乐于探索智能硬件、多元且自信的青年用户群体，打造超预期的外观设计和潮流影像实现区别于其他品牌的新颖数字身份。通过小米手机论坛、MIUI论坛和米聊论坛，小米在收集用户喜好与反馈的基础上不断实现产品软硬件的更新和完善，确保自身产品符合硬件发烧友的专业化需求。

小米手机部技术专家指出：“小米手机论坛、MIUI 论坛和米聊论坛的反馈，包括雷军微博评论区的问题建议，大部分都会在研发手里过一圈，并且基本都能得到反馈。论坛意见收集分类以后会反馈给对应的技术模块负责人进行优化，我们研发也会进行用户回访。”通过不断创新和追求极致用户体验，小米建立了为追求潮流且热衷智能硬件的青年群体提供高性价比产品的数字身份。同时，依托高配、低价、品质感甚佳的手机产品，小米进一步确立了自身数字平台生态系统主导者的地位。

（3）确立透明开放的沟通制度，提高小米供应链合作效率。小米通过建立透明开放的沟通制度，采取非结构化、非正式的开放式交流方式，在生态从无到有的构建过程中，实现了围绕手机供应链的高效沟通与合作。为了实现与供应商的高效交流，小米定期召开供应商大会，与供应链合作者持续沟通业务运行情况。如小米生态链部门的老员工强调：“小米安排专人负责对接原材料采购、物流配送、生产制造等各个环节以及不同品类的合作者，细致匹配双方要求。在初创阶段，雷军等创始人亲自带领团队与夏普、高通等核心供应商谈判。”

此外，为了让整个供应链体系更加透明，小米给予供应链合作者及时反馈，“对于供应商的违约或不规范行为，都有一套规范流程来处理，小米供应链系统内部也会对一些违反规定的情况进行公示。”基于透明开放的沟通制度，小米在供应链管理中贯彻了自身对于效率的极致追求，在控制成本的同时保障了与供应链的高效合作。如小米供应链专家所言：“小米做互联网的七字诀——专注、极致、口碑、快，同样贯彻到我们硬件产品的供应上，在原材料的开发、交付、价格谈判、成本控制等方面都有所体现。”

### （三）基于明星产品的数字平台生态系统构建

以上三类战略行动相互作用、相辅相成，数字身份和沟通制度的建立分别从身份认同和制度规范角度帮助交易模块构建取得合法性，即小米硬件发烧友定位以及与供应链伙伴的高效沟通，帮助小米取得了行业、市场与用户的认同；同时，交易模块的成功建立也推动小米能够向更多市场主体传达小米新颖导向的品牌形象。

在这一阶段，小米整合被低估的或未充分使用的现有资源，着重建设基于智能手机产品的数字平台生态系统，迅速实现从市场进入到市场占有的战略开局。一方面，从协作方式来看，小米围绕明星产品，聚集硬件供应商、操作系统开发与软件生态、小米发烧友等高度相关型参与者；另一方面，从价值流向来看，小米在本阶段强调平台主导企业通过整合产业链上下游实现价值创造，并侧重于生态系统参与者向平台主导者贡献价值。

（1）围绕明星产品的高度相关型参与者整合。小米高度相关型参与者主要包括产业链中在手机硬件与 MIUI 操作系统设计、研发、生产、营销、售后、客户反馈等环节高度相关的市场主体。小米以效率领先与专注质量作为指导方针，引入与智能手机供应链上下游高度相关的生态系统参与者，集中开发智能手机这一明星产品。由于智能手机产业链需要实现外壳、屏幕、电池、处理器、传感器、通信模块等组件的生产与匹配，同时需要操作系统与配套软件生态的支持，也包含产品销售前后的营销渠道与客服反馈的需求。小米必须与众多供应商进行谈判，通过 MIUI 操作系统衔接安卓生态，自建电商平台等方式建立小米社区。

截至 2013 年底，小米 MIUI 操作系统建立起了以小米应用商店、主题商店以及游戏中心为主要组成的生态体系，支持全球 23 种语言，适配近 200 款主流机型。通过这一过程，小米搭建起与智能手机产品关联的数字平台生态系统。

（2）主导平台的偏利价值分配。偏利价值分配是指在重叠的利基市场中价值创造和分配权利偏向特定行为主体。智能手机是这一时期小米的核心业务与主要利润来源，小米以自身为平台基础，积极和用户与供应商合作，并重视在与用户交流过程中的自身主导性以及和供应商的议价权。小米在初期虽然经历了种种困难，被迫付出了远超正常市场价格的代价方才逐步补全产业链各个环节。

然而，在第一代手机 790 万台销量成绩的支撑下，小米实现了从 2010 年创立到 2013 年 MIUI 用户超 3000 万，MIUI 应用商店应用程序每日分发量峰值约为 1200 万，小米手机配件及周边产品全年营收超 10 亿元的优异绩效。由此，小米顺利取得与供应商的谈判话语权与主动权，以国产供应链支撑的第一代红米手机进一步冲击智能手机市场。伴随着业务扩张，小米依托自身工业设计能力和对产业关键环节的掌控，在智能手机市场获得零部件采购的更多价格优势与主导权，逐渐得以在供应链的价值分配中居于有利地位，具体如表 9-2 所示。

表 9-2　基于智能手机产品的数字平台生态系统的典型证据

| 理论维度 | 二阶主题 | 一阶概念 | 典型证据 |
| --- | --- | --- | --- |
| 数字经济情境变化 | 数字技术发展 | 数字技术基础设施层发展 | 2010—2013 年，随着 4G 移动通信网络的推广和 Wi-Fi 无线网络的覆盖，智能手机用户可以享受到更快的网络速度，这为视频流媒体、实时在线游戏等数据密集型应用的发展创造了条件（$P_r$）。<br>陀螺仪、加速度计和光线传感器等被集成到智能手机中，为游戏、健康监测和导航等新应用场景服务（$P_r$）。<br>以高通的 Snapdragon 系列为代表的处理器以其优秀的性能和功耗效率而被逐步普及，更强大、更高效的处理器使手机可以进行更复杂的计算，为智能手机提供了技术基础（$T_m$） |
| | | 数字技术服务层发展 | 应用商店如谷歌 Play Store 和苹果 App Store 变得越来越受欢迎。这些平台为用户提供了海量的应用选择，涵盖了社交、娱乐、工具、教育、健康、金融等多个领域，开发者也可以借助这些平台推广和销售自己的手机应用（$T_c$）。<br>微信、微博等社交媒体应用在这个时期蓬勃发展，彻底改变了人们的沟通方式，用户开始在智能手机上创建、分享和消费各种类型的内容（$A_b$, $P_r$） |
| | | 数字技术内容层发展 | 社交媒体的兴起使得用户有了一个更加便捷的平台去创建和分享各种形式的内容，用户生成文本、图片、音频和视频等内容得到了爆炸式的增长（$A_b$）。<br>音乐流媒体服务在这个时期得到了迅速发展，该服务提供的便捷的音乐播放和分享功能，使得移动设备成为用户获取和享受音乐的重要渠道（$P_r$）。<br>随着电子书技术的发展和电子书平台的兴起，文本内容的移动化阅读在这个时期得到了推广。用户可以在手机上阅读各种电子书籍、杂志、新闻等，极大地丰富了移动阅读的体验（$T_c$） |

（续）

| 理论维度 | 二阶主题 | 一阶概念 | 典 型 证 据 |
|---|---|---|---|
| 战略选择 | 资源拼凑战略选择 | 供需匹配为核心的交易模块设计 | 通过对凡客诚品与乐淘网等电商的学习，小米构建轻量级、可拓展的电子商务平台，实现小米智能手机面向消费者直接销售（$A_r$）。<br>小米积极引导用户参与到产品设计和改进的过程中，定期向用户征集对于新产品的需求和建议，以及对现有产品的改进意见。这种用户参与式的设计模式，使得小米能够准确地把握用户的需求，并在产品设计中进行有效的供需匹配（$A_b$）。<br>小米主动提供相应的资源和渠道，为智能手机供应链上下游的企业建立采购与供货的关系，并不断优化其交易效率（$T_b$） |
| | | 新颖导向的数字身份塑造 | “手机极客发烧友”这一新颖且精准的定位，是小米在宣传与互动中与客户群共同塑造的。小米精准对接乐于探索智能硬件的青年用户群体，使得品牌定位迥异于已有品牌，并帮助小米成为手机极客发烧友的代表品牌（$A_b$, $P_r$）。<br>尽管小米生产的是硬件产品，但它一直将自己定位为一家科技公司。这不仅体现在小米的营销和销售方式上，也体现在小米的产品设计上。小米强调其产品的智能化和互联网属性，通过提供丰富的服务和应用，将手机转变为一个娱乐和信息获取的平台（$T_m$）。<br>小米选择通过互联网作为主要销售渠道，将零售环节节省的利润让利给消费者。互联网销售模式帮助小米树立了数字化品牌形象，使其看起来更加年轻、时尚和科技感（$T_b$） |
| | | 透明开放的沟通制度确立 | 小米创建自己的用户社区——MIUI 论坛，让消费者与公司直接对话。用户可以在此平台上提出对产品的反馈和建议，同时小米公司也会定期发布产品更新和公司动态，让消费者能够直接参与到产品的改进过程中（$A_b$）。<br>小米坚持对 MIUI 系统进行更新，并在更新后立即公布更新日志，详细列出每次更新改进了哪些问题、增加了哪些功能（$T_b$）。<br>小米会安排专人负责对接不同品类的合作者，通过细致沟通匹配双方需求。在高效捕捉并连接客户需求与供应商配件的设计及供给的基础上，及时在下次软件更新或产品迭代中进行改进（$T_b$, $T_m$） |

（续）

| 理论维度 | 二阶主题 | 一阶概念 | 典型证据 |
| --- | --- | --- | --- |
| 数字平台生态系统构建（初始创建） | 基于明星产品的数字平台生态系统构建 | 围绕明星产品的高度相关型参与者整合 | 小米针对明星产品智能手机所需的设计、研发、生产、营销、售后、客户反馈等环节，引入外壳、屏幕、电池、处理器、传感器、通信模块等组件的供应商（$A_b$）。<br>小米在安卓操作系统上持续匹配用户需求，引领行业的 MIUI 操作系统在构成小米手机软件端竞争力的同时，也对接安卓生态，支撑参与者围绕智能手机产品实现各自商业目标（$P_r$）。<br>小米社区与自建的电商平台构建了核心产品销售前后的营销渠道与产品反馈渠道，同时提供了对硬件相关合作者的第一手评价（$T_b$） |
| | | 主导平台的偏利价值分配 | 在小米第一代手机取得 790 万台销量的成绩支撑下，小米顺利取得对供应商的谈判话语权与主动权，并以国产供应链支撑的第一代红米手机成功进入智能手机市场（$A_b$）。<br>在最初几款手机成为爆款的基础上，小米通过议事能力与议价能力的提升，在产业链与价值链的价值分配中逐渐居于有利地位（$A_b$） |

## 二、基于物联网体系的数字平台生态系统

### （一）数字消费者转变

从 2014 年开始，小米通过“投资+孵化”的模式展开生态链投资计划，迅速布局智能手机周边产品、智能设备与智能家居等领域。在这一时期，小米面对的外部环境关键特征在于数字消费者转变，包括数字消费者决策赋权、线上与线下互惠和身份去分隔化。

（1）在智能手机行业中，消费者赋权的现象得到了强化，即消费者在购买决策过程中拥有更多的选择权。小米、华为、苹果和三星等厂商推出了各具特色的新款产品，为消费者提供了多样的选择空间。同时，由于电子商务平台的崛起，消费者可以方便地获取并比较不同产品的价格信息，这大大增强了消费者的议价能力。此外，社交媒体和在线购物平台上的用户评价成为消费者做决策的重要参考，消费者可以在更全面的信息基础上做出购买决策。

（2）消费者行为模式上呈现出线上与线下消费的互惠增强。数字消费者线上与线下互惠是指线下世界的消费文化往往通过线上的表达方式被分享、强化和认可。电子商务的普及引导了消费者的购物行为从线下转向线上，消费者在社交媒体上分享的产品使用体验，对其他消费者的购买行为产生了重大影响。智能手机和智能家居设备的互联，实现了线上与线下生活的无缝对接，凸显了线上与线下的互惠性。

（3）数字消费者身份去分隔化是指数字经济时代消费者个体身份的界限愈发模糊，不再被严格地划分为固定的、单一的角色或群体。例如，职场人士在工作间隙可以通过智能家居应用，实现家庭安全监控、家电自动工作、能源远程控制和家庭事务提醒等工作。为了实现同一消费场景中个体多元身份的流畅转换，消费者希望达成各个设备之间的跨平台兼容、数据共享和联动操作，从而获得一致的用户体验。为了提高对投资者的回报和盈利能力，保持自身的持续竞争优势，小米构建面向物联网时代的数字平台生态系统，以为消费者提供更便捷的使用体验。

### （二）系统集成战略选择

基于前一阶段生态系统构建的积累，小米具备围绕智能手机平台的用户群体、技术积累、现金流和供货商网络等方面的优势，具备了物联网领域布局的先发优势。这一时期，统一的互联标准尚待确立与落地、支撑物联网的云生态技术与配套设施尚待完善、物联网端口与物联网应用场景尚待探索、数字消费者正在逐步适应智能家居与可穿戴设备等。由此，小米通过边界清晰的分级控制，指导互补组件形成松散耦合网络，从提供一体化和专业化的集成解决方案中受益。

（1）设计整合嵌入为核心的指导模块，引导互补者接入生态。指导模块是指小米通过数字平台生态系统提供互补产品或服务，帮助参与者提高服务能力的通用组件。通过共享米家 App，小米生态链产品与产品之间互相提供入口。以指导现有参与者与潜在进入者优化，并调整自身产品功能以嵌入小米智能家居的场景为例，小米专门通过成立物联网部门、上线小米生态云、发布米家应用、建立人工智能实验室等，统一了基于物联网技术的互联标准。正如小米信息技术部专家所言："小米为生态链互补企业提供了标准统一的技术标准和设计语言，经过统一指导，米家的产品仿佛有着同样的基因，虽然品类繁多，但风格却很协调。"

此外，小米信息技术部专家强调，小米为引导生态互补企业融入物联网，对上下游企业提出了明确的接入标准："小米对供应商的产能、人员资质、设备等情况都有规范化的要求。接入物联网平台是有标准的，比如 Wi-Fi 或者蓝牙相关的性能指标，以及 App 插件的界面功能、隐私要求等也都有相应测试。"在这一阶段，小米着重建立物联网技术标准、建设物联网硬件组件、构建小米生态云以引导互补者接入生态。

（2）塑造互补导向的数字身份，打造体系化的品牌形象。在这一阶段，小米强调发挥不同类型资源之间的协同效应，支撑参与者开展基于互补性产品或技术的创新活动。互补导向强调基于"1+1>2"的原则寻求可以弥补当前数字平台生态系统缺口的参与者，以达成优化和完善整个数字平台生态系统功能和效率的目的。

作为生态系统主导者，小米可能会被认为拥有单方面主导的话语权，如对生态链企业选品与研发的指导、对供应链议价权的控制、对定价与利润率的限制等，这在一定程度上会引发潜在参与者对自身利益实现和对平台可持续发展的质疑。为此，小米宣布了自身对生态互补企业"投资不控股"的定位，打造互补导向的数字身份，给予小米体系企业更多自主权与发展空间，并通过爆款策略、供应链的成本优势与平台网络效应，帮助参与者实现价值创造及占有，最终打造体系化的品牌形象。

正如《小米生态链战地笔记》中所提及的："如果小米体系的企业取得成功并脱离小米体系，则小米通过投资分红获取利益；如果其选择继续留在小米体系与小米生态中，则小米也可以自然获利。"小米支持参与者自立并提供诸多与参与者互补的平台资源，吸引了潜在参与者进入小米生态系统，也使得现有生态参与者持续留在生态中。

（3）确立边界明确的技术制度，鼓励参与者的良性竞合。随着小米生态系统的扩张以及已有参与者的成长，各个参与主体之间的技术边界与业务边界产生了更多交集，带来了潜在的矛盾冲突与效率内耗，小米迫切地需要制定制度以实现对数字平台生态系统的长期规划与治理。因此，小米在推广物联网技术标准与产品标准的同时，逐步建立起与之配套的、边界明确的生态技术标准与合作规范。这样的技术制度既鼓励参与者自身的研发创新，又鼓励参与者与小米开展合作创新。在一定范围内共享技术成果既激励了科研创新行动，又减少了其他生态企业的科研成本。

同时，小米通过协调不同参与者之间的技术边界，避免了过多的效率内耗。正如小米信息技术部专家所言："小米的物联网技术标准与端口帮助互补企业融入这一平台生态，联动与协同推动了小米与这些生态链企业的成功。"小米生态链部员工也表示："小米的产品描述会指导生态链企业进行产品开发与相关研发，同时对于通用标准件和定制件是由小米统一去协调的，从而减少生态链企业重复研发、重复谈判的成本。"通过确立边界明确的技术制度，小米积极协调参与者之间的利益分配、合作关系以及组织边界与业务边界等议题，鼓励生态系统中各类参与者良性竞合。

### （三）基于组合产品的数字平台生态系统构建

小米通过塑造互补导向的数字身份和建立边界明确的技术制度，来更新生态系统的结构和规则。这与实施以整合嵌入为核心的指导模块共同作用，推动了小米的发展。在这一时期，小米打造以系统集成为核心的竞争优势，即通过吸引参与者将战略重点从提供单一产品延伸至提供体系化组合产品。

一方面，从协作方式来看，围绕智能手机周边产品和基于物联网的智能家居等组合产品，小米通过给予更多自由裁量权与发展空间吸引并培养松散相关型参与者，实现基于物联网技术的智能家居产品互联互通；另一方面，从价值流向来看，小米生态系统更多地体现出从生态系统主导者到参与者的价值传递，小米给予参与者更多针对产品及业务发展的自主权，并帮助其打造爆款产品，使小米生态参与者获得了更多收益。

（1）围绕组合产品的松散相关型参与者整合。小米的松散相关型参与者主要指以智能手机为接口，并以智能家居产品为核心的生态互补企业，主要包括支撑智能手机周边产品和智能家居产品的市场主体，如石头科技和易来智能家居等。小米通过孵化与投资等方式吸引并培养了大量围绕智能家居场景的参与者，给予其更多对产品与业务的自由裁量权与发展空间，进而谋求生态组成的良性发展与对潜在参与者的吸引力。

截至 2020 年 12 月，小米物联网平台已连接设备达到 3.25 亿台，同比增长 38%；智能电视以及小米盒子的月活跃用户数达到 4090 万。正如小米产品经理提到："围绕小米手机、小米电视、小米路由器三大核心产品，小米提供的智能家居组合硬件产品能够帮助消费者组成一套完整的闭环体验。"开放的合作模式与多元的发展策略，在吸引了更多元化的生态系统参与者的同时，也吸引了丰富的用户。

在这一过程中，强化的多边网络效应进一步赋能小米生态，使其得以向用户提供更丰富的"产品+服务"。小米品牌经理提到："我们要用小米的资源帮助这些企业做大，并在此过程中完成小米对生态链企业的价值观、产品观和方法论的传导。"小米寻找并扶持有潜力的硬件企业，以单品爆款策略为指导，确保小米体系产品兼顾质量与效率，并且融入小米的数字平台生态系统。

（2）互补企业的偏利价值分配。小米通过物联网研发推广以及投资孵化，迅速实现在智能设备领域的跑马圈地。在这一过程中，小米控制小米生态的硬件利润率不超过 5%，从品牌口碑和数字平台生态系统整体发展中获利。虽然小米生态参与者的硬件利润率受到限制，但来自小米生态系统的标准化技术基础支撑、硬件集中采购供应体系、物联网赋能与互通互联潜力、小米品牌口碑等方面的生态优势，赋予了生态互补企业围绕组合产品的某一或某几个品类来打造爆款产品的能力，进而获取足额利润与提升发展潜力。

正如小米生态链部门的专家所说：“我们利用爆款策略帮助了很多生态互补企业实现商业价值，如帮助一批生态互补企业实现上市，有超过2000款爆款产品在平台销售。”这一时期小米并不过多限制参与者的扩张，同时乐于通过“投资不控股”的方式帮助生态互补企业发展壮大。为了进一步支持生态互补企业，小米在2017年与湖北省签署战略合作协议，与长江产业基金共同发起募集规模为 120 亿元的长江小米产业基金，用于支持小米及小米生态互补企业的业务拓展。

在这些措施的支持下，小米生态的互补企业在数量与规模层面迅速增长，产品品类覆盖范围不断扩大，截至2020年已超过400家。在初期推出华米手环、小米手环、小米空气净化器、智能灯泡、紫米电源等产品之后，小米进一步布局“手机+电视、智能音箱、路由器和笔记本+生态链产品”的“1+4+X”物联网品类战略。在价值分配过程中，小米尽最大可能让渡合理的利润，使得生态互补企业有了更多的盈利空间，具体如表9-3所示。

表9-3　基于物联网体系的数字平台生态系统的典型证据

| 理论维度 | 二阶主题 | 一阶概念 | 典型证据 |
| --- | --- | --- | --- |
| 数字经济情境变化 | 数字消费者转变 | 数字消费者决策赋权 | 2014年是智能手机的快速发展期，小米、华为、苹果等各大厂商都在此期间推出了多款具有独特功能的新品，使得消费者拥有更多的选择权（$P_r$）。<br>随着电商平台的兴起，消费者可以很方便地对比不同品牌和型号的手机价格，这使得消费者在购买决策中拥有了更大的话语权（$A_r$）。<br>在社交媒体和在线购物平台上，消费者可以方便地查看其他用户对手机的评价数据，这些信息对消费者购买决策产生了重要影响，使得消费者能够基于更全面的信息进行决策（$P_r$） |

（续）

| 理论维度 | 二阶主题 | 一阶概念 | 典型证据 |
| --- | --- | --- | --- |
| 数字经济情境变化 | 数字消费者转变 | 数字消费者线上与线下互惠 | 消费者可能会因为在社交媒体上看到的产品推广或朋友推荐而选择购买某个产品。反之，消费者也可能会在购买使用某个产品后，将他们的使用体验分享到社交媒体上，影响其他消费者的购买决策，线上与线下消费实现无缝对接（$P_r$）。<br>数字消费者逐步适应由智能手机与智能平台支撑的智能家居与可穿戴设备，逐渐接纳并且表现出对智能音箱等物联网组件的兴趣与消费热情，而可穿戴设备与智能健康等业态的融合也进一步培养了消费者的数字消费习惯（$P_r$） |
| | | 数字消费者身份去分隔化 | 作为家庭成员的消费者可能更关注智能家居产品的家庭安全功能，而作为专业人士的消费者可能更看重办公设备的智能化功能。消费者希望可以通过一个中心控制平台或智能设备，管理和控制多个独立的设备，实现协同（$P_r$）。<br>虽然同一个消费者在不同场景都有自己独特的消费偏好，但他们希望设备和应用程序能够跨平台兼容。例如，职场人士在工作时间可以通过家庭智能设备 App 远程控制家居设备，实现智能冰箱的实时补货、温度和照明的自动调节（$T_m$）。<br>消费者希望各个独立设备能够相互连接，实现互联互通。他们希望能够将不同品牌、类型和功能的物联网设备整合在一起，设备之间能够实现数据共享、联动操作和智能协调，以便实现更加智能和协同的使用体验（$T_b$） |
| 战略选择 | 系统集成战略选择 | 整合嵌入为核心的指导模块设计 | 小米成立物联网部门，研发物联网技术与确立互联标准，上线小米生态云，发布米家 App，使智能设备与智能家居可以通过云端接入小米物联网体系，确保业务布局服务于小米整体战略（$A_r$）。<br>小米开放硬件接口和软件平台，鼓励更多的第三方开发者和制造商参与到小米的生态系统中来。小米为生态企业参与物联网提供技术标准指导、硬件模块供应和平台技术专家支持等措施，确保其能高效合规地接入小米物联网生态（$A_r$, $T_m$）。<br>小米开发了统一的智能家居平台——小米物联网平台，所有的小米智能家居产品都可以连接到这个平台上，并可以通过手机 App 进行控制。这使得所有的小米智能家居产品能够无缝整合，用户可以通过一个平台控制家里的所有智能设备（$A_b$） |

（续）

| 理论维度 | 二阶主题 | 一阶概念 | 典 型 证 据 |
| --- | --- | --- | --- |
| 战略选择 | 系统集成战略选择 | 互补导向的数字身份塑造 | 小米设立生态扶持基金，实行“投资不控股”政策，支持生态互补企业（$A_r$）。<br>小米的各种产品都连接在一个平台上，生态链企业能够共享到小米的大量用户资源。这使得生态链企业能够直接接触到用户，从而提供更符合用户需求的产品和服务（$A_b$）。<br>通过发布会、小米论坛、微博、米粉节特色活动等渠道，小米及时更新公司与客户及合作者互为伙伴、互相补充的定位，并增进他们对公司发展的理解（$A_b$）。<br>小米通过开放自己的硬件和软件平台，吸引第三方开发者和制造商加入其生态系统。通过共享资源和技术，小米与生态链企业形成互补，共同推进智能家居的发展（$T_b$） |
| | | 边界明确的技术制度确立 | 小米制定了一系列的技术规范和标准，包括硬件接口、软件接口、数据交换格式等。这些规范和标准确保了产品的兼容性和互操作性，同时也清晰地定义了各方的技术责任（$T_m$）。<br>小米进行物联网技术标准与产品标准推广，如 Wi-Fi 模块与物联网标准；建立与之配套的制度性生态标准与合作规范（$T_m$, $T_b$）。<br>小米生态企业往往专注硬件的研发与实现，而小米以成熟的软件端开发将产品对接至小米生态体系，实现专精分工与高效合作（$T_m$, $T_b$）。<br>小米非常注重知识产权的保护，所有参与其生态链的企业都必须遵守相关的知识产权法规，尊重其他企业的知识产权。小米也建立一套完善的知识产权保护制度，以保护企业的创新和投入（$A_r$） |
| 数字平台生态系统构建（规模扩展） | 基于组合产品的数字平台生态系统构建 | 围绕组合产品的松散相关型参与者整合 | 小米会去寻找并扶持有潜力的硬件企业，帮助并指导其打造爆款单品，同时给予设计部门最大自由的决策权，确保小米体系产品与互补企业可以兼顾质量与效率（$T_m$, $T_b$）。<br>在小米物联网模组芯片推出时，要求在空气净化器中加入这一成本较为高昂的模组，通过牺牲自身短期的、局部的利益换取了生态互补企业长期的价值创造（$P_r$）。<br>除了自研品牌之外，小米和生态企业的合作模式都是生态企业自主选品，然后生态企业找相应的生态链伙伴优中选优，制造出硬件产品，软件则由小米提供，但是验收都是遵守米家标准的，最终做出产品在小米销售（$T_b$） |
| | | 互补企业的偏利价值分配 | 通过为生态链企业提供标准化支撑、硬件供应体系、物联网赋能、品牌口碑等方面的生态优势，小米帮助这些生态企业打造某一或某几个品类的爆款产品，使其获得了足够商业利润（$A_b$）。<br>有很多成功的小米生态企业，一些是上市公司，他们在小米生态中获得成长（$T_b$） |

## 三、基于跨界融合的数字平台生态系统

### （一）数字竞争者增加

在这一时期，小米面对的外部环境关键特征是数字竞争者增加，包括同业竞争者激增和跨界竞争者涌入。

（1）在智能手机行业的高端市场，小米面临着来自华为、苹果和三星等全球知名品牌的激烈竞争。这些品牌的产品以其卓越的性能、创新的设计和强大的品牌影响力赢得了消费者的青睐。在高性价比市场，OPPO、vivo 和 Realme 等品牌凭借其良好的性能、适中的价格以及针对不同市场的定制化策略，也赢得了大量用户的支持。

此外，对于小米新进入的智能造车赛道，大众、通用、宝马等传统汽车制造商，正在积极推动电动化和自动驾驶技术的转型，借助其丰富的汽车制造经验和遍布全球的销售网络，以获得市场竞争优势。同时，众多电动汽车初创公司，如特斯拉、蔚来、小鹏等，利用其敏捷的创新能力和对电动化、智能化趋势的理解，也在市场中占据了一席之地。

（2）跨界竞争者的加入也使得智能电动汽车市场的竞争愈发白热化。例如，科技巨头如苹果、谷歌等，凭借其在人工智能、云计算和数据分析等领域的技术积累，以及强大的资金实力，也在积极布局智能电动汽车市场。

### （二）生态编排战略选择

2021 年 3 月，小米集团发布公告称，董事会正式批准智能电动汽车业务立项。基于前一阶段构建的数字智能平台、手机端口、芯片采购等优势，小米以此为基础进军智能电动汽车领域，将其作为物联网场景的一块重要拼图。正如小米创始人雷军所言："做车要有敬畏之心，因为汽车工业的各种模块都非常复杂。"小米面临着严峻的技术挑战，包括行业技术标准与行业规范需要匹配与对接，跨界行业专业知识的学习需要付出大量学习成本，芯片硬件及人工智能算法等硬件与软件研发难度大且自研能力尚待提升。因此，小米通

过设定全局层面的一致目标、维持多边合作伙伴关系、建立标准和接口等一系列有目的和深思熟虑的行动，持续挖掘市场机会。

（1）设计跨界融合为核心的标准模块，协调跨生态系统的差异化组件。标准化模块是指实现系统内数据、接口、技术、制度、规范等内容的标准化，并实现跨界的生态位和资源流的对接以及兼容。小米在构建跨界生态系统的过程中，需要通过标准化的接入设计与通用的技术架构，降低跨界参与者间的沟通成本，协调生态系统中的所有组件，使其能够有效地实现资源互补与共同专业化。

小米在2021年正式成立全资子公司小米汽车有限公司，通过布局智能电动汽车打造智能互联网硬件与流量端口，将出行场景与既有的移动场景、家居场景进行结合，利用物联网、人工智能、大数据和云计算等技术，通过标准化的技术端口，分析处理不同场景的用户行为数据。同时，为了实现跨界标准技术的互通互融，小米将人工智能实验室、小爱同学团队、手机相机部等团队投入到智能汽车的协同研发中，从而设计出各个业务场景都可以使用的标准模块。小米不同部门的研发成果，在标准化的基础上以扩展适应的方式应用在各类跨界领域，如三维重建技术可以在自动驾驶场景感知和仿生机器人导航领域共用。

这一时期的小米着重标准模块的设计与建设，通过技术研发与学习，连通智能电动汽车生态系统与既有生态系统，整合不同类型的技术知识与资源，并吸引跨行业的互补资产提供者。正如小米创始人雷军所强调的："小米从智能手机出发，到可穿戴设备、智能家居，再到智能制造、智能电动汽车以及仿生机器人，正在构建一个全新的科技生态和不断延展的科技场景。"

（2）塑造包容导向的数字身份，打造跨界联通的品牌形象。小米在跨界过程中进一步重新塑造在用户以及生态系统参与者心目中的形象，更加注重传达与跨界生态系统中的其他企业共享数字资产、建立联盟和伙伴关系的信号，打造跨界联通的品牌形象，构建自身在跨界生态系统中各个关键节点的角色与定位。包容导向鼓励更加开放的生态文化，吸引具有潜在合作可能且具备多样化背景、方法、技术或策略的参与者加入，打造多个具备协同效应的生态系统，实现数字平台生态系统的异质性扩张。正如小米生态链部专家所言："为了提升自动驾驶的特定功能，小米为跨界造车业务提供更加包容的合作空间，针对造车业务实行人员、技术和资源的倾斜，鼓励与智能座舱、智能硬件、智能互联网和消费电子相关的互补者开展协同合作。"

（3）确立基于价值共创的合作制度，实现一致的合作目标。基于价值共创的合作制度强调平台生态系统中的所有合作伙伴通过共同为客户提供解决方案，以创造和分享平台生态所产生的价值。小米促使各参与者共同为客户提供一致解决方案，确保产品质量符合小米标准。

在跨界合作过程中，小米一方面需要协调、嵌入和融合多个生态系统的既有规则，如小米生态链部资深员工所提及："小米对造车的早期技术探索是一个前沿尝试，需要连接并推广已有场景与其他场景。"另一方面，小米也需要实现多个生态系统合作制度的常态化，如小米生态链部技术员工所言："如果合作企业没有按期交付或者提前泄露新品，后期可能就不再合作，也可能有罚款或者集团通报一类的惩罚。2023 年小米汽车对因管理不善导致车型外观泄露的合作供应商进行处罚，就是一个典型的例子。"

此外，小米在跨界拓展的过程中，为了向客户提供新的产品与服务，需要协调处于不同生态系统中的合作伙伴关系，以实现价值共创与相应各个参与者的合理价值占有。小米借助制度化的决策程序与沟通渠道，通过定期的合作伙伴会议、项目进度报告、产品质量审查等，使生态系统参与者能更好地合力提供综合场景的产品和服务。

### （三）基于场景化产品的数字平台生态系统构建

随着跨界阶段进入不同新领域，小米面临大量的竞争者，有些甚至从新能源造车领域反向进入智能手机领域，如吉利集团收购魅族手机和蔚来汽车推出智能手机。这些跨界竞争者的出现使得小米的数字平台生态系统建设转向更加平衡和协同的发展模式。一方面，从协作方式来看，小米围绕不同的场景化产品与跨界参与者合作，使有形与无形的资源得以在跨界协作中实现流通，多边网络效应得到进一步加强；另一方面，从价值流向来看，在跨界融合中小米与众多参与者既互相依赖又互相成就，共同通过多边网络效应实现价值占有。

（1）围绕场景化产品的跨界参与者整合。小米的跨界参与者主要指小米既有的AIoT产业的参与者，以及智能造车和人工智能为核心的生态互补企业，如电动汽车硬件供应商、智能座舱以及车路相关软件的供应商等。小米围绕不同AIoT场景化产品，整合不同生态系统的跨界参与者，使所拥有的技术储备、行业专有知识、人才、渠道等资源与能力连接至其他生态系统。相比于生态系统中参与者的自然交互，这一过程因小米的引导变得更有效率和更有目的性。小米的跨界融合策略增加了生态系统潜在的价值创造能力，提供更多扩展适应的可能性。

截至2023年6月，小米围绕AIoT场景化产品建成连接超过6.54亿台智能设备的平台，且拥有五件及以上连接该平台的设备用户数达到了1300万。原有的物联网产品在汽车座舱的新场景下，结合车机模块与语音识别等技术，也产生了新的应用价值。这些或产生于主导企业内，或来自于生态系统参与者的技术，在生态系统的跨界联通中得以实现扩展适应，实现超越本身预期的价值创造，同时又进一步反哺跨界联通的过程。

（2）主导平台与参与者的互利价值分配。互利价值分配是指在重叠的利基市场中提供互补价值以实现多个行为主体间价值创造和分配权利的互惠平等。跨界生态参与者在以小米主导的数字平台生态系统中是价值创造的关键节点，小米通过主导提供跨界资源、知识和信息等来获取价值。小米通过前一阶段在AIoT产业的积累，利用智能造车业务拓展AIoT应用场景，掌握了小米智能产品相关的AIoT开发平台、连接入口、应用场景和用户人群等方面的主导权。同时，参与者也得以在小米数字平台生态系统中借助跨界融合的资源，实现从智能家居、全屋智能到智能电动汽车与智能制造等领域的互联互通。

以科技部和全国工商联指导，小米牵头组建并联合高校、科研院所及产业链上下游企业共同打造的"3C 智能制造"国家级创新联合体为例，小米与生态参与者通过共同研发实现了先进工艺、高端装备及数智系统三个领域的 20 多项关键技术突破。小米智能工厂生产线自动化率被优化到 80%，综合效率领先业内 30%以上。同时，合作伙伴也实现了工厂数智系统架构、数字孪生动态调优、柔性材料组装等技术和流程的升级改造，并产生了针对 10 多个具体生产一线场景的创新性解决方案。

小米与参与者得以在这一过程中，将 AIoT 连接入口、流量、应用与数据用于价值创造并通过价值捕获进行变现。在这一阶段，小米以标准模块设计、包容的数字身份与价值共创为核心的治理机制实现了自身枢纽角色的形成，小米生态参与者也利用更加丰富的资源，得以从多个生态系统以及生态系统之间的动态交互中实现单个生态系统所不能实现的价值独占，具体如表 9-4 所示。

**表 9-4　基于跨界融合的数字平台生态系统的典型证据**

| 理论维度 | 二阶主题 | 一阶概念 | 典型证据援引 |
| --- | --- | --- | --- |
| 数字经济情境变化 | 数字竞争者增加 | 同业竞争者激增 | 针对高端手机市场，小米的 MIX 系列面临着来自华为的 Mate 和 P 系列、苹果的 iPhone 和三星的 Galaxy S 系列等品牌的竞争压力（$A_b$）。<br>在高性价比手机市场，小米也面临着来自 OPPO、vivo、Realme、Micromax 等众多竞争者的挑战（$P_r$）。<br>在智能电动车领域，小米面临特斯拉、蔚来、理想、小鹏等竞争者（$T_b, P_r$）。<br>传统的汽车制造商，如通用、福特、大众、宝马、奔驰和比亚迪等，也在积极向电动化转型，推出一系列电动汽车（$T_b, P_r$） |
| | | 跨界竞争者涌入 | 在国内市场，华为推出了一系列包括智能驾驶解决方案在内的产品，并且已经和多家汽车制造商展开了深度合作；阿里巴巴与上汽集团合作成立了云度新能源汽车有限公司；字节跳动逐渐开始涉足智能汽车领域（$T_b$）。<br>在国际市场，苹果公司一直在其电动汽车项目 Apple Car 上进行紧密研发；谷歌的母公司 Alphabet 旗下的 Waymo 已经开展了自动驾驶出租车服务；亚马逊也已经开始向电动汽车领域发展，不仅购买 10 万辆由电动汽车制造商 Rivian 生产的电动送货车，还投资了自动驾驶技术公司 Aurora（$P_r$） |

（续）

| 理论维度 | 二阶主题 | 一阶概念 | 典型证据援引 |
|---|---|---|---|
| 战略选择 | 生态编排战略选择 | 跨界融合为核心的标准模块设计 | 小米利用其在智能手机和智能家居领域积累的技术经验，将AI、IoT、5G等先进技术应用于智能汽车制造。例如，小米的智能汽车可能会配备其自主研发的AI助手，实现语音控制、自动导航等功能（$A_r$, $P_r$）。<br>小米不同部门的研发成果，也以扩展适应的方式应用在其他领域，如小米机器狗的视觉系统应用于智能手机的“万物聚焦”功能（$A_b$） |
| | | 互补导向的数字身份塑造 | 小米以自身智能物联网平台主导者与智能设备标准引导者身份，通过投资与业务合作等形式，与互补企业形成了信息化联通，并实现包容跨界生态内容的及时沟通，降低整合过程中所需的协调成本（$P_r$）。<br>小米在既有的米家App、小爱音箱有屏版等物联网端口不断植入并完善物联网生态与新业务的引入，增进外界对自身包容、开放的认知（$T_m$）。<br>在米家开放平台，任何一个品类无论是不是小米体系的企业，在平台上申请，都可以接入米家，加入这个生态的发展（$T_m$） |
| | | 基于价值共创的合作制度确立 | 小米在进军智能造车市场时持续坚持以客户反馈驱动产品开发的理念，协同合作伙伴共同根据反馈来优化产品，以开发出符合用户需求的新功能（$T_c$）。<br>小米与合作企业之间通过共享资源、共同创新和共同打造用户体验，不仅推动了小米自身的发展，也推动了合作企业的成长，最终实现价值共赢（$T_c$）。<br>小米以自身为关键节点，通过资源、资本、渠道、平台等方式将生态系统参与者及其产品整合，实现面向客户的个人、家庭、车载智能应用场景的完善（$T_b$） |
| 数字平台生态系统构建（跨界扩张） | 基于场景化产品的数字平台生态系统构建 | 围绕场景化产品的跨界相关者整合 | 小米人工智能实验室、小爱同学团队、手机相机部的技术成果在智能造车领域得到整合与利用（$A_b$）。<br>物质资源、技术储备、行业专有知识、人才、渠道等资源与能力连接至另一生态系统，实现了多个生态系统的协同效应。（$P_r$） |
| | | 主导平台与参与者的互利价值分配 | 在智能汽车领域，小米推出了“小米车联”计划，通过开放平台和接口，与其他汽车厂商、供应商和开发者合作，实现技术、数据和应用的共享，共同打造智能汽车生态系统（$T_m$）。<br>在人工智能领域，小米持续实施AI驱动的技术创新，并积极将其技术授权给其他企业使用，促进整个行业的技术发展和应用推广（$T_c$）。<br>在“3C智能制造创新联合体”成立一周年后，小米和合作伙伴在智能制造的先进工艺、高端装备及数智系统三个领域实现了20多项关键技术的突破，针对10多个具体的生产一线场景设计创新性解决方案（$T_s$） |

## 第五节　主导企业战略选择与数字平台生态系统构建的共演模型

数字平台生态系统建立在行为主体与系统内外其他行动主体相互依赖的基础上，不仅需要通过有效地设计价值创造过程以开发并传递独特且新颖的价值，还需要提供价值共创环境以吸引参与者进入，汇集来自平台赞助商和第三方等互补者的资源，促进参与者间的价值合作（Ceccagnoli 等，2012；Panico 和 Cennamo，2022）。企业可通过治理数字平台生态系统影响其内部与外部的竞争与合作关系，如通过编排数字平台生态系统以改变平台规则、管理平台开放度和控制系统风险等，在平台建设过程中选取有利于自身竞争优势获取的价值创造模式（Boudreau，2010）。伴随着数字平台生态系统的初始创建、规模扩展和跨界扩张，数字经济情境下主导企业战略行动与数字平台生态系统构建之间存在互为基础、相互作用的共演关系，且该共演关系同时受环境选择逻辑和组织适应逻辑的双重驱动。

（1）数字技术、数字消费者和数字竞争者等数字环境成为演化动力，影响主导企业基于环境选择逻辑更新相应战略行动，并影响同期数字平台生态系统的构建。伴随数字技术的发展、落地与应用，数字消费者逐步转变并衍生出对数字产品的需求，数字竞争者环境也愈发复杂动态。受到数字技术、数字消费者和数字竞争对手等外部环境的影响，企业需要探索动态更新的战略行动组合，以实现数字平台生态系统的初始创建、规模扩展和跨界扩张。

（2）主导企业作为行动主体会主动适应并引导生态系统的演进，基于当期战略选择而构建的数字平台生态系统作为演化基础，会影响跨期的战略选择行动及新的数字平台生态系统的建立。前一阶段构建的数字平台生态系统，形成一个网络效应逐步扩张的社会技术系统，为后一阶段企业开展战略选择行动和建立新的数字平台生态系统提供保障（Thomas 和 Tee，2021）。因此，环境选择逻辑和组织适应逻辑不是相悖的演化动力，而是共同助力促成企业内部战略选择行动与数字平台生态系统构建形成良性循环的共演关系。

接下来，本章内容将探索数字经济情境下主导企业战略选择行动与数字平台生态系统构建的共演模型，揭示主导企业如何动态部署战略选择行动，实现不同协作方式和价值流向的数字平台生态系统构建，如图 9-4 所示。

## 一、战略选择行动对数字平台生态系统构建的同期直接影响

### （一）数字技术发展、资源拼凑战略与基于明星产品的数字平台生态系统

数字技术、数字消费者和数字竞争者的变化共同影响了企业在不同外部数字情境下开展战略行动的意愿和能力，最终推动数字平台生态系统的构建（Verhoef 等，2021）。在数字平台生态系统的初始创建阶段，数字技术发展这一外部数字经济环境成了触发企业基于环境选择逻辑进行演化的主要环境动因。移动互联网、云计算、在线支付系统等越来越多新兴数字技术的落地应用，为企业创造了海量数据（Chen 等，2012）。

随着数据可用量的不断增加，构建数字平台生态系统激发网络效应对于企业获得竞争优势具有重要意义。由此，为了克服数字技术和数据要素衍变带来的市场选择压力，企业需要通过实施以供需匹配为核心的交易模块设计、新颖导向的数字身份塑造、透明开放的沟通制度确立为主要组成内容的资源拼凑战略来快速适应和学习。

在资源稀缺的情境下，主导企业基于所嵌入的关系网络创造性地利用现有资源打破资源约束，解决企业发展中所遇到的问题以及创造新价值，向消费者提供具有特定功能的产品。基于资源拼凑战略，企业通过供需匹配为核心的交易模块设计这一物质性行动，基于算法实现客户需求和自身产品或服务的匹配，以最直接有效的方式确保以数字平台生态系统提供的现有产品或服务满足消费者需求（Hagiu 和 Wright，2015）。

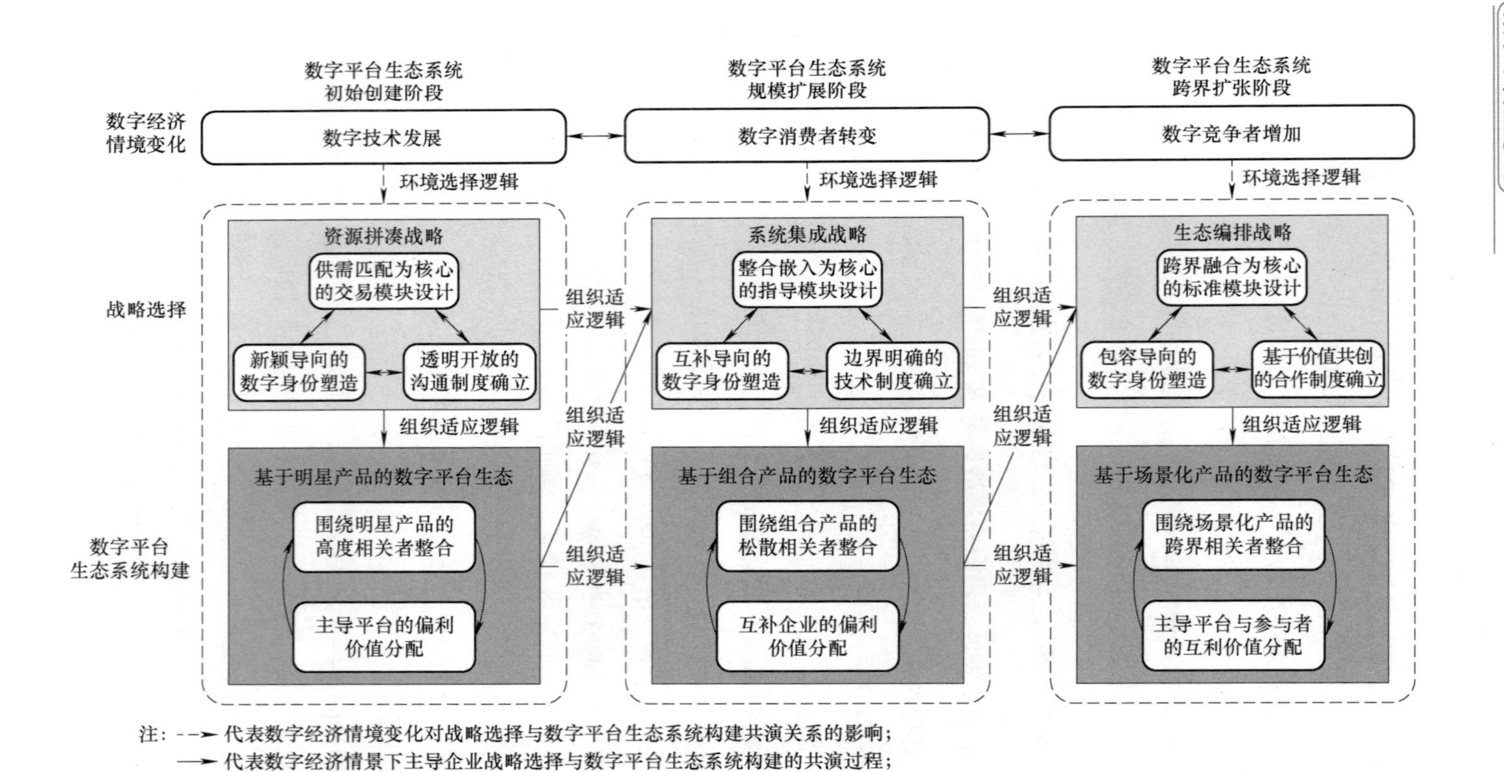


注：--→代表数字经济情境变化对战略选择与数字平台生态系统构建共演关系的影响；
→代表数字经济情景下主导企业战略选择与数字平台生态系统构建的共演过程；
↔代表组成要素之间的交互影响作用

图 9-4　数字经济情境下主导企业战略选择行动与数字平台生态系统构建的共演模型

交易模块的设计作为网络效应的初步引入，通过聚焦于买卖方交易这一价值创造过程，吸引了有迫切需求但未被满足的用户参与到数字生态中来。同时，作为新市场进入者，为了进一步与现有数字平台生态企业在特异性上有所区分，企业需要确立一个独特、鲜明且新颖导向的数字身份。通过强调新颖导向这一可被识别的、独特的身份符号，企业为生态系统参与者创造了共享的归属感和身份感，进一步降低了参与者初次参与该数字平台生态系统的障碍，同时增加企业通过嵌入的关系网络对现有资源实现撬动的能力。

此外，企业通过确立透明开放的沟通制度，增强了客户和核心合作伙伴对数字平台生态系统的理解，为后续持续增强平台网络外部性奠定基础。通过以非结构化的、非正式为特征的开放透明沟通制度，数字平台生态系统的参与者主体间形成了自发的和丰富的互动，进一步加强了该数字平台生态系统的网络效应（Foss 等，2016）。

在一定程度上，主导企业相对掌握较多资源与能力等要素，其有动机、义务和能力与平台互补者协同开展生态系统构建行动（王节祥等，2021）。以资源拼凑战略为导向，主导企业选择实施供需匹配为核心的交易模块设计、新颖导向的数字身份塑造、透明开放的沟通制度确立等战略行动，从而构建了基于明星产品的、应对资源稀缺情境的数字平台生态系统，使互补性伙伴围绕核心产品展开创新以拓展网络效应成为可能。一方面，针对数字平台生态系统的协作方式，主导企业通过引入客户、供应商等高度相关型参与者，实现了围绕明星产品的资源整合；另一方面，针对价值流向，主导企业更强调利用参与者为自身创造价值。

### （二）数字消费者转变、系统集成战略与基于组合产品的数字平台生态系统

在数字平台生态系统的规模扩展阶段，数字消费者转变这一外部环境成为触发企业实施战略选择行动的外部情境动因。社交媒体以及其他形式的数字技术和应用程序提供的便利和连通性，不断改变着消费者的行为（Dey 等，

2020）。数字技术允许消费者通过设计和定制产品来参与共同创造价值。因此，如果企业不能适应消费者行为变化，其对用户的吸引力便会降低，随时可能被能够洞察消费者需求的企业所取代。为了应对数字消费者转变带来的外部市场压力，企业需要通过生态系统吸引与自身技术目标一致的参与者。在这一阶段，企业实施以整合嵌入为核心的指导模块设计、互补导向的数字身份塑造、边界明确的技术制度构建为主要组成内容的系统集成战略。

基于系统集成战略，企业围绕其核心商业活动展开以整合嵌入为核心的指导模块设计，既可以帮助合作伙伴在既定产品市场中保持领先地位，又可以确立对生态系统技术架构的控制。通过整合嵌入为核心的指导模块设计这一物质性行动，数字平台生态系统构建了相互协调与交互的通用组件并为生态系统增值（Jacobides 等，2018）。由于指导模块通常是针对特定商业目的且多为单向知识流向的，旨在提供清晰和简明的结果，企业对数字平台生态系统的控制会引发参与者对生态系统存在排他性的担忧。

为了维护现有数字平台生态系统中的合法性并吸引更多具有互补功能的企业持续参与，企业需要进一步采取符号性行动，打造互补导向的数字身份，表明与参与者目标的一致性，降低参与者的进入障碍。通过强调互补导向这一可被识别的身份符号，数字平台生态系统的参与者发挥不同类型资源之间的协同作用，开展基于互补性产品或技术的创新活动，探索数字平台生态系统中有价值的机会以保障整个生态系统的可发展性（Cenamor 和 Frishammar，2021）。此外，企业通过确立边界明确的技术制度，划分了企业和各参与主体之间的商业边界，进一步降低了生态系统参与者对主导企业展开资源掠夺和市场侵占的担忧（Karhu 等，2018）。

以系统集成战略为导向，主导企业选择实施整合嵌入为核心的指导模块设计、互补导向的数字身份塑造、边界明确的技术制度确立等战略行动，构建基于组合产品的数字平台生态系统，侧重发展数字平台生态系统参与者在共同创造价值过程中的能力，以互补产品或服务来为共同的客户创造价值。

（1）针对数字平台生态系统的协作方式，主导企业通过引入互补企业等松散型参与者，围绕组合产品进行整合。

（2）针对价值流向，为了将原有的明星产品转变为支撑平台发展的资源载体，使合作伙伴的互补性创新成为可能，数字平台生态系统的主导企业开始将价值更多地向参与者分配。在数字平台生态系统的规模扩展阶段，企业将重点从打造明星产品转移到提供多个产品组合，并允许参与者基于多个组合产品开展创新活动。

### （三）数字竞争者增加、生态编排战略与基于场景化产品的数字平台生态系统

在数字平台生态系统的跨界扩张阶段，数字竞争者增加这一外部环境成为触发企业演化的外部动因。数字技术的发展影响了数字消费者的行为，随着消费者对数字产品需求的提升，诸多同业或跨界数字竞争者参与其中，各种要素之间的交互组成了更为动荡的竞争环境。在这一阶段，企业实施以跨界融合为核心的标准模块设计、包容导向的数字身份塑造、基于价值共创的合作制度为主要组成内容的生态编排战略。

基于生态编排战略，企业通过以跨界融合为核心的标准模块设计这一物质性行动，整合多样性的技术知识，并吸引更多的互补资产。标准化的接入设计和共同的技术架构通过创造跨界合作伙伴间的标准协议和协同工具，实现了数字平台生态系统的组件协调和主体连接，降低了跨界参与者间的协调成本，使其能够有效地实现互补性和同构性（Parida 等，2019）。而数字平台生态系统主导者所特有的标准化专业知识，可以进一步吸引对其有需求的互补者对平台进行特定投资（Chen 等，2022）。同时，为了尽可能扩大跨行业生态系统的合法性，鼓励潜在的跨界合作伙伴加入该数字平台生态系统，企业需要塑造包容导向的数字身份，以吸引那些重视开放性和包容性的跨界参与者贡献异质性的技术知识。

通过强调包容导向这一独特数字身份，企业传达了与跨界合作伙伴共享数字资产，跨越不同的传统行业界限以建立联盟和伙伴关系的信号（Bharadwaj等，2013）。此外，为了整合各类参与者的价值贡献，明确数字平台生态的建设目标，企业通过正式的决策程序和明确定义的沟通渠道，协调各个参与者的多种类型的知识贡献，确立基于价值共创的合作制度，提高跨界参与者价值创造的一致性，明确了共同为客户提供数字解决方案的一致目标（Senyo等，2019；周翔等，2023）。

以生态编排战略为导向，主导企业选择实施以跨界融合为核心的标准模块设计、包容导向的数字身份塑造、基于价值共创的合作制度确立等战略选择行动，构建了基于场景化产品的数字平台生态系统，允许软件和外围硬件等互补性资产进行模块化替代，将满足用户需求视为整个平台生态系统的一致目标。一方面，针对数字平台生态系统的协作方式，主导企业通过引入跨界参与者，实现了围绕场景化产品的整合；另一方面，针对价值流向，主导企业与参与者培育了共生发展的合作关系，双方的价值创造过程得以互相促进。

随着数字平台生态系统网络效应的扩张，具备多样性知识、技能和能力的跨界参与者逐步进入数字平台生态系统中。为了支撑跨界参与者开发互补性产品、技术或服务，主导企业需要转变原有的组合产品思维，捕捉跨行业产品、市场和流程结合的共同点，并利用这些共同点来拓展现有的价值创造方式（Gawer和Cusumano，2014）。尽管数字平台生态系统在跨界扩张之前通过组合产品提供了一个共同组件或技术作为基础模块，但跨界扩张阶段更加强调该模块的开放性和全场景性。在这个阶段，平台主导者通过促进和提高场景化产品或服务的创新程度，利用并强化网络效应为平台及参与用户创造更多价值。

## 二、战略选择行动与数字平台生态系统构建的跨期协同影响

作为一种不断发展的组织形式，数字平台生态系统正不断演变并扩展其

功能范围。鉴于生态系统的复杂性和关联性，系统中一个组成部分的变化会导致其他组成部分和生态系统本身的变化，最终促进共同演化（Phillips 和 Ritala，2019）。战略选择行动不仅能在同一时期影响如何构建数字平台生态系统，而且二者还能实现跨期的协同共演发展。也就是说，主导企业会基于当期的战略行动，构建适合于该阶段发展所需的数字平台生态系统；同时，上一阶段构建的数字平台生态系统和相对应实施的战略选择会影响跨期的战略行动组合和数字平台生态系统的更新匹配。

主导企业初步创建了基于明星产品的数字平台生态系统，以期利用顾客为自身创造商业价值。随着数字平台生态系统的逐步发展，最大化获取价值和占据中心地位成为数字平台生态系统扩张的瓶颈（Gawer 和 Phillips，2013）。随着顾客多元化需求逐步出现，平台生态的单一价值提供变得不具备可持续性。虽然资源拼凑战略能够帮助企业在资源有限的情况下进行高效管理，但其无法满足企业与合作伙伴互相整合和协同发展的需求。为了提供更加一体化和专业化的解决方案，主导企业需要在下一阶段实施系统集成战略，优化与参与企业间的交互协同，主动增强对数字平台参与企业的价值创造，拓展网络效应。

为了引入生态参与者，企业战略行动需要从资源拼凑转变为系统集成，实现从针对自身的价值创造向为参与者提供价值的转变。鉴于数字平台生态系统创建初期主导企业已积累了一组打造核心产品的资产，为了进一步满足跨期发展过程中参与者对数字平台的期望，以及应对外部环境中数字消费者因素的变化，主导企业需要开放核心技术架构形成互补性，降低平台参与者进入障碍以形成网络效应。由此，数字平台生态系统的价值流向也实现了由主导企业偏利分配向参与者偏利分配的过渡，并产生多边网络效应。数字平台生态系统的协作方式也从整合高度相关型参与者以提供明星产品或服务，转向整合松散型参与者以提供组合产品。

在数字平台生态系统的规模扩展阶段，主导企业和参与者之间关系达到了相对平等的地位。随着数字平台生态系统中各类参与者的进入，这对平台生态主导者的协调能力提出了更高要求。虽然系统集成战略能够有效帮助主导企业整合相关参与者的资源和活动，但无法支持企业在更广泛的跨界业务生态系统中实现协调。为了实现与各类跨行业、跨领域的利益相关者的平衡和共赢，主导企业需要在下一阶段实施生态编排战略，通过对数字平台生态系统中的不同类型资源和活动进行调度，开发满足不同类型用户要求和跨界参与者商业需求的全场景产品。

因此，主导企业需要进一步利用多边网络效应，将侧重系统集成的战略行动，转向侧重生态编排的战略行动。跨界且异质的参与企业专注于平台生态的补充，即通过不同的利基产品进行试验，将平台功能和吸引力扩展到潜在场景的新用户。由此，数字平台生态系统的价值流向也实现了由平台参与者偏利分配向下一个阶段的平台主导者与参与者互利共创价值的过渡，多边网络效应进一步加强。数字平台生态系统的协作方式也从整合松散型参与者以提供组合产品，转向整合跨界参与者以提供全场景产品。

## 三、数字平台生态系统的类型划分

Sjödin 等（2022）认为与传统价值链相比，生态系统中的平台企业更加依赖合作伙伴彼此的贡献。平台企业愿意激励生态系统合作伙伴参与到价值创造过程当中，具体举措包括吸引新的数字合作伙伴、支持现有非数字合作伙伴的数字化，以及创建新的数字商业模式，和生态系统合作伙伴共同开发、商业化和扩展新的数字产品，通过生态系统协调推进数字商业模式创新。因此，鉴于数字平台生态系统的多边性，平台价值在很大程度上依赖于主导者与互补者、用户之间的相互依赖关系与共同良性发展。

为更加深入了解不同类型的数字平台生态系统，借鉴 Wichmann 等（2022）关于品牌旗舰平台研究中关于消费者与平台关系的思路，本文引入数字平台生态系统中主导企业对其他参与者价值创造和价值捕获的高低组合进行分析。价值创造维度是指平台主导者为数字平台生态其他参与者提供价值的高低程度；价值捕获维度是指平台主导者从数字平台生态其他参与者处获得价值的高低程度。依据价值创造维度和价值捕获维度设计数字平台生态系统具有重要意义，因为其决定了数字平台生态系统在相应阶段需要鼓励哪类价值创造活动，以及平台主导者和参与者如何合理分配共同创造的价值（Ruokolaine 等，2022；Sjödin 等，2022）。

主导企业可以根据数字经济情境下不同的战略选择行动构建不同类型的数字平台生态系统，如基于短暂交换打造单一产品、基于资源拼凑打造明星产品、基于系统集成打造组合产品和基于生态编排打造场景化产品的数字平台生态系统，以实现不同发展阶段主导企业与互补参与主体之间价值流向的平衡，如图 9-5 所示。

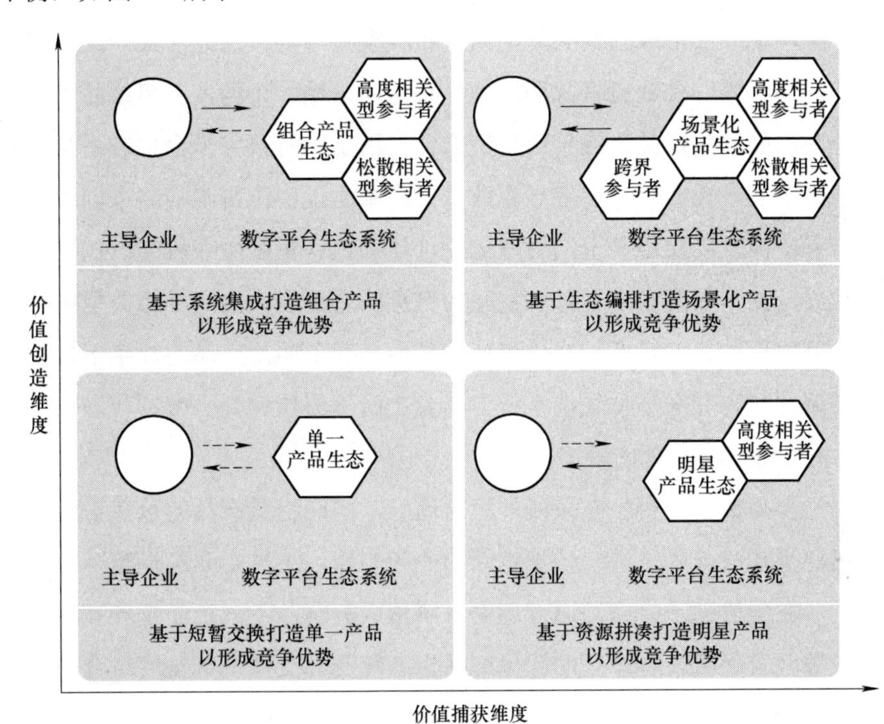


图 9-5　数字平台生态系统的演进矩阵

（1）在数字平台生态系统的早期启动阶段，主导企业聚焦较为单一的产品或服务，构建围绕该产品或服务的供需双方进行短暂利益交换的机制。在这个阶段，专注于单一产品或服务有助于主导企业明晰其市场目标和定位，从而更加容易地吸引特定市场细分群体。同时，少量的产品线意味着企业决策过程更简单和更快速，有助于专注于核心业务并提高资源利用效率。由于数字平台生态系统的核心焦点集中在单一产品或服务上，主导企业可以更高效地收集用户反馈，并迅速进行产品优化和迭代。基于单一产品的数字平台生态系统强调主导企业与平台生态系统参与者之间的价值创造和价值捕获水平均较低，即主导企业与参与者之间属于价值弱连接的关系。

（2）在数字平台生态系统的初始创建阶段，主导企业打造明星产品，逐步整合与明星产品形成互补关系的高度相关型参与者。通过前期产品生产和销售的经验积累，企业有资源和能力打造出销售额、市场占有率或品牌影响力格外突出的明星产品。在价值创造方面，由于此时数字平台生态系统的发展依旧处于初步探索阶段，主导企业依旧需要通过资源拼凑战略来创造性地利用现有资源，以实现基于网络效应的价值创造并拓展生存机会。在这个阶段，主导企业主要是利用互补者参与为自身创造价值，为高度相关型参与者提供价值的程度相对较低。在价值捕获方面，基于明星产品的数字平台生态系统强调主导企业与平台生态系统参与者之间价值传递处于偏利状态，即主要是主导企业相对分配的较多。

（3）伴随数字平台生态系统的稳定增长，围绕明星产品的数字平台生态系统已逐步形成，为了进一步拓宽新的业务领域，主导企业选择整合松散型参与者。在价值创造方面，通过遵循系统集成战略，主导企业指导互补组件形成松散耦合网络，将原有的明星产品生态转变为支撑平台发展组合产品的资源载体。在这个阶段，主导企业的战略目的主要是快速培育松散型参与者并促进其成长，为其提供价值的程度相对较高。在价值捕获方面，为了满足不同客户群体的多样化需求和推动数字平台生态系统的扩张，主导企业开始向更多的参与者提供和传递价值。因此，基于组合产品的数字平台生态系统强调主导企业与平台生态系统互补者之间价值传递也属于偏利状态，但却是松散型参与者价值分配相对较多。

（4）为了实现数字平台生态系统的跨界扩张，主导企业采取进一步整合跨界参与者的举措。在价值创造方面，以生态编排战略作为引导，主导企业通过一系列有目的的、深思熟虑的资源部署行动，重点建设互补性的跨界合作，通过整合多样性知识来满足客户的多场景需求。场景化产品融合了多个行业或领域特点，以满足特定的使用场景或综合体验。鉴于场景化产品的提供综合了多个行业的特性，通常需要跨领域的合作创新。在这个阶段，不仅主导企业为跨界参与者提供价值的程度相对较高，同时跨界参与者也给主导企业提供互补性资产，二者共同实现价值共创。在价值捕获方面，基于场景化产品的数字平台生态系统强调主导企业与平台生态系统互补者之间的价值传递达到动态平衡状态，主导企业与互补者相对平衡地分配共同创造的利润。

因此，数字经济情境下主导企业通过战略选择行动构建不同类型的数字平台生态系统，持续推进数字平台生态系统的动态协同演进。在数字平台生态系统的演进研究中，主导企业需要兼顾生态系统内部不断变化的各个参与主体间的关系（Wang 和 Miller，2020）。在数字平台生态系统发展的不同阶段，其整体价值取决于主导企业与不同类型参与者共同激发网络效应的能力。由于数字平台生态系统中存在相互依赖又彼此独立的参与者，随着数字平台生态系统的演进，主导企业和参与者需要平衡不同价值目标之间的利益冲突，需要从主导企业利润至上逻辑转向主导企业和参与者共同利益最大化逻辑（Adner，2017）。

主导企业通过实施基于明星产品、组合产品或场景化产品的战略行动，向高度相关型、松散相关型或跨界参与者等多元平台参与者传达与各行为主体共生互惠的信号，以互利共赢的方式构建数字平台生态系统。在此基础上，主导企业与参与者之间通过互动调整实现从价值弱连接、偏利价值独占到价值共同创造的进阶关系，数字平台生态系统得以协同进化。

鉴于在数字平台生态系统的早期启动阶段、初始创建阶段、规模扩展阶段和跨界扩张阶段，数字平台生态系统演进的应对方式、产出结果，以及主体间关系均存在互异性特征，我们通过区分数字平台生态系统不同阶段的演进特征可以为主导企业和参与者提供启示。表9-5从演进阶段、演进应对方式、演进主体间关系和演进结果这四个方面对比了不同发展阶段数字平台生态系统的特征。

表9-5　不同发展阶段数字平台生态系统的演进特征对比

| 对比维度 | 基于短暂交换打造单一产品的数字平台生态系统 | 基于资源拼凑打造明星产品的数字平台生态系统 | 基于系统集成打造组合产品的数字平台生态系统 | 基于生态编排打造场景化产品的数字平台生态系统 |
|---|---|---|---|---|
| 演进阶段 | 早期启动阶段 | 初始创建阶段 | 规模扩展阶段 | 跨界扩张阶段 |
| 演进应对方式 | 短暂交换战略：通过交换资源打造短期的、快速的或临时的交易或合作关系 | 资源拼凑战略：强调在资源稀缺环境下打破资源约束，聚焦关键价值主张，开发简单规则来创造性地利用现有资源 | 系统集成战略：通过边界清晰的分级控制，指导互补组件相互嵌入以形成松散耦合网络 | 生态编排战略：通过一系列有一致目的的行动来管理不同生态系统参与者之间的互动 |
| 演进主体间关系 | 主导企业与互补者之间价值连接较弱 | 主导企业获取偏利价值 | 参与者获取偏利价值 | 主导企业与参与者实现价值共同创造和动态合理分配 |
| 演进结果 | 单一产品：专注一个特定的市场细分或需求的独立产品 | 明星产品：具备高销售额、市场占有率或品牌影响力的独立产品 | 组合产品：一系列相关或互补的产品，满足客户的多样化需求 | 场景化产品：融合多个行业或领域特点的产品，满足特定的使用场景及综合体验 |

# 第六节　理论贡献与管理启示

## 一、理论贡献

本章提出数字经济情境下企业战略选择行动与数字平台生态系统构建的

共演模型，揭示了数字平台生态系统的动态演化特性，具体体现在以下四个方面。

（1）强调主导企业可通过调整现有产品业务来构建基于互补创新市场的数字平台生态系统，以多类别非通用互补产品创造互补性价值获得持续竞争优势。在传统市场中，产品或服务的价值取决于其独立属性。但在数字经济中，产品或服务的价值取决于其所互联的产品或服务（Yoo 等，2010）。对企业而言，基于单一产品的竞争优势已不具备持续性，企业需要不断扩大其业务边界，从围绕某一产品或服务转向构建数字平台生态系统以提供基于多类别非通用互补产品的综合解决方案（Stonig 等，2022）。

通过创建互补创新市场中的数字平台生态系统，主导企业可以吸引互补的合作伙伴共同开发平台，并通过更新互补模块与标准接口，打破既有产品业务或产业结构。最终，主导企业可以在适应现有产品体系的同时确立生态系统领导者地位，帮助平台参与者共同受益，实现整个生态的持续竞争优势。

与在多边交易市场或信息平台中构建数字平台生态系统以获取竞争优势的现有研究有所区别（Cennamo，2021），本章强调互补创新市场中的数字平台生态系统构建是通过深思熟虑的战略设计与多个独立但互补的参与者合作，将平台产品转化为与新兴生态系统相一致的系列组件，最终为客户需求提供综合解决方案来获取竞争优势。表 9-6 从构建目的、构建方式、构建内容、构建结果四个方面对多边交易市场、信息市场和互补创新市场中数字平台生态系统的构建进行对比分析。其中，多边交易市场中的数字平台生态系统构建强调平台主导者通过提供计算和网络资源等基础设施，促进提供商与客户之间的互惠交易。

信息市场中的数字平台生态系统构建强调平台主导者通过提供信息渠道基础设施，以帮助用户高效获取相关信息。而互补创新市场中的数字平台生态系统构建，则强调提供核心技术架构与共同资产基础设施，以协调多个独立但相互关联的参与主体，提供满足用户需求的集成解决方案，实现平台主导者、参与者和用户的多方增益。一方面，主导企业可以基于对其现有产品活动的适应性调整，向其他参与者开放核心技术架构，扩展平台的核心功能和范围，形成互补创新市场并建立在生态系统中的领导地位（Kapoor 和 Agarwal，2017）；另一方面，通过生态系统整合，生态合作伙伴也能从互补产品的整合中获取价值，并在既定的产品市场中保持竞争优势（Toh 和 Miller，2017）。

表 9-6　不同情境下的数字平台生态系统构建对比

| 对比维度 | 多边交易市场中的数字平台生态系统构建 | 信息市场中的数字平台生态系统构建 | 互补创新市场中的数字平台生态系统构建 |
| --- | --- | --- | --- |
| 构建目的 | 连接平台使用者，匹配提供商与最终客户的多元化供给与需求，促进他们之间的互惠交易 | 通过提供范围更广、更丰富、良好分类且易于检索的信息，为用户创造价值 | 将多个独立但相互关联的公司提供的互补产品连接起来，由此形成新的产品系统，并提供用户需求导向的集成解决方案 |
| 构建方式 | 提供计算和网络资源等基础设施以连接产品和服务的提供者与用户 | 提供信息渠道基础设施，根据用户相关参数实现相关信息的分类、搜索和共享，并促进用户的信息交换和匹配 | 通过深思熟虑的战略设计提供核心技术架构与共同资产基础设施，匹配和补充参与者互补资产和资源，实现模块化分工与协调 |
| 构建内容 | 具有特定功能的独立产品或服务 | 分类明确且易于检索的信息资源 | 多类别非通用的互补产品或服务 |
| 构建结果 | 平台用户受益于平台的匹配工具、支付系统和评价与反馈体系等，以更高效率完成了自身业务并获取自身需求 | 平台用户通过利用平台数字基础设施实现数据收集、处理和分发，高效获取相关信息，并减少潜在的成本投入 | 平台用户通过补充商品扩大消费者的使用范围，平台互补者通过互补产品与配套体系从而拓宽产品的价值 |

（2）围绕物质性、符号性和制度性行动举措的差异化配置，本章探究数字平台生态系统构建过程中企业内部战略行动设计的实现路径。本章引入战略选择视角，致力于打开数字平台生态系统构建过程中的战略行动组合黑箱。在现有研究将企业拥有的资源、能力和制度等视为企业竞争优势的基础上，本章表明企业基于数字平台生态系统不同发展阶段的特征和目标，对资源拼

凑战略、系统集成战略、生态编排战略等战略举措进行动态配置和更新，有助于促进数字平台生态系统的有序创建与有机进化。

为了应对数字平台生态系统构建过程中利益相关者不断变化的诉求，在构建数字平台生态系统的过程中，企业既需要设计生态系统技术架构和核心功能等客观属性，又需要获得利益相关者的合法性认同，还需要确立生态系统的制度和规则以吸引更多互补者，实现数字平台生态系统的规模扩张。随着数字平台生态系统的演变发展，企业需要对战略行动进行动态调整，以适应数字平台生态系统不同发展阶段的特定目标。

具体而言，在数字平台生态系统初步创建阶段，囿于资源稀缺环境和网络效应匮乏的限制，主导企业以资源拼凑战略为指导，即通过低成本开发以聚焦关键价值主张；随着数字平台生态系统的规模扩展，主导企业需以系统集成战略为指导，即通过分级控制以指导互补组件形成松散耦合网络；伴随数字平台生态系统的跨界扩张，主导企业应转向以生态编排战略为指导，即通过一系列有一致目的的行动来管理不同生态系统参与者之间的互动协作。

（3）基于环境选择逻辑和组织适应逻辑的双重视角，本章揭示数字经济情境下主导企业战略选择行动与数字平台生态系统构建的共演逻辑。共演视角下的战略选择与数字平台生态系统构建具备复杂性和多层次性，生态系统同时被来自宏观环境层面的外部力量和来自各参与主体的内部能力所塑造，这些力量具有高度动态和不断变化的特征，并通过持续不断的交互以促进新结构的出现（Hou 和 Shi，2021）。环境选择逻辑和组织适应逻辑对企业调整自身以实现演化的驱动力进行了区分，环境选择逻辑强调企业主体演化受到外部环境变化的驱动，组织适应逻辑则强调企业主体通过主动战略选择与环境实现匹配以扩大生存机会。

然而，单一的环境选择逻辑或组织适应逻辑无法解释企业如何随着时间的推移实现战略行动与平台生态系统的动态发展（Volberda 和 Lewin，2003），本章强调主导企业战略选择与数字平台生态系统的共演是环境选择逻辑与组织适应逻辑共同作用并达成有序平衡的结果。在一定程度上，数字平台生态系统构建的演进过程是来自生态系统内部相互关联和作用的行为者群体之间及与生态系统所处外部环境之间互相影响的结果（Daymond 等，2023）。企业创建数字平台生态系统，既需要接受外部数字经济环境的选择淘汰，又需要主动调整与之相匹配的内部战略行动举措，以创建一个最大化网络效应的数字平台生态系统。

（4）本章提出以主导企业价值创造和价值捕获为分类维度的数字平台生态系统的演进矩阵，拓展了数字平台生态系统的类型研究。现有关于生态系统的研究主要认为其是在某个特定时间和空间中具有模块化特征的成员集合（Adner，2017；Jacobides 等，2018），本章进一步从动态演进视角出发，认为平台生态系统是由主导企业及存在某种特定联系的参与者构成的生态网络，主导企业和参与者之间持续良性互动并与外界环境持续交互演化。

外部技术创新、消费者需求转变和市场竞争格局变化等带来了新的发展机会，数字平台生态系统的各个参与主体需要在不同时间和空间中不断适应它们与外界环境以及它们之间相互关系的变化。在价值创造方面，主导企业通过战略选择行动构建数字平台生态系统，不仅需要在相对静态状况下针对数字平台生态系统每个发展阶段打造特定产品，还需要在动态演进视角的指引下实现各个阶段演进过程中产品和服务的迭代创新。不论是主导企业还是参与者，均需要根据数字平台生态系统不同阶段的特征动态采取行动。在价值捕获方面，现有研究也呼吁平衡数字平台生态系统中主导者与参与者间的价值流向，即作为多边关系纽带的平台主导者，既需要协同参与者从平台技术或服务促成的交易中创造价值，又需要向每个参与者分享价值（Chen 等，2022）。

因此，本章提出在基于短暂交换打造单一产品、基于资源拼凑打造明星产品、基于系统集成打造组合产品和基于生态编排打造场景化产品的数字平台生态系统中，主导企业与互补参与主体之间需要根据每个阶段的具体情况达成价值流向的动态平衡。也就是说，随着数字平台生态系统的不断演化，主导企业和参与者需要平衡不同价值目标之间的利益冲突，以实现一定约束条件下的最大化价值创造与价值合理化分配。

## 二、对企业管理的启示

本文的管理启示主要有三个方面。

（1）企业可以以主导者身份通过匹配的协作方式和价值分配主张建立数字平台生态系统，与平台生态参与者实现核心资源的互补和协同，在企业内部和跨企业边界形成新的组织形式，获取持续竞争优势。为适应数字经济情境下主导企业竞争优势获取的日益复杂性，企业可以通过创建一个新的平台生态系统实现重新定位，并促进相互关联生态系统伙伴间的良性竞合。

（2）企业需要建立战略变革能力，根据所处的数字技术发展、数字消费者转变和数字竞争者增加等外界环境的变化，动态调整和更新企业战略选择，采取与数字平台生态系统相互适应的战略举措，形成战略选择行动和数字平台生态系统相互动态迭代的多重共演。

（3）企业需要协调平台生态参与者间的协作模式并优化多边价值分配方式，以最大化平台生态的整体效益和网络效应。数字平台生态系统的价值依赖于参与者和顾客的依赖性，因此主导企业需要同时重视利益相关者的价值创造活动和随后的分配机制，通过协作模式设计实现参与者价值分配的动态平衡。

## 三、研究局限与未来展望

本章的结论具有一定的适用边界。

（1）主导企业需要具备实施战略选择的资源和能力。在数字平台生态系统的构建过程中，由于主导企业需要自主选择实施战略行动并引导数字平台生态系统的演进与发展，如果主导企业不具备较强的主导权、控制权或议事权，则难以通过实施战略行动影响数字平台生态系统的演进。

（2）本章适用于处于初创期或成长期的企业。企业战略选择行动与数字平台生态系统构建的共演模型描述了企业如何从零开始，实现规模化增长，并进一步实施跨界扩展。处于初创期或成长期的企业为了追求快速增长和占据市场份额，有意愿与利益相关者积极建立连接。这类企业具有快速适应环境的能力，更倾向于实施动态和灵活的战略行动配置，以抓住新的机会快速从而应对外部环境的变化。相比于处于成熟期的企业，处于初创期或成长期的企业更愿意通过灵活的战略行动组合调整来构建数字平台生态系统以获得持续竞争优势。

未来可以在以下四个方面进行进一步探究。

（1）本章虽在数字经济情境下主导企业战略选择与数字平台生态系统的共演模型中纳入了外部环境中的技术、顾客与竞争因素，但不同行业和类型特征的企业在数字平台生态系统构建的不同阶段会侧重受到特定外部环境要素的影响，未来研究可进一步探索不同外部环境因素对其他行业和具有不同类型特征的企业战略选择与数字平台生态系统之间演化关系的影响机制和路径。

（2）本章主要探讨了主导企业通过战略选择构建数字平台生态的过程模型，然而构建数字平台生态系统并非只有唯一路径，数字平台生态系统有着多样化的特征和内容，未来的研究可拓展通过制度理论、松散耦合理论、组织学习理论和动态能力理论等研究视角，进一步分析数字平台生态系统的构建机制和路径。

（3）数字平台生态的构建主体除主导企业以外，参与企业与用户等主体也会通过相应行动影响数字平台生态系统的构建。本章重点考察了主导企业与数字平台生态系统构建的共演影响作用，未来研究可侧重基于平台生态参与企业及用户的研究视角，探究二者在数字平台生态系统构建过程中角色和作用。

（4）鉴于案例研究这一研究方法本身存在样本数量和范围的限制，未来研究可引入大样本定量分析或仿真模拟等研究方法，从本章已得到的关系规律中提炼可检验的命题或假设，进一步总结提炼企业战略选择行动与数字平台生态系统构建的互动范式。

# 第十章 Chapter

# 基于悖论视角的数字技术开源社区的治理机制

支持数字技术开源社区等创新联合体发展已经上升为国家战略，其在治理过程中面临的悖论困境以及解决机制值得进一步研究。本章基于“动机—协作—绩效”分析框架，探究悖论视角下共生型和共栖型数字技术开源社区的治理机制。

具体而言，共生型数字技术开源社区强化技术驱动的开源信仰，协调参与者内在价值认同动机和外显地位寻求动机的冲突；围绕核心技术产品进行组件式布局来实现开发人员的整合式协作，促进连贯式参与和碎片式参与的统一；强调以社会价值建设为驱动，基于社区用户体验提炼商业场景，推动社会价值与商业价值的迭代发展。而共栖型数字技术开源社区构建生态建设为核心的信任，解决内在自我增强动机与外显绩效激励动机的矛盾；围绕数据驱动创新场景进行差异化布局来实现开发人员的分布式协作，达成控制式参与和开放式参与的平衡；强调个体价值驱动型的价值创造，推进个体价值与生态价值的共同增益。

本章内容旨在明确创建企业与开源社区之间“各美其美、美美与共”协同发展的辩证关系，为数字技术开源社区这类创新联合体的悖论如何有效治理提供建议。

## 第一节　开源社区治理

国务院关于印发“十四五”数字经济发展规划的通知明确提出“支持具有自主核心技术的开源社区、开源平台、开源项目发展，推动创新资源共建共享，促进创新模式开放化演进。”开源社区被定义为围绕开源共识，受共同实践所驱动，以实现集体行动和价值共创预期目标的成员集合（Garrett 等，2017；Kelty，2008）[㊀]。在数智时代广泛连接、同步演进和网状协作特性的催化下，其正在成为技术应用和行业数字化发展的重要推动力量。

开源项目托管平台 GitHub 的 2020 年统计数据显示，2030 年中国开发者将成为全球最大的开源群体，中国正逐渐成为全球开源软件的主要使用国和核心贡献国。“十四五”规划首次明确提出，支持数字技术开源社区等创新联合体发展，鼓励中国企业开放软件源代码、硬件设计和应用服务。

数字技术开源社区是指基于开源共识，由数字技术硬件配置、操作系统或各类相关组件构成的成员集合（Sun 等，2021），被视作推动人工智能、大数据和云服务等数字创业活动的关键驱动力（Lin 和 Maruping，2022）。数字技术开源社区作为数字经济情境下的企业竞争战略之一，对企业获得降低研发成本、拓展商业模式等经济利益（Baldwin 和 Von Hippel，2011；Germonprez 等，2017）、赢得市场合法性和同行声誉等社会利益（Roberts 等，2006；Shaikh 和 Henfridsson，2017）、推广技术标准和加快研发进程等技术利益（Manikas，2016）均有显著作用。

然而，由于开源社区天然的“公共属性”与企业固有的“盈利属性”并存，社区运营过程中产生了竞争与合作（August 等，2021）、求变与维

㊀ 本章研究对象为企业创建的开源社区，而非个体开发者或中立型组织创建的开源社区。在这一类社区中，开源社区由企业主导创建，开放源码软件生态系统由企业以及其他负责开源软件项目共同开发和维护的参与者组成，企业有较大可能会主导开源社区及其专有产品的开发与建设。

稳（Brunswicker 和 Schecter，2019）、利己与利他（West，2003）等矛盾冲突。因此，开展数字技术开源社区的有效治理，对调和相互冲突的内外部需求、协调相互竞合的参与主体、整合差异化的绩效目标具有重要理论和实践意义。

开源社区治理被定义为由组成开源社区的群体共同努力，解决社区内问题或冲突的机制（Kayhan，2015）。虽然开源社区治理在本质上是对人员、组织、技术的安排，但由于其具有分布式设计、协作式开发、环境交互多样化等特征，破坏了传统组织治理的经典假设（Kellogg 等，2006）。企业实施开源实践时，往往面临着参与动机冲突、协作流程矛盾、绩效导向异质等治理困境。

现有研究一方面强调通过满足参与者的职业发展、声誉建立，个人知识、技能及能力提升等外在动机或内在动机，激励其积极参与社区（Roberts 等，2006；Von Krogh and Von Hippel，2006）；另一方面，强调制定明确的代码评估标准、文档可用性规范、社区管理规则等，控制和约束社区内参与者的行为（Di Tullio 和 Staples，2013；Manikas and Hansen，2013）。

开源社区治理的文献对解决如上悖论困境提供了见解，但存在以下三个不足。

（1）治理情境忽视新兴技术影响。现有研究多聚焦于传统开源社区这一常规情境，数字技术不仅改变了开源社区创新产出内容，也影响了社区内创新知识的提供、获取、共享和产出。因此，需要基于新的研究情境进一步探索数字技术开源社区的治理机制（Eckert 等，2019；Nambisan 等，2017）。

（2）治理主体忽视属性差异。不同类型企业的异质性动机和差异化成长逻辑会映射到其创建的数字技术开源社区治理中，现有研究对数字技术开源社区创建企业的异质性特征考量存在不足（Ho 和 Rai，2017；Schaarschmidt 等，2015）。不同类型企业商业目标、流程规范和价值观的不一致，导致其发起的开源社区内参与者动机、项目协作过程和价值创造目标存在差异，因此需要根据不同类型数字技术开源社区开展针对性治理研究（Dahlander 和 Magnusson，2005；Schad 等，2016）。

（3）治理模式忽视过程性。基于传统开源社区特征提出的激励和控制这两类主要治理模式，无法解决悖论要素随社区发展产生的过程性问题（Chen 等，2022）。随着开源社区的演化成长，开源社区内部主体互动产生的矛盾点也会动态转变。不同时间和条件下的开源社区矛盾要素存在着差异性表现，然而现有研究提供的治理模式多用于解决社区发展的具体节点问题，如程序员就业和激励政策（Colombo 等，2013）、领导力控制和资源部署（Mehra 等，2011），以及利润分享建议等（Fukawa 和 Zhang，2015），相对忽视了对开源社区不同发展阶段下悖论要素的区别特征和长期协同问题的考量。因此，开源社区治理绝非是一个静态的、非此即彼的治理逻辑，我们需要进一步考察基于过程视角的社区发展演变逻辑下的悖论治理问题。

基于此，本章聚焦“悖论视角下不同类型数字技术开源社区的治理机制是什么以及有何区别？”这一核心问题，以数字技术开源社区的悖论困境为切入口，以平凯星辰和华为作为研究案例，采用“动机—协作—绩效”分析框架，探究悖论视角下数字技术开源社区的治理机制，为不同类型数字技术开源社区内如何进行参与动机引导、协作过程设计以及绩效价值整合提供参考。

本章内容基于开源社区发展演变逻辑，对共生型和共栖型数字技术开源社区悖论要素治理的对比探讨，能够弥补现有开源社区治理文献中对于数字技术新兴情境引入、治理主体属性区分、治理模式过程性构建等考量不足形成的研究缺口（Chen 等，2022；Eckert 等，2019；Ho 和 Rai，2017）。同时，本章提出的悖论视角下数字技术开源社区的治理机制设计，既是对数字技术开源社区创建企业和社区参与者“各美其美、美美与共”协同发展辩证关系的探索，又是对数字平台管理和数字创业研究在新情境下的拓展。

# 第二节　开源社区治理的理论基础

## 一、悖论视角下的开源社区研究

悖论（Paradox）往往用来描述组织环境中的对立力量（Handy，1994），强调随着时间推移，持续同时存在并相互影响的矛盾元素（Smith 和 Lewis，2011）。尽管开源社区参与者通常以分布式协作方式为同一开源项目提供知识和技术等资源，但各参与主体相互冲突的内外部需求会衍生出诸多逻辑对立的要素，导致社区选择和决策结果具有高度不确定性（Pache 和 Santos，2010）。开源社区通过系统地鼓励和探索各种内外部创新机会，有意识地将这种探索与社区资源相结合（West 和 Gallagher，2006）。

但在通过多种渠道广泛利用开发机会，以及协调相互竞争的外部需求和内部身份时，开源社区和企业均可能会成为内部冲突和混乱的牺牲品。此外，由于开源社区架构模块化和开放性，以及新兴数字技术和全球利基市场的持续动态变化，数字技术开源社区内部悖论困境进一步加剧（Brunswicker 和 Schecter，2019）。因此，为了提高开源社区解决复杂问题的能力，需要依据基于悖论视角开展其治理研究（Jay，2013）。

现有文献对悖论视角下开源社区治理困境的探讨主要集中于三个方面。

（1）关系结构悖论。开源社区的软件使用者、发起企业和贡献者间的互动关系是协作与竞争并存，三者可能合作开发和管理运营同一个开源项目，但又在服务或产品市场相互竞争（August 等，2021）。当开源社区内部主体利益和目标错配时，在代码贡献、错误修复和需求获取等操作层面会出现冲突和矛盾（Ghobadi 和 D’Ambra，2012）。

（2）互动行为悖论。开源社区参与者通过自我贡献在现有开源版本基础上，自下而上延伸其他自有版本（Raymond，1999）。而创建企业则倾向于自上而下密切监控其开发人员的工作，利用职业发展机会和物质激励对技术开发路线进行引导（Sawyer 和 Guinan，1998）。这类追求变化和维持稳定之间的紧张关系来自于外部开发者与创建企业在数字创新轨迹中的跨期权衡（Brunswicker 和 Schecter，2019）。

（3）产出结果悖论。是获得创新的最大化商业回报，还是推动创新被参与者共享采用，这是开源社区内技术创新结果面临的悖论（West，2003）。为了制订一个成功的整体产品解决方案，开源社区通过与参与者分享创新的总体回报，来寻求和吸引互补资产。

同时，开源社区中所有人都可以作为合作者，在整个价值链中最大限度地提高技术利用率（West 和 Dedrick，2000）。且由于开源代码的高度可复制性和可模仿性，开源社区知识外溢程度高，大部分社区产出的是非竞争性的公共产品，即用户从开源社区中获得的效用是独立的、非排他性的。然而，创建企业却希望通过出售开发资源，实现社区发明技术的商业化以换取利润，这就会破坏此类创新社区与互补资产相辅相成的正循环（Dahlander 和 Gann，2010）。

随着学术界对开源社区研究的逐步深入，围绕其悖论要素的理论探讨也逐步加深。悖论视角表明紧张关系并不一定引发困境，也可能形成相互促进现象，允许对立元素之间出现协同效应（刘智强等，2021；罗瑾琏等，2021；武亚军，2013；Farjoun，2010）。

但值得注意的是，受制于研究情境的稀缺性，当前观点多是基于特定悖论要素嵌入传统开源情境的分散研究，少有研究聚焦于开源社区内部多对对立关系嵌入数字技术新兴情境的整合协同作用（Lauritzen，2017）。且开源社区参与者间关系是动态演变的，各个参与者之间交互的创新任务充满了不确定性、模糊性和动荡性（Felin 和 Zenger，2014；Germonprez 等，2017）。不同时期开源社区悖论治理要素也具备异质性，不能简单一概而论。因此，我们不仅需要考察当期交互行为，还应基于社区发展演变逻辑，关注悖论要素在数字技术情境中的长期协调和整合。

## 二、开源社区的治理研究

企业在以越来越快的速度创建开源社区，以促进外部资源获取和公共知识吸收来推进内部创新（Germonprez 等，2017）。从实践的角度来看，企业不仅成长和生存依赖于开源社区，一部分企业甚至将自身起源和发展与外部社区的存续联系起来。随着对开源实践的了解，企业从开源技术的外缘使用者、参与者，逐步向开源社区中心层级过渡，最终根据现有开源参与程度和内部技术资源状况创建开源社区，形成了逐步迭代和持续深化的开源实践。

由于开源社区内群体沟通互动的特征是以计算机为中介，开放源码软件构筑起信息技术与社区共建者之间的桥梁，导致了开源社区治理与传统社区治理存在差异（Schaarschmidt 等，2015）。开源社区治理需要建立管理程序，明确决策层级，以鼓励项目利益相关者解决集体行动困境，协调软件开发过程，实现预期项目目标（Di Tullio 和 Staples，2013）。

现有文献对于开源社区治理的研究主要聚焦于两个方面。

（1）激励治理：促进外部知识的产生和贡献并增加社区创新产出。由于这些开源社区参与者多是自由职业者和志愿者，而非企业传统员工，且开发者地域分散、缺乏面对面互动，开源软件社区中的关键治理难题之一便是如何激励参与者，以及如何维持和指导其参与行为。现有研究强调针对参与者外在动机和内在动机进行区分激励，并将开发者动机、参与过程和表现结果联系起来（Roberts 等，2006）。外在动机激励强调开发活动对激励对象社会地位、职业机会及物质财富等奖励条件的满足（Shah，2006）。内在动机激励则强调开发活动对人类自主探索和创造性等需求的满足（Deci 和 Ryan，2000）。

（2）控制治理：规定平台生态系统中潜在竞争参与者的互动规则。控制机制涵盖自我监控和管理、自主授权等自我控制（Colombo 等，2013；Mehra 和 Mookerjee，2012），共同目标、开源价值观或信仰等精神文化控制（Gallivan，2001），开发方法、规则和程序、绩效评估等行为过程控制（Kuk，2006；

MacCormack 等，2006），以及软件及其衍生产品使用和修改的开源许可证等产出结果控制（Lerner 和 Tirole，2005）。

尽管现有开源社区治理研究对基于激励和控制的治理规则和结构进行了有益探讨，但仍聚焦于传统开源社区这一常规情境。随着数字技术在开放创新过程中的大量扩散、使用和实施，促使管理和创新领域的学者强调发展数字情境管理理论的必要性（Nambisan 等，2017）。一方面，数字技术作为创新产出内容主体，改变了开源社区这一知识载体的产出目标；另一方面，数字技术作为创新产出加速器，加快了开源社区内知识和信息流的获取、共享和使用过程。

因此，企业创建开源社区来丰富数字技术生态会是长期存续的现实，但已有治理逻辑是否适用于数字技术开源社区，还有待被进一步探索和检验。此外，现有研究存在区分不同类别开源社区治理机制的研究呼吁（Ho 和 Rai，2017；Schaarschmidt 等，2015）。对不同类型数字技术开源社区进行研究，有助于为不同类型企业创建开源社区的实践提供理论指导，有利于各个参与主体共享技术赋能，促进软件源代码、硬件设计和应用服务的开放。

## 三、基于悖论视角下的数字技术开源社区治理机制的研究框架

结合以上分析，本章内容探讨悖论视角下的数字技术开源社区治理机制，需要对如何协调数字技术开源社区参与者的矛盾动机、如何在开源参与协作中兼顾矛盾要素、如何长期维持开源社区绩效矛盾间的有效平衡等问题进行探究。基于以上问题，借鉴 Roberts 等（2006）在维持开源软件社区参与研究中所提出的“动机—协作—绩效”分析框架，本章内容对悖论视角下的数字技术开源社区治理机制进行深入发掘。

具体而言，“动机”是指数字技术开源社区参与者自愿创建、维护和支持开源社区的内外部驱动原因（马艳、郭白滢，2010；Shah，2006）。“协作”是指数字技术开源社区参与者与创建企业围绕开源共识、集体行动和价值创造的目标开展项目的过程（Germonprez 等，2017）。“绩效”是参与者通过开

源社区对个体、企业、基金会和研究机构等产生的价值贡献（Fitzgerald，2006）。

在这一框架中，动机是一种因人而异的心理状态，基于参与者的知识、技能和能力，影响了其行为方向，而绩效是对其行为结果的社会化评估（Roberts 等，2006）。对于数字技术开源社区这类知识创新联合体，价值创造强调了共同追求的开源目标，是所有社区参与者共享的集体利益成果（Balka 等，2014；Lavie，2007）。

## 第三节　开源社区治理机制的研究方法

### 一、选择案例研究方法的理由

本章聚焦于探讨悖论视角下数字技术开源社区的治理机制，案例研究方法适合解释此类研究问题（许晖等，2020；Hahn 等，2014）。原因在于：一是不同类型的数字技术开源社区属于管理实践中涌现的新现象，案例研究方法适合从数据中提炼规律，来推进对开源社区管理实践新现象的认知和理解；二是本章的研究问题需要解释数字技术开源社区各个参与主体的互动机制，案例研究方法能够对开源社区内主体间的复杂互动机制和演化过程进行分析。因此，本章采用案例研究方法剖析悖论视角下数字技术开源社区的治理机制。

### 二、平凯星辰和华为

本章根据 Dahlander 和 Magnusson（2005）的企业与开源社区依存关系作为样本选择标准[㊀]：一类是共生型，这类开源社区以创建企业与开源社区的共同发展为导向，两者同步产生、相互依存和共同演进，强调通过瞄准不重叠的利基市场提供互补价值，实现企业及社区的互惠互利；另一类是共栖型，

㊀ 没有任何一家开放源码软件公司会故意选择寄生（Parastic）的方式，因为对公司赖以生存的开源社区造成伤害并不是一种可持续的商业模式，故本文选择共生型（Symbiotic）和共栖型（Commensalistic）数字技术开源社区进行研究。

这类开源社区主要侧重以创建企业获益为导向，开源社区由创建企业后发的、有意识的嵌入性投资而产生，关注于瞄准在一定程度上重叠的利基市场，从与社区实体共存中实现企业获利（Dahlander 和 Magnusson，2005；Khanagha 等，2022）。

基于此，根据典型性原则和理论抽样原则（Eisenhardt 和 Graebner，2007），本章选取平凯星辰（北京）科技有限公司（简称“平凯星辰”）和华为技术有限公司（简称“华为”）创建的开源社区作为案例研究对象，主要原因有如下三个方面。

（1）通过前期对多家开源厂商展开调研，研究团队发现平凯星辰和华为两家企业发起的数字技术开源项目，如新一代操作系统、分布式数据库等已成长为全球顶级开源项目，并逐渐进入世界开源社区领域领跑者行列，具有典型性和启发性，通过对其进行研究能为中国开源项目管理和技术体系发展提供实践指导。美国云原生计算基金会（CNCF）[㊀]依据开源项目 2020 年贡献度进行排名，平凯星辰和华为分别以 84816 和 66554 的贡献率位列全球第六和第八位，国内贡献度排名前两位[㊁]。

（2）两类开源社区处于操作系统、数据库、AI 与云原生等核心数字技术领域，在项目总活跃度、参与开发者数量、项目合并频次、分支数等规模指标上接近，具备一定程度的可比性。举例而言，平凯星辰的分布式数据库 TiDB 社区、华为的开源深度学习训练框架 MindSpore 社区和开源操作系统 OpenHarmony 社区是 2021 年度在全球代码托管平台 GitHub 与 Gitee 活跃度前五的代表性项目[㊂]。此外，针对项目合并频次，平凯星辰的 TiDB 社区和华为的 OpenHarmony 社区均达到上万次。

（3）尽管两类数字技术开源社区在开源领域和开源成效上具备相似性，但

㊀ 美国云原生计算基金会（CNCF）是 Linux 基金会的一部分，其托管着全球技术基础架构的关键组件，汇集了全球顶级开发商、最终用户和供应商。

㊁ 数据来源：《CNCF 2020 年年度报告》（CNCF Annual Report 2020）。

㊂ 数据来源：《2021 年影响中国开源未来的十大热点》。

在参与者类型、开源社区项目布局和开源社区战略定位上存在差异。差异性体现在：平凯星辰是新兴技术挑战者，开源社区与企业同步建立，其社区参与者以追求开源信仰或技术机会的开发者为主，主要通过社会价值增益商业价值，且社区产品与商业产品分别瞄准不同利基市场，进而实现企业与开源社区协同发展，属于“共生型数字技术开源社区”；华为是成熟技术领导者，开源属于其基于开放式创新的战略性投资，开源社区是后发嵌入到企业现有业务，参与者以追求绩效激励或自我提升的企业员工开发者为主，主要通过个体价值增益生态价值，且社区产品多用于支撑生态产品市场发展，进而实现创建企业与开源社区的同步发展，属于“共栖型数字技术开源社区”。因此，样本选择与本章研究问题契合且能够形成较好的对比分析，帮助剖析悖论视角下不同开源社区的治理机制差异。两类开源社区的代表性特征描述，如表 10-1 所示。

**表 10-1　样本社区的代表性特征描述**

| 异同 | 维　度 | 样本社区 | |
|---|---|---|---|
| | | 平凯星辰 | 华　为 |
| 共性 | 开源领域 | 以分布式数据库等数字技术基础软件为主 | 以操作系统、数据库和 AI 框架等数字技术基础软件为主 |
| | 开源成效 | 开源社区的规模和活跃度处于世界开源领跑者行列，以 TiDB 为代表于在 GitHub 上获得总计 3.3 万颗星 | 开源社区的规模和活跃度处于世界开源领跑者行列，以 OpenHarmony 为代表于在 Gitee 上获得总计 3.2 万颗星 |
| 差异 | 开源社区成立时间 | 2015 年将其核心产品源代码进行开源，开源社区与企业同步产生 | 2019 年将其主要产品源代码进行开源，开源社区是基于企业战略性投资而后发产生 |
| | 参与者类型 | 前期的外部参与者以追求开源信仰或技术挑战的个体开发者为主 | 前期的外部参与者以追求绩效激励或自我提升的生态企业员工开发者为主 |
| | 开源社区项目布局 | 围绕 TiDB 这一核心开源社区进行组件式布局和运营，例如将 TiKV 社区作为 TiDB 的底层存储引擎设计并开发 | 多个开源社区，如多算力操作系统 openEuler、企业级数据库 openGauss、数据虚拟化引擎 openLooKeng、全场景 AI 计算框架 MindSpore、分布式操作系统 OpenHarmony 等独立式分布和运营 |
| | 开源社区战略定位 | 围绕核心开源社区开发企业业务 | 利用各开源社区嵌入企业现有业务 |

平凯星辰成立于2015年，同年将其核心产品源代码进行开源，是一家企业级开源分布式数据库厂商，目前运维着TiDB、TiSpark、TiKV等开源项目。以上开源项目是围绕TiDB这一核心开源社区进行组件式布局和运营。高度活跃的开源社区为其产品发展带来了正向反馈闭环，其研发能力、工程质量、迭代速度都已处于世界一流水平。2020年底平凯星辰完成了2.7亿美元的D轮融资，成功迈入独角兽行列，也成为中国开源新势力的领军企业之一。

目前，平凯星辰已向来自中国、美国、欧洲、日本、东南亚等国家和地区的1500家企业提供包括开源分布式数据库产品、解决方案与咨询、技术支持与培训认证服务，赋能企业数字化转型升级。其核心开源项目TiDB从开源至今，在GitHub上已总计获得超3.3万颗星，拥有上千名开源代码贡献者，在2020年的CNCF代码贡献排行榜中名列全球第六。

华为成立于1987年，是全球领先的信息与通信技术（ICT）解决方案供应商，也是国内较早实施开源战略的企业之一。2008年，华为组建了“开源能力中心”以负责公司内部开源管理和内源开发等工作，后陆续在国内外诸多开源社区和基金会（如Linux基金会、Apache软件基金会、Openstack基金会、Eclipse基金会、开放原子开源基金会等）中成为核心贡献者。2019年，华为实现了“使用者—贡献者—创建者”的演变，主动发起了操作系统、数据库、AI计算框架等基础软件领域的开源社区，如openEuler、MindSpore、EdgeGallery、OpenHarmony等。各个社区独立运营并围绕着计算、联接和移动终端等领域进行生态布局。自开源以来，openEuler社区已拥有5000名开源代码贡献者及上万名社区用户，OpenHarmony成员单位贡献的代码超过350万行，MindSpore已成为国内第一热度的AI开源社区。

## 三、数据收集的途径

本章内容采用了深度访谈、档案文件、二手资料等途径进行数据收集，通过多样化的研究信息和数据资料补充与交叉验证，确保资料的真实和可靠。

（1）深度访谈。自2016年起，研究团队开始持续跟踪开源社区，重点关注案例企业在全球开源社区或基金会的贡献参与情况。随着持续调研和观察，2019 年起，研究团队聚焦于“悖论视角下的数字技术开源社区治理机制”这一研究主题，集中对平凯星辰开源社区和华为开源社区开展了以半结构化访谈和非正式访谈为主的深度访谈。

（2）档案文件。一方面，通过访问平凯星辰和华为创建的各个开源社区官网，查阅社区公开的内部治理文件和说明。此外，也通过企业内部渠道获取开源社区阶段发展手册和社区管理运营文件等资料；另一方面，通过访问 GitHub 和 Gitee 两大代码托管平台，搜集社区组织架构信息、用户组与贡献者信息、邮件列表、兴趣小组信息等。

（3）二手资料。一方面，通过学术期刊、专利、金融数据库检索，获得案例企业及其开源社区的文献资料和数据；另一方面，通过搜索引擎补充国内外有关开源软件的行业动态和案例企业及其开源社区的最新信息。数据资料类型及编码汇总如表 10-2 所示。

**表 10-2　数据资料类型及编码**

| 社区 | 数据来源 | 数据信息统计 | | | | | | |
|---|---|---|---|---|---|---|---|---|
| | | 调研部门 | 受访者 | 受访人数（人） | 访谈时长（小时） | 整理文稿（万字） | 访谈内容 | 编码 |
| 平凯星辰开源社区 | 深度访谈 | 高管团队 | 平凯星辰联合创始人 | 1 | 0.8 | 0.6 | 平凯星辰发展历程，开源战略发展规划，创业思路产生与市场化过程等 | $P_g$ |
| | | 产品、研发和技术部门 | 技术架构师、研发工程师、技术顾问、项目经理、产品经理、其他技术人员 | 7 | 3.6 | 4.1 | 分布式数据库研发流程，开源社区技术架构，大数据生态研发过程，战略伙伴合作情况，产品交付与实践情况，客户核心场景和核心解决方案等 | $P_t$ |

（续）

| 社区 | 数据来源 | 数据信息统计 | | | | | | |
|---|---|---|---|---|---|---|---|---|
| | | 调研部门 | 受访者 | 受访人数（人） | 访谈时长（小时） | 整理文稿（万字） | 访谈内容 | 编码 |
| 平凯星辰开源社区 | 深度访谈 | 运营和市场部门 | 社区运营专员、销售经理、公共关系专员 | 6 | 4.2 | 6.4 | 商业化版本的总体运营情况，开源社区的运营概况、治理手段，开源人才培养计划，开源社区国际化水平，核心产品解决方案的销售服务情况，品牌发展规划等 | $P_m$ |
| | | 其他 | TiDB 社区开发者、TiDB 用户 | 5 | 3.2 | 2.5 | 开源社区活动和运维情况，社区行为准则，社区技术学习与认证流程，外部参与者参与流程，产品应用场景等 | $P_u$ |
| | 档案文件 | 产品详细功能参数对比文件、开源社区的内部管理制度、技术文件、邮件列表、会议列表、兴趣小组文件、宣传演示文件等 | | | | | | $P_n$ |
| | 二手资料 | 有关平凯星辰的新闻报道、开源白皮书报告等 | | | | | | $P_r$ |
| 华为开源社区 | 深度访谈 | 调研部门 | 受访者 | 受访人数（人） | 访谈时长（小时） | 整理文稿（万字） | 访谈内容 | 编码 |
| | | 高管团队 | 开源战略负责高管 | 1 | 0.5 | 0.8 | 华为开源战略部署历程 | $H_g$ |
| | | 开源软件能力中心 | 开源软件架构师、开源社区运营项目经理 | 3 | 3 | 3.1 | 开源社区项目管理及组织互动管理情况，开源前沿技术规划情况，开源软件能力构建过程等 | $H_t$ |

（续）

<table>
<tr><th>社区</th><th>数据来源</th><th colspan="7">数据信息统计</th></tr>
<tr><td rowspan="5">华为开源社区</td><td rowspan="3">深度访谈</td><td>调研部门</td><td>受访者</td><td>受访人数（人）</td><td>访谈时长（小时）</td><td>整理文稿（万字）</td><td>访谈内容</td><td>编码</td></tr>
<tr><td>各独立开源社区</td><td>openEuler开源社区负责人及社区运营人员、OpenHarmony开源社区负责人及社区运营人员</td><td>7</td><td>5.8</td><td>3.9</td><td>开源社区发展概况和现有水平，商业化版本的总体运营情况，开源社区的治理体系，开源人才培养计划，开源社区国际化水平，核心产品解决方案的销售服务情况等</td><td>$H_m$</td></tr>
<tr><td>其他</td><td>参与开发者、产品生态伙伴</td><td>7</td><td>4.7</td><td>3.7</td><td>社区技术学习与认证流程，华为技术生态建设情况，外部参与者参与流程，产品应用场景等</td><td>$H_u$</td></tr>
<tr><td>档案文件</td><td colspan="6">开源社区的内部管理制度、技术文件、兴趣小组文件、宣传演示文件等</td><td>$H_n$</td></tr>
<tr><td>二手资料</td><td colspan="6">有关华为的新闻报道、研究论文、专著、开源白皮书报告等</td><td>$H_r$</td></tr>
</table>

注：“平凯星辰开源社区”和“华为开源社区”分别用P和H表示，下标字母代表不同的数据来源。

## 四、数据分析的方法

考虑到针对共生型和共栖型两类数字技术开源社区分别选择相应典型案例，本章内容根据Gioia等（2013）的方法，针对平凯星辰和华为开源社区两个案例单独进行编码。在编码之前，我们首先对两个案例发展历程的关键里程碑事件进行梳理，而后采取结构化数据分析的方法针对每个开源社区的数据进行三级编码。

（1）构造一阶概念。例如，根据平凯星辰开源社区的访谈资料，“我是一个对美很有追求的人，比如编程，我希望能把这个程序写得很漂亮（$P_g$）”，得到“极客精神”这一一阶概念。以此类推，得出诸如“同行声誉”“客户体验”等一阶概念，如图 10-1a）所示。根据华为开源社区的访谈资料，“完善的 HarmonyOS 职业认证计划可以帮助产业人才提高个人能力（$H_m$）”，得到“能力提升需求”的一阶概念。以此类推，得出诸如“组织正式目标”“明确商业边界”等一阶概念，如图 10-1b）所示。

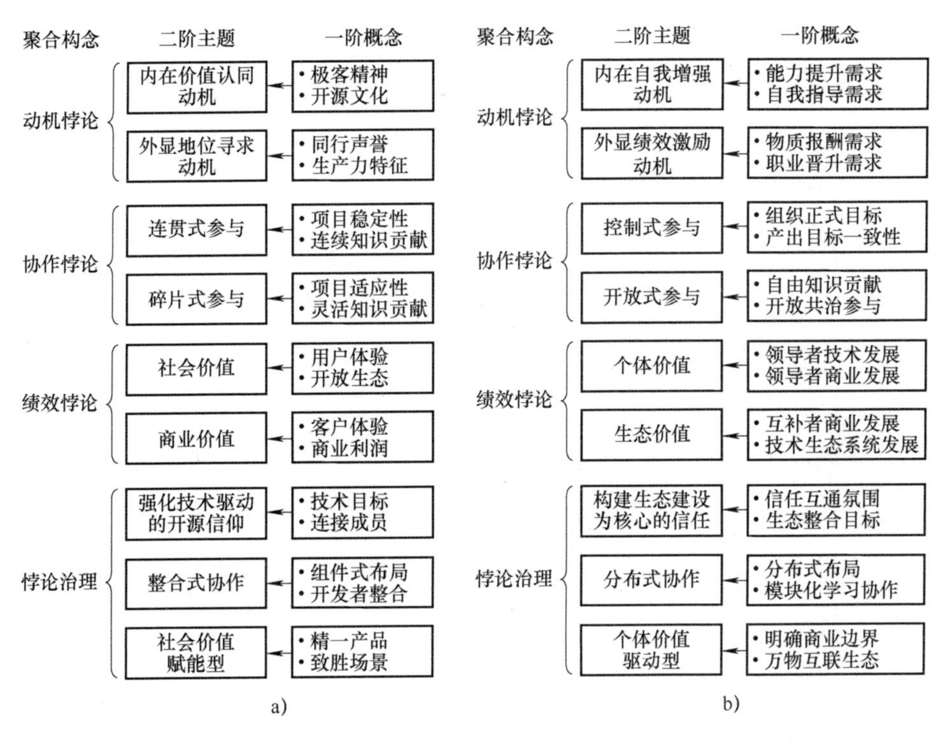


图 10-1　数据分析结构

a）平凯星辰开源社区　b）华为开源社区

（2）进一步对一阶概念进行编码，创建二阶主题。例如，针对平凯星辰开源社区，将“客户体验”“商业利润”等提炼为“商业价值”。同样，针对华为开源社区，将“能力提升需求”“自我指导需求”归纳为“内在自我增强动机”等。

（3）分别就两个案例的一阶概念和二阶主题进行迭代和核对，进一步归纳为新的聚合构念。在这一过程中，发现两个案例均可以落到“动机悖论”“协作悖论”“绩效悖论”“悖论治理”这四个构念中。如图 10-1 所示，本研究的数据分析结构基于现有实践和理论构念展开，后续分析将进行构念内涵的解释，以及构念间关系的说明。

## 第四节　平凯星辰和华为开源社区实例分析与研究发现

### 一、平凯星辰开源社区的悖论治理

平凯星辰开源社区于 2015 年将其核心产品 TiDB 源代码进行公开，凭借“成立即开源”的特质标签，以及占据分布式数据库[㊀] 这一数字技术基础软件赛道，吸引了一大批热衷极客精神和开源文化、具备技术挑战精神和想要进行技术尝鲜的外部个体开发者。平凯星辰开源社区与企业同步产生、共同演化，属于共生型数字技术开源社区。通过对平凯星辰开源社区的案例数据归纳分析发现，平凯星辰开源社区面临着内在价值认同动机和外显地位寻求动机、连贯式参与和碎片式参与、社会价值和商业价值三类悖论困境。

#### （一）平凯星辰开源社区的悖论困境

由于平凯星辰开源社区初期的外部参与者多为个体开发者，因此会出现以下三个问题。

（1）平凯星辰开源社区在动机引导方面面临着内在价值认同动机和外显地位寻求动机的冲突，即一部分开发者是基于对开源文化或信仰的认同而参与社区的；另一部分则基于追求平凯星辰开源社区所在的新型数据库赛道，

㊀ “分布式数据库”为平凯星辰所开发的数据库产品固定类型，是一款同时支持在线事务处理与在线分析处理（Hybrid Transactional and Analytical Processing，HTAP）的数据库产品，属于特有名词，与下文“分布式协作”所强调的开源社区参与者协作方式不同。

希望赢得同行声誉而加入社区。

（2）由于平凯星辰开源社区的技术位势和资源水平均未处于行业领先水平，参与者通过连贯式或碎片式参与的方式围绕项目进行的开发协作，对其管理能力带来巨大考验。

（3）伴随开源社区技术场景的不断丰富，平凯星辰开源社区需要基于社会价值对外输出商业价值，开源社区和商业客户的价值冲突进一步加剧了其悖论困境。

1. 内在价值认同动机和外显地位寻求动机的悖论

平凯星辰开源社区早期的外部参与者以个体开发者为主，一部分参与者基于对开源法则，认同产生的内在价值认同动机参与社区；另一部分受到追求行业声誉的外显地位寻求动机吸引，参与社区进行机会尝鲜。作为以知识为基础的创新活动，软件开发的关键是吸引人才进行跨组织边界的合作生产和知识交换，并将其引入知识社区（Medappa 和 Srivastava，2019）。

因此，平凯星辰开源社区面临内在价值认同动机与外显地位寻求动机间的权衡。具体而言，一方面，在平凯星辰开源社区早期建设阶段，数字技术产业中开展开源实践的企业为数寥寥，平凯星辰“成立即开源”的特质标签吸引了大量业内推崇极客精神和开源文化的 IT 技术人员，正如平凯星辰联合创始人提到的：“我们相信开放的力量，不仅仅只是开放源代码，而是把公司的整个开发体系和运营体系也完全建立在开源开放之上。”且平凯星辰的三位联合创始人都是开源极客和基础软件行业的资深 IT 工程师，通过长期深耕 IT 基础设计与架构工作，累积了大量技术经验与行业声誉。因此，认可开源理念和创始人行业声誉而加入的参与者，对于产品缺陷的容忍度极高，他们相信分布式数据库是未来，并愿意为这个具有足够挑战性的目标而长期努力并参与贡献。

另一方面，追求行业声誉和地位的参与者受到平凯星辰产品新兴技术内容和开源特征的吸引，从而参与社区进行机会性尝试。通过参与开源社区活动，编写、测试和调试新开发的开源程序，开发者会积累行业声誉，获得行业认可，并向当前和潜在雇主传达生产力信号（West 和 Gallagher，2006）。与受内在价值认同动机驱动的参与者相比，追求行业地位和同行认可的参与者并不愿意为高挑战性的开源目标长期投入。他们倾向于通过“搭便车”，加入开源社区从而获得短期技术和知识收益。

一旦平凯星辰核心数据库产品 TiDB 的易用性、成熟度不如现有数据库产品，这部分参与者便会选择离开。因此，受外显地位寻求动机驱动的参与者为社区带来的网络效应并不会长久持续，如果产品迭代速度也不足以弥补产品缺陷带来的负面效应，那么这部分参与者便会放弃开源软件开发并选择离开，社区网络效应也会随之减弱。

2. 连贯式参与和碎片式参与的悖论

平凯星辰开源社区项目层面的参与协作成效，既取决于开发者为维持项目稳定性、限制负面变化而选择的连贯式参与，又取决于开发者为打造项目适应性、接受生产性变化而选择的碎片式参与。

一方面，对于开发人员而言，连贯式参与代表了软件设计的基本原则，通过连续知识贡献和自我强化，开发人员才能确保自身知识库以最有效的方式被持续利用、协调与整合，并维持开发项目的稳定性（Wareham 等，2014）。与传统企业在开源前已通过闭源方式完成项目开源基础不同，平凯星辰创始团队在创业第一天才正式编写第一行代码，正如平凯星辰联合创始人所说：“开源不是一下子把所有东西做好，而是一步一步让开发者社区看到进展。”

因此，由于代码编写工作和开源实践同步进行，平凯星辰的 TiDB 社区在最初开源时诸多功能尚不完备，需要开发者们持续贡献，例如提交代码、开展社区讨论，并在真实场景下实际应用和反馈，这样才能提高技术产品的稳定性和可靠性。正如平凯星辰技术架构所述：“TiDB 的版本一直在持续迭代，且迭代速度很快，这依赖于平凯星辰的开发者、用户、运维工程师的积极贡献。”

另一方面，随着开源技术逐渐被外部广泛使用，外部使用者提出了多元化的功能需求，这进一步引导开发者注重新功能和新市场趋势，打破稳定的开发和协作模式，通过零散且碎片化的知识贡献以提高项目适应性。平凯星辰某工程师提到："很多使用者会告诉项目管理者需要功能A或者功能B，且需求十分急迫，如果项目管理者不好意思拒绝，则会导致整个项目被错误地引导到毫无收益的地方"。

因此，为了实现技术的持续更新，平凯星辰开源社区中的项目负责人既需要确保每个参与者碎片式参与的贡献得到认可，又需要明确确立连贯性目标以引导项目持续发展和迭代。这为开源社区的项目协作管理带来巨大考验，因为稍有不慎便会导致开源项目失败，或者引发开源社区发展混乱等严重后果。

3. 社会价值和商业价值的悖论

平凯星辰开源社区起源于开源共识，因此满足用户体验或促进开放生态发展等社会价值是其得以发展的原动力。随着开源社区商业模式的逐步完善，针对客户体验的商业价值和原有社会价值间的矛盾逐步浮现。平凯星辰社区运营人员指出了两类价值冲突带来的团队内部矛盾："开源软件商业公司内部容易出现两个对立团队，商业团队认为开源社区是为商业化吸引客户的前栈，社区团队则认为商业化会减慢生态传播的速度。"在一定程度上，用户体验和客户体验成了平凯星辰不得不面临的绩效治理困境。产生该矛盾的原因在于内部团队目标选择的差异性和不同产品赛道。

一方面，社区运营团队注重的是开源项目的社会价值，且由于项目参与者的外部性，项目技术内容与参与者工作的易用整合是其衡量项目质量的事实标准。而商业团队注重的是客户体验，产品的交付价值是客户体验的核心，如何可规模化变现并为企业创造利润是商业团队的目标。因此，两大内部团队在组织整体的价值提供目标上容易产生摩擦。

另一方面，由于平凯星辰所提供的数据库产品属于创新型产品，本身并没有丰富的业务场景和实践案例，既需要利用社区和生态力量，吸引用户测试并快速打磨产品，以提高产品可靠性和服务质量，又需要保障商业用户信心，创造更多商业机会和场景实践机会，以形成口碑宣传并撬动传统厂商的固有市场。因此，对用户和商业客户的双重需求进一步加剧了平凯星辰开源社区价值提供的内部冲突。

### （二）平凯星辰开源社区的治理

平凯星辰通过项目场景上线发起开源社区，并基于社区发展演变逻辑实现了开源社区内多对悖论要素的协调和治理。具体而言有以下三点。

（1）为了解决参与者内在价值认同动机与外显地位寻求动机带来的参与动机矛盾，激发参与者社会网络效应，平凯星辰开源社区强调强化技术驱动的开源信仰，以吸引参与者持续参与社区并贡献互补知识。随着社区用户不断增长，协作机制设计成为社区持续运营的关键。

（2）为了解决连贯式参与和碎片式参与的悖论困境，平凯星辰开源社区设计了整合式协作机制，以形成项目共同体并实现价值共创。

（3）为了进一步升级开源社区、拓展商业市场、增加市场份额，解决商业价值与社会价值的整合困境，平凯星辰开源社区通过社会价值赋能型的参与绩效治理，实现了商业客户和社区用户的正向迭代以及共生型数字技术开源社区的持续运营。

1. 强化技术驱动的开源信仰

由于平凯星辰开源社区与开源文化紧密耦合，参与者内在价值认同动机与外显地位寻求动机的悖论治理成为其参与动机激励的核心。平凯星辰开源社区采取了一系列措施，通过强化技术驱动的开源信仰，在稳定更新技术驱动的核心产品同时，通过社区成员连接活动进一步深化开源信仰，为社区提供了可持续性的参与者动机激励和网络效应。

（1）技术目标：打造技术驱动并稳定更新的核心产品。平凯星辰通过不断打磨技术产品本身，来争夺开发者有限的注意力、时间和精力投入，吸引开发者参与。2015 年，第一版 TiDB 在 Github 开源软件托管平台上开放，通过用户社区的“问题反馈—改进—迭代”机制，TiDB 一直保持着每两年至少三个版本的产品迭代节奏。稳定的产品迭代速率大大减少了外部动机型参与者由于产品发展不佳而造成的流失现象。为了鼓励参与者贡献技术知识并提高社区现有参与者的身份认同感，平凯星辰联合创始人提到：“每年 TiDB 都会变得不一样，大约有 50%以上的代码会被重写，在开源社区创立初期，每一位社区贡献者，哪怕只要是改一行文档或标点符号，我都会亲笔为他写一封感谢明信片，并且赠送周边水杯或者 T 恤。”

此外，除了通过社区平台进行技术知识输出吸引参与者，平凯星辰的架构师与开发者还会在全球顶尖的工程师平台贡献高质量和前沿的技术知识，利用技术内容优势吸引大量参与者。

（2）连接成员：通过连接社区成员构建开源信仰。平凯星辰社区运营人员强调了用户价值流通和打通用户孤岛的重要性：“对于社区运营者来说，最关键的任务不是让沉默者深度使用，而是让他们和网络中的其他用户建立更多的连接。”

平凯星辰的社区参与者涵盖开发者和用户，根据参与者与项目间的嵌入程度，平凯星辰发展出了社区用户组织（TiDB User Group）和社区开发者组织（TiDB Developer Group）这两类社区子组织。通过实名推荐或申请登记，参与者成为用户组织成员。用户组织成员可以通过社区学习前沿技术知识，以线上问答社区、技术文章发表、线下技术沙龙为活动载体，将有价值的内容传递到社区网络的各个节点。通过社区选拔机制，认同平凯星辰文化、分享高质量内容的社交网络活跃用户，会被选拔为用户社区的管理者或共同领导者，直接参与用户社区的统筹规划与活动设计。社区管理者通过年度竞选产生，确保社区内容建设与推广的活力。

为了进一步吸引更多的开发者参与社区，平凯星辰社区运营人员强调：“我们设计了六大开发者活动，包括产品性能挑战赛、黑客马拉松、开发者大会、追虫（Bug）竞赛和前沿论文阅读等实践类的社区活动，促进社区成员间的深度交流。”通过社区成员连接类活动，开发人员能够分享技术见解，基于技术开放信念结识志同道合的朋友，并通过共建社区而转化为贡献者。

2. 整合式协作

由于平凯星辰开源社区既需要保证参与者松散灵活的知识贡献得到认可，又需要确立连贯性目标，参与者连贯式参与和碎片式参与的悖论治理成为其引导项目协作的核心。为了解决以上治理难题，平凯星辰开源社区在开源项目布局上围绕核心技术产品进行组件式布局和弹性扩充，并依托同一社区的整合运营达成高效协作；在技术项目内部通过设立专项兴趣小组和工作小组作为社区活动单元，整合不同领域开发人员。

（1）组件式布局：围绕核心技术产品进行组件式布局。在开源项目布局上，平凯星辰开源社区依托同一开源社区展开组件式扩充，协调整合并运营相互紧耦合的开源项目。组件式设计允许平凯星辰快速展开协作，重组并增加产品种类，应对不断变化的技术市场，满足多样化和流动的客户偏好（Pil和 Cohen，2006）。平凯星辰开源社区的核心产品是数据库管理系统这一基础软件工程，平凯星辰技术架构师强调：“数据库本身是企业数字化的底座，又属于美国对中国的‘卡脖子’清单之一，属于基础软件的‘三驾马车’之一，所以技术难度和重要性都非常高。”

因此，为了不断提高数据库产品的稳定性、拓展性和灵活性，平凯星辰开源社区围绕着数据库的计算、存储、智能调度等组件进行了技术产品的组件式部署和弹性扩充，通过创建功能上紧密耦合的项目，整合社区力量提高诸多产品的易用性，使其适配大数据背景下各行业数据存储与计算需求。

（2）开发者整合：整合不同特长开发人员展开合作。在技术项目内部，平凯星辰开源社区按照开源项目的不同模块划分了专项兴趣小组和工作小组作为社区活动单元，实现开发人员的内部整合。在开放创新环境中，开源社区需要通过对不同技术开发人员的整合来提高自身利用和吸收外部知识能力（West 和 Bogers，2014）。具体而言，平凯星辰社区运营者强调："项目贡献者可以通过解答技术问题、增加项目测试、完善技术文档和撰写实例文章等参与项目建设，进而成为社区活跃贡献者获得进入专项兴趣小组的资格。"经由差异化背景的社区技术领袖指导，专项兴趣小组成员的专业能力会得到极大提高。专项小组通过周期性的会议交流和技术分享，自主开展开源项目某个模块的讨论、规划、开发和维护。

进一步，为了完成社区特定的工作目标，某一个或多个专项兴趣小组会聚集成为有生命周期的工作小组。工作小组与专项兴趣小组的区别在于，工作小组的目标是促进不同专项兴趣小组内的协作，并用最少的组织资源解决社区的临时性问题，在完成特定任务后工作小组解散，但专项兴趣小组会长期存续。不论是专兴趣小组还是工作小组，其申请和解散都会受到项目管理委员会的监督和审查。

3. 社会价值赋能型

为了推动商业价值和社会价值的迭代发展，平凯星辰开源社区通过精一产品不断深化社区用户体验，基于社区用户提供的丰富业务场景，为商业价值创造奠定基础。同时，通过商业价值创造的利润优势又反哺开源社区运营，进一步夯实社会价值提供。因此，其本质上是通过社会价值赋能商业价值，并通过商业价值反馈实现绩效整合的商业模式。

（1）精一产品：通过精一产品为商业价值奠定基础。为了不断打磨核心技术产品，平凯星辰开源社区将数据库产品的核心代码、开发路线图和技术讨论方案等开放在了全球最知名的代码托管服务平台 GitHub，供全球社区用户使用以提供最广泛的社会价值。平凯星辰创始人特别强调了产品的技术质量对于企业和社区的重要性："开源软件就像修一条高速公路，作为一个修路的厂商，把路修好并尽可能让更多人来走这条路，之后不论是建设加油站还是建设其他东西都是企业自己的选择。"

在产品开源许可证的选择方面，平凯星辰采用了对商业友好的 Apache 2.0 协议，在鼓励代码贡献和尊重著作权的基础上，允许用户修改代码，并将修改后的代码作为开源或商业软件再次发表，并为用户提供专利许可。通过以上举措，来自各行各业的企业用户和全球技术爱好者，自发进行产品使用测试，并将丰富的实践场景与产品改进建议反馈到社区，形成了产品迭代的闭环，利用社会价值为商业价值提供奠定了基础。

（2）制胜场景：通过制胜场景回馈社会价值。基于社区用户提供的丰富业务场景，平凯星辰开源社区聚焦于制胜场景进一步加工和优化商业客户旅程，从中提炼了商业用户的解决方案。同时，丰富的商业化场景也回馈给社区，促进了核心技术进一步更新。为了平衡社区用户和商业客户的价值，平凯星辰开源社区将产品版本分为开源社区版和付费商业版，并将两种版本的差异进行了社区公示。社区版开源且可免费使用，两种版本在核心组件和运维管理上保持同步与一致，而商业用户的付费版本主要是根据客户的差异化需求进行定制，体现在产品的高可用性、高安全性和支持服务方面。

因此，平凯星辰开源社区的付费商业版本目标受众多是具有一定规模，对数据安全和可用性具备刚性需求，且对业务连续性要求较高的企业，如银行、金融、电信等行业客户和政府机构。通过为这类客户提供商业版的订阅和 SaaS 等服务，平凯星辰开源社区实现了商业价值创造，由此产生的利润优势为社区运营提供了资金支持，同时丰富的商业化场景经验也反馈回了社区，共同促进了技术更新迭代。

正如平凯星辰技术架构师所提到：“整体社区会变成一个正向循环，社区使用越频繁，问题反馈越多，修复问题也更多，进而形成产品的超强适应能力和修复能力。”平凯星辰开源社区中的社会价值和商业价值两者互为支撑，共同拉动针对用户体验与客户体验的价值提供双循环，实现社区开源和商业化的一致性整合，如表 10-3 所示。

表 10-3　平凯星辰开源社区悖论识别及其治理的典型证据

| 理论维度 | 二阶主题 | 一阶概念 | 典型证据 |
|---|---|---|---|
| 动机悖论 | 内在价值认同动机 | 极客精神 | 我是一个对美很有追求的人，比如编程，我希望能把这个程序写得很漂亮（$P_g$）。<br>从名字来看，我们这个团队就是一个做技术或者极客的团队，我们一直在做数据库软件（$P_t$） |
| | | 开源文化 | 我们并非像很多传统的开源软件已经在一个大公司里面做出了一个基础，我们从开始写第一行代码时起就开始开源（$P_g$）。<br>在项目开始阶段，我们的文档比代码还要多，这个阶段需要把项目的开源理念和设计详细展示给社区（$P_m$） |
| | 外显地位寻求动机 | 同行声誉 | 从刚加入平凯星辰成为开发者开始，我对“完美”的数据库的幻想正在一步步变成现实，也许是一家在国内最能让自己体验作为“工程师”的价值的公司（$P_u$）。<br>最近几乎只要是和同行吃饭，都会聊起平凯星辰，这个一级市场“software-infra”的明星项目（$P_u$） |
| | | 生产力特征 | TiDB 是所有开发者、用户、运维工程师的共同作品，是大家的技术结晶（$P_g$） |
| 协作悖论 | 连贯式参与 | 项目稳定性 | TiDB 解决方案的特点就是行存列存分开，既可以实现数据的实时分析洞察，又不会影响 TiDB 的性能（$P_g$）。<br>金融行业对数据库的稳定性、安全性和性能有着高标准要求，因此 TiDB 必须长期稳定运行（$P_n$） |
| | | 连续知识贡献 | 我们的技术产品在打磨和增长过程中，崇尚通过大量的用户反馈和数据来实现迭代（$P_t$）。<br>TiDB 从第一代到最新版本，每年代码重写率平均达到了 50%（$P_t$） |
| | 碎片式参与 | 项目适应性 | 客户真实场景里面需要的特性最快两个月就能合并到 TiDB 的主干，并交付使用（$P_u$）。<br>TiDB 的每一个版本，都带来了显著的性能提升，胜任了行业业务场景多样化的需求（$P_n$） |
| | | 灵活知识贡献 | 参与者的意见一定程度上代表了多元化的思考与需求，参与者的修改造就了平凯星辰的迭代升级（$P_u$） |
| 绩效悖论 | 社会价值 | 用户体验 | 当一个开源项目被用户广泛使用的时候，其实它已经创造了很多社会价值（$P_u$）。<br>开发者生态是我们非常看中的，有多少人愿意用 TiDB，我们能帮他们解决简单的业务挑战，这是我们的价值（$P_m$） |

（续）

| 理论维度 | 二阶主题 | 一阶概念 | 典型证据 |
| --- | --- | --- | --- |
| 绩效悖论 | 社会价值 | 开放生态 | 我们的真正优势在于技术开放性，架构开放就意味着能够产生更多连接，有更快的迭代速度、更多的可能性（$P_t$）。<br>我们坚持举办开源技术交流论坛和线下活动，并把自身钻研所得分享出去，毫不吝啬地发表观点并鼓励大家发言，作为领头人引导开源生态蓬勃发展（$P_m$） |
|  | 商业价值 | 客户体验 | 与传统软件厂商不同的是，我们的产品更新会实时同步给所有客户（$P_t$）。<br>代码本身并不值钱，只有用它解决问题的时候，我们提供的服务、提供的价值能被用户长期认可，这是值钱的（$P_n$） |
|  |  | 商业利润 | 目前，我们已向包括中国、美国、欧洲、日本、东南亚等国家和地区，超过 1500 家企业提供商业产品服务（$P_g$）。<br>TiDB 通过快速积累用户并驱动了更多社区开发者，实现了本身产品的不断迭代，更迎来了企业本身数字化转型大潮（$P_m$） |
| 悖论治理 | 强化技术驱动的开源信仰 | 技术目标 | 平凯星辰特别主张技术驱动，它的开源方式甚至不像一家中国公司（$P_u$）。<br>我们相信分布式是未来，相信云时代的业务需要像 TiDB 这样的数据库（$P_t$） |
|  |  | 连接成员 | 我们将网络效应打造为了基于信仰的网络效应，将社区中心从开源公司内部转移到外部以获得更大的参与者连接势能（$P_u$）。<br>线下黑客马拉松是平凯星辰会定期举办的活动，在此期间工程师会进入到疯狂“Hack—吃饭—疯狂 Hack—吃饭”的模式中，写代码到凌晨（$P_m$） |
|  | 整合式协作 | 组件式布局 | TiDB 是一个计算存储分离的分布式数据库，核心架构由四大组件组成，分别是 TiDB Cluster、PD Cluster、Storeage Cluster、TiSpark，其中 Storeage Cluster 又可以分为 TiKV 和 TiFlash（$P_t$） |
|  |  | 开发者整合 | 很多人会沉淀在社区里面的兴趣小组，并孵化出一系列潜在的商机线索（$P_u$） |
|  | 社会价值赋能型 | 精一产品 | 早期的开源项目，有一点点公益性质，开始的时候它跟商业结合没有那么快，也没有那么紧，到后期才创造商业价值（$P_g$）。<br>平凯星辰前面两年的重心是技术累积，对商业化并不着急，直到 2018 年，搭载着云端 SaaS 服务，它的商业化才随之而来（$P_g$） |
|  |  | 制胜场景 | 超过 1500 个企业的真实场景，不仅是成就 TiDB 的沃土，也是其最好的架构师（$P_t$）。<br>集中式数据库和分布式数据库并非替代关系，两者在不同场景中可满足不同需求（$P_t$） |

## 二、华为开源社区的悖论治理

华为开源社区于2019年正式公开其核心产品源代码，基于华为在基础软件生态领域累积的成果，以及“硬件开放、软件开源、使能合作伙伴”的战略，吸引了诸多生态共建企业的员工开发者。通过操作系统openEuler、企业级数据库openGauss、数据虚拟化引擎openLooKeng、全场景AI计算框架MindSpore、分布式操作系统OpenHarmony等数字技术基础软件开源社区的运营，华为开源社区为开发者提供了覆盖端、边、云的全场景开发框架，他们可以借助华为开源社区发展自身品牌或产品。开源社区是华为的战略性投资，通过社区作为引流的方式来扩张现有业务和领域价值，属于共栖型数字技术开源社区。通过对华为开源社区的案例数据归纳分析发现，其面临着内在自我增强动机和外显绩效激励动机、控制式参与和开放式参与、个体价值和生态价值三类悖论困境。

### （一）华为开源社区的悖论困境

由于华为开源社区初期的外部参与者多为生态合作企业的员工，伴生出以下三个问题。

（1）华为开源社区在参与动机引导上面临着参与者内在自我增强动机和外显绩效激励动机的冲突。参与者既想提高自我能力，又担心华为开源社区凭借强大生态整合能力，影响雇用企业允诺的物质报酬或职业晋升机会。

（2）华为开源社区需要设计合理的协作参与过程，协调控制式参与和开放式参与的冲突，在获得开源生态合法性的同时保证开源建设产出的回报率。

（3）由于华为开源社区前身多为闭源自研项目，其需要基于个体价值拓展生态价值，在既保证其作为生态领导者优势的同时，又需要增加补充其对生态互补者的价值创造。

#### 1. 内在自我增强动机和外显绩效激励动机的悖论

华为开源社区早期的外部参与者以生态合作企业的员工开发者为主，参与者一方面受到作为软件开发人员的自我能力提升需求或自我指导需求驱动而参与社区，另一方面则基于雇用企业的物质报酬或职业晋升机会产生的外显绩效激励动机而参与。根据挤出效应，参与开源社区的物质激励会削弱参与者的内在动机（Osterloh 和 Frey，2000），即外显绩效激励动机会引导开发者关注自身所属企业的集体利益，从而约束了生态合作企业员工开发者为提高自身技术能力所展开的个体知识贡献。

因此，华为开源社区面临着参与者外显绩效激励动机与内在自我增强动机之间关系的权衡。华为开源技术的底座属性吸引了大量生态开发者和合作者，软件开发人员作为一种技术资源被所属生态合作企业投入到开源软件社区中。据 openEuler 开源社区负责人介绍："openEuler 作为技术底座，用户在此之上可以根据自己的场景、市场、行业去增加差异化的内容。"其开源社区的巨大规模经济潜力和技术底座优势吸引了诸多生态合作伙伴参与到其开源社区的建设中来。

一方面，由于开源参与已成为构筑技术创新生态的行业共识，华为开源社区凭借领先的行业技术优势，为开发者提供了海量自我指导、创造力表达和能力提升的机会。出于技术共建的目的，生态合作企业的员工开发者倾向于通过积极、全面的知识贡献来打牢产业技术基座，并通过社区知识反馈来增强自身技术能力；另一方面，生态合作企业为确保企业的长期收益，将开源参与作为员工工作内容的延伸，通过向员工支付费用或承诺职业晋升机会，派驻员工进行社区贡献，从而获得访问和吸收开源项目知识的权利，并拓展自身商业模式（Germonprez 等，2017）。

因此，华为开源社区的参与者既代表所属的生态合作企业，在既定的组织结构内工作不仅需要关心集体利益，又代表个体开发者，还存在技术能力提高的个体需求。这会导致他们在开源群体行动中建立集体身份还是个人身份的内在冲突。他们既希望抓住知识贡献和共建技术生态的机会，通过边学边做提升自身技术能力，又受制于所属企业的绩效激励约束，担心华为凭借领先的技术整合优势和行业主导地位导致其所在企业收益损失，从而无法完全释放自身知识潜力。

2. 控制式参与和开放式参与的悖论

华为开源社区是通过将技术置于企业之外的社区来获得技术发展空间的，为了达成项目层面的高效协作，需要平衡控制式参与和开放式参与，即确保组织正式目标的实现，又能通过自由知识贡献、开放共治赢得技术采用。

一方面，运营开源项目需要在代码编写、托管网站、介绍性材料、营销等方面进行大量投资。因此，华为开源社区会对开源项目保持一定程度的控制权，以期达成组织正式目标，保证产出与目标的一致性。由于社区志愿参与者大多在业余时间工作，无法保证持续生成代码，这会降低集体行动的可能性和决策速度（Chen 等，2021）。因此，在运营开源项目时，开源社区可以利用自身结构的力量来利用开发者（Lauritzen，2017）。正如华为开源社区运营人员表示："现在随着技术趋势以及行业趋势的演进，我们将从参与者向贡献者再向核心主导者这样的一个角色不断去演进。"通过引入正式规范和增加专业化分工，开源社区可以最大限度地提高开源建设的回报率（Capra 等，2011）。另一方面，为了获取高质量的智力资本、深化开发技能、赢得外部参与者的技术采用，华为开源社区也需要保证自由知识贡献和开放共治，以进一步提高开放度和透明度，甚至向补充产品的生产商以及直接竞争对手提供开放代码。

华为消费者业务高管强调了华为开源社区中控制权掌握与开放共治的悖论："一个技术生态要想成功，做出来只是第一步，还得有人使用，且不断做应用的创新和硬件的创新。"华为开源社区需要下放一定程度的控制权换取在整个开源生态中的合法性，这样才能吸引企业以外的智力资源共同进行项目开发和生态建设，为项目实现弹性且可持续性的成长提供力量。

3. 个体价值和生态价值的悖论

华为开源社区的前身多为闭源自研项目，如何既保证其作为技术架构生态领导者的领先优势，又增益所处生态系统互补者的商业利润和技术发展，成为其绩效整合治理的难题。

一方面，由于现有技术能力不足和市场不成熟，特定项目的商业优势需要依靠开源形式进行社会化输出才能得以拓展。技术生态系统中单个成员的成功取决于生态系统的整体吸引力，这种吸引力来自于生态系统的其他成员，甚至是同时与之竞争成员（Schmeiss 等，2019）。为了增强其作为技术架构生态领导者的个体价值，华为开源社区需要培养完整的技术生态系统，并在更广泛的行业及其客户中进行技术投放，为生态系统这一更大集体利益群体做出贡献。正如华为轮值 CEO 所提出的："我们希望创建开放、有活力、多样性和共荣共生的环境，不管合作伙伴大小，只要有实力、有创新，我们就一起携手合作，共同为客户解决业务挑战、创造价值。"

另一方面，由于现有市场软件基础能力的薄弱，以及华为延伸到开源社区的强大生态整合能力，其可以与生态互补者或最终用户直接互动，通常处于生态价值治理的有利地位（Rietveld 等，2019）。

由此带来的核心知识泄露和业务客户争夺等参与风险会影响华为开源社区生态价值的输出，合作伙伴在参与开源社区共建时会犹豫不决，正如华为开源社区生态合作伙伴提到："我在 HarmonyOS 的生态里面定位是什么？在这个生态的蛋糕里面，华为要哪一块？又能给我哪一块"？因此，在制订和实施价值路线的过程中，华为开源社区的核心治理难题是管理个体价值与生态价值的关系，成为生态价值创造者而非掠夺者，服务于开源社区的短期和长期利益，这是一项长期挑战。

### （二）华为开源社区的治理

华为通过上线自研技术发起开源社区，并基于社区发展演变逻辑实现了开源社区内多对悖论要素的协调和治理。

（1）为了协调内在自我增强动机和外显绩效激励动机引发的参与动机矛盾，激发以生态合作企业员工为主的外部开发者参与动力，华为开源社区强调构建生态建设为核心的信任，以达成互相信任的合作环境，吸引参与者成功进入社区并贡献价值。

（2）随着开源社区运营过程中项目场景的丰富，社区用户不断增长，协作机制设计成为社区持续运营的关键。为了解决控制式参与和开放式参与的协作挑战，华为开源社区设计了分布式协作机制，平衡了企业控制与开放共治的社区基因，并保证了开源社区存在的合法性，项目共同体得以形成。

（3）为进一步升级开源社区，需要实现个体价值和生态价值的整合，华为开源社区选择通过个体价值驱动型的治理方式，赢得互补性技术在生态中的发展，实现共栖型数字技术开源社区的持续运营。

1. 构建生态建设为核心的信任

由于华为开源社区与企业实践紧密关联，其社区参与者面临内在自我增强动机和外显绩效激励动机的悖论，这也成为华为开源社区参与动机治理的核心问题。华为开源社区采取了一系列措施，强调构建生态建设为核心的信任。一方面，通过明确底层技术属性来达成信任互通的合作环境；另一方面，通过立体布局来明确开放互联的生态整合目标，以吸引生态合作企业员工开发者的持续参与。

（1）信任互通氛围：明确技术底座属性打造信任互通氛围。华为开源社区坚持采用“硬件开放、软件开源、使能伙伴”的产业战略，通过联合生态力量打造行业统一标准的技术底座，吸引参与者优化技术路线，实现差异化竞争。万物互联的机会窗口已经到来，对于硬件厂商，其流量获取成本相对较高。华为鸿蒙开源社区强调通过共建鸿蒙操作系统（HarmonyOS），生态中的诸多个体开发者和企业可以通过一次开发多端部署与覆盖的操作系统，来低成本地获取流量。同时，借助华为开源社区的生态影响力，企业开发者既可以通过提供差异化的产品摆脱同质化竞争，又可以通过万物互联的鸿蒙生态持续连接用户，进而拓展以服务为导向的新兴商业价值，并从开源项目中得到赋能。

此外，华为开源社区在进行技术项目开源前，会首先明确技术项目在产业链中的商业价值与底座位置，以减少对合作伙伴商业利益的侵害。正如华为计算产线服务器操作系统领域总经理所强调："openEuler 与合作发行商属于技术与商业上的互补关系。因此，华为开源社区不会推出自己的 openEuler 商业版，但合作厂商可以做自己的发行版，打造差异化竞争力，并实现商业变现。"由于开源社区中委托人容易受到受托人机会主义行为的影响，且委托人难以监督受托人的行为，在虚拟社区中的信任很脆弱且易被摧毁（加利文，2001）。通过技术底座属性的边界确立，华为开源社区赢得了生态开发者的信任，减弱了生态参与者的进入障碍。

（2）生态整合目标：通过立体布局树立生态整合目标以吸引潜在伙伴。华为鸿蒙开源社区负责人提到，"我们期望的是真正给开发者创造商业价值，只有创造了商业价值，开发者才愿意加入生态进行共建"。为了吸引生态合作伙伴的持续性嵌入，以开源的全场景分布式操作系统 HarmonyOS 为例，在横向上，华为开源社区从软件、硬件和应用创新方面入手，制定了生态伙伴场景拓展计划。

为了吸引应用开发者和硬件开发者搭载 HarmonyOS 进行创新，华为开源社区从智能家居场景切入，目标覆盖智慧出行场景、运动健康场景等消费者全场景，以吸引生态伙伴参与进场景扩展中来。在纵向上，华为开源社区制定从底层芯片与模组，到解决方案，再到品牌供应商的全产业链打通计划，共建 HarmonyOS 的技术竞争力。通过横纵布局，华为开源社区通过多个开源项目吸引了大量潜在的生态合作伙伴，共同推进技术进步。此外，华为开源社区发布"沃土计划"，针对合作伙伴、初创企业、开发人员和高校科研院所的开发人员，支持其学习和构建通过华为开源项目使用华为产品的技术能力。

2. 分布式协作

华为开源社区面临着控制式参与和开放式参与的协作治理挑战，即如何平衡企业控制与开放共治的社区基因，以保证开源社区的合法性，进而吸引外部资源参与协作。为了解决以上治理难题，在项目布局上，华为开源社区围绕数据驱动创新的多元分布式场景，差异化地建立了多个独立分布的开源社区，既保留了对底层技术的控制权，又实现社区间相互松散耦合的分布式协作。同时，通过模块化学习协作，华为开源社区提供了外部参与者分布式协作和知识贡献的机会。

（1）分布式布局：围绕数据驱动创新场景进行分布式布局。华为开源社区目前重点布局了数字技术基础软件领域的五大开源项目，分别是兼容多算力的操作系统 openEuler、企业级数据库 openGauss、数据虚拟化引擎 openLooKeng、全场景 AI 计算框架 MindSpore、分布式操作系统 OpenHarmony，分别拓展了数据驱动创新的多个相对独立场景。其中，openEuler 负责协调跨架构的数据流动，openGauss 负责存储和管理数据库，openLooKeng 负责分析来自不同数据源的信息，OpenHarmony 负责连接并整合多智能终端和全场景。

正如华为开源能力中心专家强调："基础软件的特点是通用、标准化，对接更多的上下游软件，当然现在大家都喜欢称之为'生态'，所以华为布局了多个基础软件开源项目。"依托以上围绕多元场景进行差异化布局的项目，华为开源社区实现相互独立。不同类别的开源社区面向云、边、端、人工智能等不同场景进行创新和合作，甚至是跨场景的创新。

（2）模块化学习协作：促进开发者进行模块化学习和协作。以 openEuler 社区为例，社区运营人员强调："开发者既可以通过查看开源社区已有的专项兴趣小组列表选择加入，又可以联合 2～3 个有共同兴趣及目标的人创建新的专项兴趣小组。"具体而言，专项兴趣小组成员负责开源社区特定子领域及创新项目的工作流程、架构设计、项目维护和技术演进识别等工作。通过模块化环境设计，开发人员可以将智力资本集中在特定的工作模块上，并降低了合作参与成本（Pil 和 Cohen，2006）。

模块化的代码结构也有助于地理上分散的程序员之间工作分配与协调，提高项目透明度，降低新知识的贡献壁垒（MacCormack 等，2006）。在专项兴趣小组之上，有社区技术委员会，该技术委员会主要由华为企业内部开发人员组成，对专项兴趣小组起到辅导和监督的职能。专项兴趣小组领导者需要定期向社区技术委员会汇报项目孵化情况及运营进展，并接受指导。社会技术委员会为专项兴趣小组提供技术指导，来引导项目发展方向。因此，华为开源社区对社区关键决策保留唯一的发布权限。

3. 个体价值驱动型

为了实现个体价值和生态价值的共同增益，华为开源社区将与生态伙伴互补的自研技术进行开源，基于个体和生态边界的明确划分，赢得互补性技术在生态中的采用与发展，达到构筑万物互联的社会生态目的。因此，其本质上是通过个体价值赋能生态价值，并通过生态价值反馈实现治理。

（1）明确商业边界：通过互补技术明确商业边界以扩大生态价值。为了明确商业边界，华为开源社区依照“1+8+N”全场景生态战略[⊖]，即开源项目集中于互补性技术设施领域，应用部署、硬件研发和数据开发等互补功能通过生态伙伴集成实现，达成利益平衡。在捐赠 HarmonyOS 2.0 所有版本的同时，华为开源社区也配套捐赠了面向应用者和面向硬件开发者的组件、工具和模组，以帮助不同业务层面的开发者进行 HarmonyOS 软件、应用和硬件的开发。

华为消费者事业部软件部副总裁提到：“我们想要的就是提升华为‘1+8’的产品和服务的销售额，但是我们只做‘1’和‘8’，不做‘N’。”通过捐赠互补性底层技术至开源社区，华为开源社区明确了企业商业边界，确立了自身作为终端厂商的业务范围，鼓励其他生态合作伙伴通过集成 HarmonyOS 进行创新。例如，美的、苏泊尔和方太等家电企业通过研发搭载 HarmonyOS 的家电产品，打造了多场景、多入口、多应用的生态平台。因此，通过厘清商业边界，华为开源社区与生态合作伙伴间的产品壁垒得以打通，生态价值实现指数级提升。

---

⊖ “1+8+N”全场景生态战略中，“1”指的是手机，“8”指的是平板电脑、笔记本电脑、智能手表、智能电视机、AI 音箱、蓝牙耳机、VR 设备、车载系统八大业务，“N”指的是移动办公、智能家居、运动健康、影音娱乐及智能出行等板块的延伸业务。

（2）万物互联生态：通过万物互联生态反馈个体价值。随着互补性技术在开源社区的采用与发展，社会生态成为华为产品的流量接口，促进了其个体商业利益获得。万物互联作为未来社会的发展趋势，其技术进步和应用进展一直是社会关注的焦点（Mubarak 和 Petraite，2020）。华为开源社区预期未来能达成两类生态融合的目标，一类是物理边界的融合，即所有的孤立设备融合成超级终端，另一类是时间边界的融合，通过软件的迭代升级来不断挖掘和提升消费者体验。

但华为开源社区技术架构师强调："在这个生态里，显然不可能所有的东西都由华为一家去做。"以上两类生态建设依靠单一厂商是无法实现的。因此，在创新生态系统中，企业对新兴技术标准制定表现出更大的支持，希望实现产品之间的互操作性（Ranganathan 等，2018）。华为开源社区需要通过捐赠互补技术，引入更多开发者和合作伙伴繁荣技术生态圈。

一方面，通过内外部开发者的持续参与开发，华为开源社区和开发者们共同推进了技术标准的确立，并逐步降低技术的开发边际成本，实现信息传输、数据共享等更高效的协同；另一方面，不同的生态伙伴通过开源项目参与到技术整合的进程中，解决了不同品牌厂家智能设备之间的彼此发现和互联互通问题，催生出更多的应用场景和用户需求，以及更广阔的万物互联市场空间。外部知识进一步被华为开源社区吸收、改进和补充，提高了其个体技术吸引力，具体如表 10-4 所示。

**表 10-4　华为开源社区悖论识别及其治理的典型证据**

| 理论维度 | 二阶主题 | 一阶概念 | 典型证据 |
| --- | --- | --- | --- |
| 动机悖论 | 内在自我增强动机 | 能力提升需求 | 我们需要沟通的人不再只是身边的同事，要学习的东西也不再局限于在公司里做的项目（$H_u$）。<br>我们的 HarmonyOS 官方课程专区拥有丰富的课程资源和体系化的课程架构，面向不同基础的开发者提供"入门—进阶—高级"的 HarmonyOS 系列课程（$H_m$） |

（续）

| 理论维度 | 二阶主题 | 一阶概念 | 典型证据 |
| --- | --- | --- | --- |
| 动机悖论 | 内在自我增强动机 | 自我指导需求 | 如果开发者想要再进一步学习，我们提供了渐进式的开发工具 Code Lab，逐步引导开发者学习如何使用我们的 API 去进行快速开发（$H_u$）。<br>远程实验室可以帮助开发者不用采购华为的设备，只要能够上网，就可以把开发的产品跟华为的实际物理设备进行联调（$H_u$） |
| | 外显绩效激励动机 | 物质报酬需求 | 参与开源会让自己有更多的时间和精力在社区里做贡献，同时公司也会提供更好的资源和平台（$H_t$） |
| | | 职业晋升需求 | 在参与开源社区的建设以后，开发者自身在未来的职业发展中可能会发挥更大的开源优势（$H_u$）。<br>完善的 HarmonyOS 职业认证计划可以帮助产业人才提高个人能力，例如根据 ICT 从业者的职业需求，我们会颁发工程师级别、高级工程师级别和专家级别三个认证等级（$H_m$） |
| 协作悖论 | 控制式参与 | 组织正式目标 | 我们不断持续投入打造整个鸿蒙生态，希望打造一个基于 HarmonyOS、鸿蒙智联、OpenHarmony 和 HMS Core，面向“1+8+N”全场景设备的强大的生态体系（$H_g$） |
| | | 产出目标一致性 | 华为“耀星计划”已累计激励超过 1 万个开源创新应用（$H_t$） |
| | 开放式参与 | 自由知识贡献 | 开发者能用多样化的知识贡献工具，在多种类型的终端设备上进行创新，从而为消费者带来万物互联的新体验（$H_u$） |
| | | 开放共治参与 | 我们希望汇聚全球开发者，开放更多能力与服务，让开发更简单，让创新更高效（$H_g$）。<br>全场景、多终端、多操作系统的移动服务核心能力，保证了向开发者提供跨操作系统的能力开放（$H_t$） |
| 绩效悖论 | 个体价值 | 领导者技术发展 | 华为拥有跨端、管、云的产品体系，也就是华为开源社区不仅仅有 IT 的能力，也有 CT 的能力（$H_g$）。<br>华为 ICT 全产业链打造技术，开源能让华为受益（$H_t$） |
| | | 领导者商业发展 | 每一个设备都成为超级终端的一个感官，实现对用户意图的更精准判断，并且能够根据用户意图精准筛选所需服务，并以服务组合的形式为用户提供专业建议（$H_t$）。<br>我们利用开源去达成商业化，想要构建一个大的生态，以此来辅助商业目标的达成（$H_m$） |
| | 生态价值 | 互补者商业发展 | 开发者和合作伙伴加入进来，为开放生态添砖加瓦（$H_t$）。<br>鸿蒙生态为软硬件合作伙伴提供了优渥的土壤，其提供的创新性原子化服务能够精准触达用户（$H_m$） |

（续）

| 理论维度 | 二阶主题 | 一阶概念 | 典型证据 |
| --- | --- | --- | --- |
| 绩效悖论 | 生态价值 | 技术生态系统发展 | 就技术本身而言，我认为是没有国界的，是全世界共有的，如果我们要走向全球，我们需要更多地去关注不同领域的开发者诉求（$H_g$）。<br>我们将重点基于“鲲鹏+昇腾”计算处理器，打造开源开放的计算产业生态（$H_g$） |
| 悖论治理 | 构建生态建设为核心的信任 | 信任互通氛围 | 我们从线上走向线下，希望以更近的距离、更亲切的方式，去跟开发者伙伴进行沟通、交流以及技术上的探讨（$H_m$）。<br>我们邀请了很多华为内部各个领域的专家，走到前台来与开发者伙伴进行互动，培养他们的信任感（$H_m$） |
| | | 生态整合目标 | 我们把两大操作系统都贡献出来开放成开源项目，为千行百业提供强大的数字底座（$H_t$）。<br>我们在开发者生态的定位是希望能够在各行业孵化开发者伙伴，与华为共同创新，在新的应用领域进行探索（$H_r$） |
| | 分布式协作 | 分布式布局 | 分布式能力可以支撑更多设备、更佳性能，打造更坚固的超级终端底座（$H_r$） |
| | | 模块化学习协作 | 我们不断升级的开发套件助力开发者进行更高效的跨端开发，设备开发者可以根据不同硬件灵活选择组件，轻松完成操作系统组装（$H_t$）。<br>以开发者体验为核心牵引，我们会考虑从开发者首次接触到华为产品的能力，到理解我们的能力，再到学习、开发、测试以及最终发布上线，包括运营各个模块化过程来为开发者提供各种技术支持（$H_m$） |
| | 个体价值驱动型 | 明确商业边界 | 华为在生态建设中仍然坚持只保留1%的利润，把更多的利益分享给我们的生态合作伙伴（$H_g$） |
| | | 万物互联生态 | 华为的开源生态是自生长、自繁荣的，而不是说一直只能依靠华为来推进，这是大家共同建设的一个共生共荣的健康生态环境（$H_g$）。<br>选择开源这条路，是因为我们认为团结尽可能广泛的开发者和合作伙伴能帮助我们实现万物互联的目标和愿景（$H_t$） |

## 第五节　基于悖论视角的数字技术开源社区的治理机制

数字经济时代下，企业需要不断开发数字资源和构建数字能力，更新数字基础设施和数字平台，以保持竞争力（Wimelius 等，2021）。企业通过创建数字技术开源社区，围绕人工智能、大数据、区块链、云计算、物联网等新兴数字技术的基础软件、硬件和应用进行开发，越来越成为竞争优势获取的一种有效途径。基于平凯星辰（共生型）和华为（共栖型）两类数字技术开源社区的案例研究，本节内容在 Roberts 等（2006）的研究基础上，进一步提出“动机引导—协作设计—绩效整合”的开源社区治理逻辑框架，以解决数字技术开源社区的悖论为出发点，融合开源社区悖论治理的阶段性重点与开源社区发展过程，探究了数字技术开源社区这一创新联合体的治理机制，如图 10-2 所示。

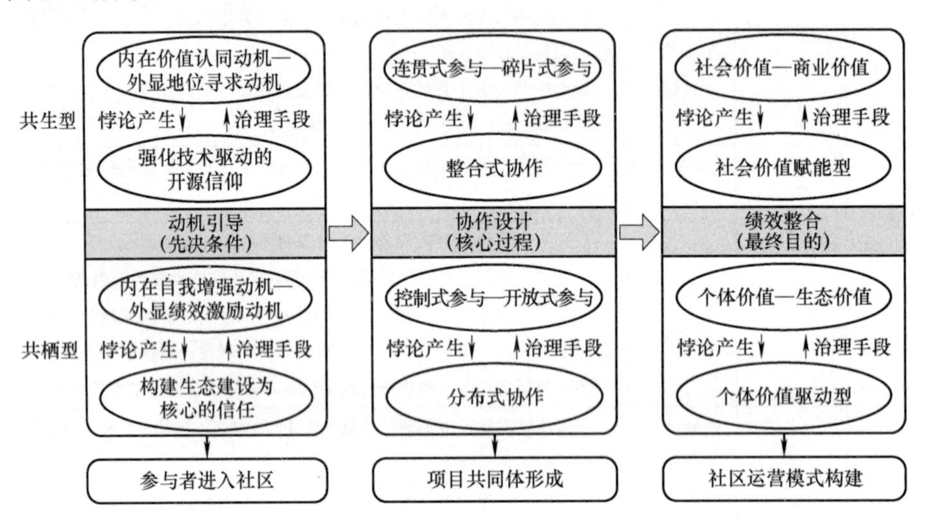


图 10-2　基于悖论视角的两类数字技术开源社区的治理机制

第一阶段是吸引参与者进入，实施参与主体的动机治理，激励参与者生产并自由分享知识，这是数字技术开源社区悖论治理的先决条件。

第二阶段是项目参与主体协作设计，探索开源社区外部输入者围绕项目相互协作的解决方案，进一步增加参与者的社区贡献，形成开源项目共同体，这是开源社区悖论治理的核心过程。

第三阶段是开源社区绩效整合，形成商业价值与社会价值、个体价值与生态价值的良性循环，支撑开源社区不断壮大，激发更大的技术创新，构建可持续的运营模式，这是开源社区悖论治理的最终目的。

尽管两类开源社区都寻求知识的广泛接收和采纳，但共生型与共栖型数字技术开源社区创建企业的差异特征，直接影响相对应开源社区的参与动机、协作过程与绩效结果，随后的具体治理机制也存在区别。两类开源社区治理思路出现差异的原因，主要来源于创建企业主体特征和战略规划目标的不同。共生型数字技术开源社区多为新兴技术挑战者，而共栖型数字技术开源社区的创建企业多为成熟技术领导者。尽管两者都希望通过开源社区扩散技术知识、共建技术生态，但前者更希望快速实现市场颠覆，主体特质会投射到开源社区的运营中，创建企业与开源社区的利益深度绑定；后者则更希望保持对底层技术的控制权，创建企业与开源社区的利益是松散耦合关系。

## 一、共生型数字技术开源社区的治理机制

共生型数字技术开源社区是与企业同步产生、相互依存、共同演进的开放式知识开发和在线生产社区。鉴于共生型数字技术开源社区的创建企业初期商业价值的空间有限且处于弱势竞争地位，需要整合社会参与者的智力资本以提高技术共享能力，达到颠覆现行技术标准的目的。这既能创造新的商业价值，又符合“黑客精神”的开源文化。

（1）需要强化技术驱动的开源信仰，协调参与者内在价值认同动机和外显地位寻求动机的冲突。开源信仰是将开发者联系在一起并帮助他们理解开源社区的一组相互关联的、具备情感色彩的价值观和规范（Stewart 和 Gosain，2006）。内在价值认同动机是指关注一致价值观的满足，通常表现为基于信仰完成特定任务，以达到任务外部性；外显地位寻求动机是指关注社会地位认可的满足，通常表现为追求社区声誉、赢得同行尊重或潜在雇主兴趣（Roberts 等，2006；Spaeth 等，2015）。由于共生型数字技术开源社区的外部参与者以个体开发者为主，因此开源社区需要在稳定更新核心技术产品基础上，强化社区参与成员的开源信仰，持续地对外部参与者开展动机激励。这些相容的

利益通过激励社区参与者合作，引导社区内部主体朝着推进共享平台的目标努力。

（2）通过整合式协作，促进连贯式参与和碎片式参与的统一。连贯式参与强调开发者基于对社区的集体认同，依赖连续的知识贡献达成项目稳定性；碎片式参与强调开发者基于市场的竞争性感知，依赖创新但片段化的知识贡献达成项目适应性（Brunswicker 和 Schecter，2019；Sun 等，2021）。通过围绕核心技术产品进行组件式布局以及整合开发人员，共生型数字技术开源社区既保证了参与者灵活知识贡献渠道的畅通，又达成连贯发展的目标。这确保社区成员围绕产品设计进行组织工作，同时防止软件项目分叉成许多代码库的碎片版本，从而实现开源软件的高效开发和维护（Kogut 和 Metiu，2001）。

（3）通过社会价值赋能型的运行方式，推动社会价值与商业价值的迭代发展。社会价值是指基于社会财富优先原则，为满足社会需求所创造的价值；商业价值是指基于经济财富优先原则，为满足企业商业收益和需求所创造的价值（Austin 等，2006；Mair 和 Martí，2006）。共生型数字技术开源社区通过精一产品为商业价值奠定基础，并利用制胜场景回馈社会价值，实现了价值闭环。由于共生型数字技术开源社区和创建企业同步产生、共同演进，因此其技术项目在开源社区发展初期是以社会价值建设为主线的，以提高共享技术能力和市场合法性。随后，商业价值从社会价值的不断迭代中产生，并最终实现自循环。通过参与绩效治理，共生型数字技术开源社区既能倡导开源软件的非竞争性使用，为大量个体用户、中小企业提供无门槛使用优质软件产品的机会，显示出社会规范的潜力，又能赢得技术采用和吸引技术人才，提升经济效应（Daniel 和 Stewart，2016）。

## 二、共栖型数字技术开源社区的治理机制

共栖型数字技术开源社区多是由企业有计划的战略性投资而产生的，并嵌入企业现有业务的开放式知识开发和在线生产社区。共栖型数字技术开源

社区的创建企业往往通过对开源软件的资源承诺，以及融合自身专有平台和开源社区的混合策略，这样既维护个体核心价值，又利用开源换取流量式接入，增益生态价值。

（1）需要构建生态建设为核心的信任，解决内在自我增强动机与外显绩效激励动机的矛盾。内在自我增强动机是指关注对自我指导需求的满足，通常表现为追求能力提升；外显绩效激励动机是指关注物质报酬的满足，通常表现为追求金钱报酬或职业晋升（Roberts 等，2006）。由于共栖型数字技术开源社区的外部参与者以生态合作企业的员工开发者为主，为协调两类参与动机的相互挤出效应，共栖型数字技术开源社区通过明确生态整合目标营造信任互通的环境，吸引了外部合作企业员工开发者的持续参与。

（2）通过资源分布式协作，达成控制式参与和开放式参与的平衡。控制式参与强调开发者遵循正式的组织目标，开展规范的、经过设计的项目协作；开放式参与强调开发者基于自由披露的知识贡献原则，开展自由的、开放的项目协作（Balka 等，2014；Lauritzen 和 Karafyllia，2019）。通过围绕数据驱动创新场景进行分布式布局，协调开发者模块化学习，共栖型数字技术开源社区既可以基于现有能力和价值分配策略有控制地、有选择地展开项目协作，又能赋予外部生态参与者治理权，允许他们通过参与协作治理来表达观点，提高了内部自由信息共享比率和有效性（Chen 等，2021）。

（3）通过个体价值驱动型的运行方式，推进个体价值与生态价值的共同增益。个体价值强调基于中心价值创造原则，巩固并增强生态系统中单一主体；生态价值强调基于共同价值创造原则，有效协调并增益生态系统多方参与主体（Huber 等，2017；Wareham 等，2014）。由于共栖型数字技术开源社区源于企业有意识的、战略性的投资，其技术项目开源前本身已具备一定个体价值。通过个体和生态边界的明确划分，共栖型数字技术开源社区既可以赢得互补性技术在生态中的采用与发展，促进技术产业发展，又能利用生态系统成员行动之间的相互依赖性巩固自身价值，带来个体经济补偿。通过开源投资作为其产品或服务的引流，创建企业以生态价值的建设来增益其个体商业价值，并拓宽商业价值边界，最终实现良性循环。当生态中个体企业以更大集体利基为工作重点，知识组合会保持更大的凝聚力和一致性，在实现对协同创新可扩展利用的同时，也有利于实现对外部竞争者的共同抵御（Kapoor 和 Agarwal，2017）。

## 三、两类数字技术开源社区的治理对比

基于上述对两类数字技术开源社区治理机制的讨论，接下来本文进一步从创建目的、参与动机、协作过程和绩效结果四个方面对两类数字技术开源社区的治理机制进行对比分析，进一步延伸和拓展开源社区治理机制的研究，如表 10-5 所示。

表 10-5　两类数字技术开源社区的治理对比

| 比较维度 | 数字技术开源社区治理 | |
|---|---|---|
| | 共生型数字技术开源社区 | 共栖型数字技术开源社区 |
| 创建目的 | 主要通过技术的突破式创新以实现对现有技术市场的快速颠覆，以创建企业与开源社区的协同发展为导向，强调瞄准与创建企业不重叠的利基市场提供互补价值 | 主要通过业务模式更新和技术的渐进式创新以维持对现有市场的控制权，侧重以创建企业获益为导向，强调瞄准与创建企业部分重叠的利基市场以实现获利 |
| 参与动机 | 强化技术驱动的开源信仰，以吸引并保留个体开发者有限的注意力、时间和精力投入 | 强调通过确立底层技术的边界和属性，赢得生态合作企业开发者的信任 |
| 协作过程 | 围绕核心技术产品进行组件式布局来实现开发人员的整合式协作，以促进社区内合作连贯性和碎片化的统一 | 围绕数据驱动创新场景进行差异化布局来实现开发人员的分布式协作，以达成社区内合作开放性和控制性的平衡 |
| 绩效结果 | 强调基于社会价值的建设导向，通过社区用户体验提炼商业场景，并利用商业价值优势进一步夯实社会价值，最终推动社会价值与商业价值的迭代发展 | 强调以巩固和增强生态系统中个体价值为驱动，在个体商业价值增益的基础上拓宽生态价值边界，最终推进个体价值和生态价值的共同增益 |

### （一）创建目的

在创建目的方面，企业创建数字技术开源社区的目的具有差异性，这种

差异性会对相应开源社区的治理结构和内容产生影响。创建企业主要希望借助开源社区吸收外部知识和技术贡献，降低企业内部研发成本，通过放弃控制权赢得在劳动力市场、资本市场、产品服务市场的合法性，以维持现有竞争优势（Baldwin 和 Von Hippel，2011）。由于数字技术行业标准尚不成熟，不论是共生型还是共栖型数字技术开源社区的创建企业，都希望通过开源社区建立基于前沿技术的生态系统，加速推广新技术为行业技术标准，通过放弃控制权赢得新兴技术的领导优势，拓展新业态和新模式。

尽管两类数字技术开源社区的创建企业都希望输出自身技术体系作为新兴行业标准，但共生型开源社区的创建企业倾向于通过技术的突破式创新以实现对现有市场的快速颠覆；而共栖型开源社区的创建企业则更希望保持对底层技术的控制权，通过驱动业务模式更新和技术的渐进式创新保持对现有市场的控制权。同时，共生型数字技术开源社区的创建多以创建企业与开源社区的协同发展为导向，强调瞄准不重叠的利基市场提供互补价值；而共栖型数字技术开源社区的创建多侧重以创建企业获益为导向，属于创建企业有意识的嵌入性投资，强调瞄准与创建企业部分重叠的利基市场以实现获利。

### （二）参与动机

在参与动机方面，开源社区价值主张是其背后起主导作用的创建企业战略的映射，由于企业利益和社区目标并不总是一致的，当两者利益目标出现错配时，会为参与者进入社区带来认知和行动障碍。一般而言，开源社区主要基于价值观共享、知识共享、相互尊重等以人类情感为中心的传统信任，来维护开源社区内各主体参与动机的一致性（Stewart 和 Gosain，2006）。随着数字技术影响边界的拓展，以人为中心的传统信任方式正在向以技术为中心的数字信任方式转变。在数字技术开源社区中，除了纳入社区认同感等以人为中心的传统信任外，还需结合数字技术的知识共享和传播特性，打造技术嵌入的数字信任（Mubarak 和 Petraite，2020），来提高外部参与者对开源社区运营能力、协作流程和技术发展前景的信心。

共生型开源社区的前期参与者以个体开发者为主，一部分开发者追求开源信仰并致力于挑战前沿数字技术的开发工作；另一部分开发者追求“搭便车”，一旦失去获取技术利益或行业声誉的机会便会离开社区。而共栖型开源社区早期的外部参与者以生态合作企业的员工开发者为主，他们虽希望通过知识贡献和社区反馈以提升个人技术能力，但受制于所属企业允诺的物质利益和职业晋升等绩效约束，并不能完全释放自身知识潜力。

因此，共生型数字技术开源社区强调通过打造稳定更新的前沿核心技术，贡献高质量的技术内容来强化技术驱动的开源信仰，以吸引并保留个体开发者有限的注意力、时间和精力投入；而共栖型数字技术开源社区则强调通过确立底层技术的边界和属性，赢得生态合作企业开发者对开源社区的信任。

### （三）协作过程

在协作过程方面，为推进社区内协作效率的提高，开源社区需要应对参与者在协同开发过程中多样化和不断变化的需求，联合社区力量吸引、改进和补充技术，加快研发进程，拓展应用场景，提高软件质量。由于企业创建的开源社区前身多为闭源自研项目，软件技术开发往往较为复杂，且软件开发是一项充满不确定和认知要求较高的解决现实棘手问题的任务，这增加了开源社区内开发人员协作开发的认知障碍（Nambisan，2017）。

一般而言，开源社区主要通过引入激励和控制等正式和非正式规范，增强社区内专业化分工与协作。由于数字技术的高度复杂性和不确定性，共生型开源社区在项目协作过程中重点关注技术发展与创新，既需要通过连续开发以提升技术水平，又需要时刻整合碎片化的外部市场需求。而多元灵活的外部开发需求会中断原有连贯的软件开发进程，并影响项目协作进展。共栖型开源社区在项目协作过程中则重点关注企业利益发展与更新，既需要通过控制机制主导项目发展，使之符合自身商业目标，又需要维持社区开放以换取项目协作的合法性。

因此，为推进社区内项目有序协作，共生型数字技术开源社区强调通过引入整合式协作，即围绕核心技术产品进行组件式布局，并依托同一社区的整合运营达成开发人员间的高效协作，以促进社区内合作连贯性和碎片化的统一；共栖型数字技术开源社区则强调通过引入分布式协作，即围绕数据驱动创新场景进行差异化布局，建立多个独立分布的开源社区来协调开发人员，以平衡社区内合作的开放性和控制性。

### （四）绩效结果

在绩效结果方面，数字技术开源社区强调追求多元价值的整合，及作为生态系统或社会系统的互补者创造协同价值。为了确保开源社区能够持续发展，必须保证社区的自生长性，在大量和多样化的参与者驱动下产生价值创造。一般来说，开源社区以追求单一的价值扩张为主，例如降低开发成本、寻求外部知识、扩大分销渠道等，因此社区绩效输出大多与创建企业战略保持一致（Schaarschmidt 等，2015）。由于新兴数字技术改变了企业传统依赖的性质和范围，数字生态系统成为企业相互依存的网络载体，通过连接以创造和获取价值（Subramaniam 等，2019）。

因此，共生型数字技术开源社区强调基于社会价值的建设导向，通过社区用户体验提炼商业场景，并利用商业价值优势进一步夯实社会价值，最终推动社会价值与商业价值的迭代发展；共栖型数字技术开源社区则强调巩固和增强生态系统中的个体价值，通过个体和生态边界的明确划分，在个体商业价值增益的基础上拓宽生态价值边界，最终推进个体价值和生态价值的共同增益。

## 第六节　理论贡献与管理启示

### 一、理论贡献

（1）本章通过构建基于“动机引导—协作设计—绩效整合”的数字技术

开源社区治理框架，揭示了数字平台治理机制中的过程逻辑，拓展了数字平台管理理论在开源社区场景下的应用边界。

首先，现有研究为协调数字平台权利和资源的潜在冲突，以及满足平台主导企业和平台参与者的差异需求，提供了多重身份战略、多栖定制战略、平台镶嵌战略、激励与控制战略等多类治理模式（王节祥等，2021；Chen 等，2022），却鲜有考察数字平台多元主体合作期内治理方式的动态变化（Cavallo 等，2021）。为此，本章内容通过解构数字技术开源社区这类数字平台在参与动机、协作过程以及绩效结果三阶段的潜在冲突，明确了开源社区治理机制各个阶段的治理重点，强调悖论要素的长期协调和整合，这对数字平台的动态治理具有一定意义。

其次，由于数字技术开源社区的合作产出目标为基于人工智能、区块链、云计算等数字技术的底层基础软件、硬件和应用，且开源社区内任何个体或企业都可以参与新功能的创造，其具备重新编程性与可供性（Yoo 等，2012），以及无限发展新生事物的自生长性（刘洋等，2020；Thomas 和 Tee，2021）。因此，数字技术开源社区在系统设计、协调和治理方面面临着比其他类型数字平台更严峻的管理挑战。区别于现有研究强调数字平台作为群体交易市场和交互中介的经济特性（Chen 等，2022；Jovanovic 等，2022），本文融合了数字平台作为标准化接口和组件的公共属性，通过治理机制设计同时增益了数字平台的公共价值和商业价值，拓展了数字平台管理理论在数字技术开源社区这一创新开发新范式中的应用。

（2）本章内容聚焦共生型和共栖型数字技术开源社区，丰富了开源社区研究中企业作为社区创建者的角色和属性。

首先，传统开源社区多为个体开发者或中立型组织发起，企业主要进行边缘式参与（Coleman，2012；Weber，2004）。本文强调了企业作为开源社区创建主体的新趋势，以及创建企业在这一分布式知识系统治理中的主观能动作用。

其次，本文通过探究共生型和共栖型数字技术开源社区的悖论困境及其治理机制，回应了区分不同商业模式的企业主体对开源社区治理影响的研究呼吁（Ho 和 Rai，2017；Schaarschmidt 等，2015）。现有关于企业赞助和非企业赞助的开源社区二分法阻碍了研究企业特定属性对开源社区的治理影响（Spaeth 等，2015）。由于主体特质会投射到开源社区的运营中，本章内容区分了新兴技术挑战者和成熟技术领导者作为社区创建主体的行为动机差异，揭示了企业创建的开源社区悖论要素与治理内容存异的内在原因。

最后，区别于以往开源社区研究以传统信息通信技术的基础软件、硬件和应用开发为产出对象，本文将数字技术开源社区的治理机制延伸至以新兴数字技术为合作内容的领域。

（3）本章通过解构多对悖论要素的治理过程，拓展了悖论视角在数字技术开源社区中的具体表现和演进特征，明确了创建企业和社区参与者“各美其美、美美与共”协同发展的辩证关系。

首先，受限于研究情境稀缺性，当前悖论研究较少聚焦开源社区内部多对对立要素间的潜在协同作用（Lauritzen，2017）。为此，本文以悖论视角为出发点，通过对共生型和共栖型数字技术开源社区悖论要素治理的对比探讨，发掘了开源社区涌现的悖论要素及其结构表现。此外，现有研究提出的激励和控制治理模式（Chen 等，2022），不足以应对开源社区悖论要素的动态演化和长期协调问题。为了实现数字技术开源社区的持续健康发展，本文基于开源社区发展演变逻辑，设计了一个交互式循环治理机制，通过关注悖论要素的长期协调以应对不同时期的平台冲突需求与矛盾。

其次，本文阐明了数字技术开源社区中的创建企业和社区参与者并非对立的斗争关系，而是“各美其美、美美与共”协同发展的辩证关系，回答了如何通过悖论治理结构设计和管理来增益开源社区整体价值（O’Mahony 和 Bechky，2008；Stam，2009）。以往研究强调了企业作为控制主体利用资源控制等手段来解决技术公司与开源社区间的竞争和对立关系（Mehra 等，2011）。

本文发现不论是共生型还是共栖型数字技术开源社区，均可实现创建企业和开源社区利益的辩证统一。

（4）本章拓展了企业通过开源社区这类数字平台或其他形式的数字创业活动获取持续竞争优势的实现路径。数字创业是企业由数字技术作为使能工具，提供数字化产品或服务作为新的价值主张（Zaheer 等，2019）。

首先，尽管现有研究提供了联盟、建立用户在线社区等数字创业类型，但多从构建相对正式的、有选择性的关系契约出发（Cavallo 等，2019）。而数字创业的边界、功能和价值是动态演变的，数字创业活动也愈发强调开放性。本章表明企业持续竞争优势的获取越来越多地基于平台和生态系统构建为导向，倾向于弱化企业之间的边界，通过互动联系和交流实现数字机会的商业化。

其次，本章认为作为企业开展数字创业的重要方式之一，数字技术开源社区为企业通过开放平台或社区构思、实验和扩展数字产品或服务提供了新的视角。一方面，开源社区作为数字技术平台的可提供性和可生成性既降低了开放式协作成本，又共享了互补价值；另一方面，数字技术开源社区合作产品以数字技术底层软件等为主，具备可编辑性和可扩展性，数字产品或服务的范围、功能和价值随着社区贡献者和互补者的投入会迅速发展与扩散。

## 二、对企业管理的启示

本章内容对数字技术开源社区等基于数字平台的创新联合体持续运营有一定的管理启示。

（1）管理者应通过悖论治理设计，实施数字技术开源社区的动态治理。企业创建数字技术开源社区这类创新联合体面临着更高的协调成本和风险。企业和开源社区管理人员需充分认识开源社区运营过程中的内在矛盾，考虑针对开源社区参与主体动机、协作流程以及社区价值创造展开动态治理。鼓励创建企业或社区运营员工以悖论整合观而非二元对立观的方法，更具创造性地运营开源项目，基于利他和共赢的技术导向引导项目和社区长期发展。这不仅能够夯实技术根基，还能与全球软件开发者和技术创新企业实现合作共赢。

（2）对处于行业技术追赶阶段或技术领先阶段的企业管理者而言，创建开源社区成为加速技术发展和加快技术标准制定的引擎。为引导开源生态系统内的多元主体参与，达成价值目标的一致性，管理者需要根据企业目前技术位势和资源水平制订异质性的吸引策略。技术挑战型企业的管理者应加强企业以开源价值和开源信仰为核心的印象管理，来吸引更多具备技术挑战精神的开发者，以实现技术发展和追赶；而技术领先型开源社区时会面临更多来自市场的合法性质疑，建议管理者通过明确自身商业边界，加强生态信任，来吸引更多外部者参与开源社区。

## 三、研究局限与未来展望

尽管本章内容回答了“悖论视角下不同类型数字技术开源社区的治理机制是什么以及有何区别”，但尚存在一些局限性亟待进一步探索。

（1）由于本章研究对象是由企业创建的数字技术开源社区，但开源实践中也存在由开源社区转化为企业的实例，这类对象的治理逻辑与本研究提出的框架是否有区别需要被进一步探究。

（2）未来可利用 Gitee、GitHub 等国内外开源社区的大样本数据，定量分析数字化情境下企业如何通过实施差异化的开源战略获取持续竞争优势的路径。

（3）由于“自由软件运动”和“开源软件运动”起源于国外软件开发社区，区别于本章聚焦于中国数字技术开源社区这类创新联合体的发展和治理问题，未来可尝试基于不同类型开发文化和制度环境差异来进行对比研究。

（4）由于开源技术正成为各个垂直领域中的基础与支柱，开源社区的治理模式能否推广到除软件技术外其他可开放式协作创新的前沿技术产业，如硬件设计等领域，值得进一步研究。

# 参 考 文 献

[1] 敖嘉悦，于晓宇. 数字企业如何实现平台生态的逆势增长？[J]. 中欧商业评论，2024（1）：22-25.

[2] 曹鑫，欧阳桃花，黄江明. 智能互联产品重塑企业边界研究：小米案例[J]. 管理世界，2022，38（4）：125-141.

[3] 陈冬梅，王俐珍，陈安霓. 数字化与战略管理理论——回顾、挑战与展望[J]. 管理世界，2020，36（5）：220-236.

[4] 焦豪. 数字平台生态观：数字经济时代的管理理论新视角[J]. 中国工业经济，2023（7）：122-141.

[5] 焦豪，崔瑜，张亚敏. 数字基础设施建设与城市高技能创业人才吸引[J]. 经济研究，2023，58（12）：150-166.

[6] 焦豪，马高雅，王林栋，等. 数字平台生态系统的动态治理机制研究——基于平台所有者与互补者交互影响的视角[J]. 西安交通大学学报（社会科学版），2024，44（1）：87-99.

[7] 焦豪，杨季枫，王培暖，等. 数据驱动的企业动态能力作用机制研究——基于数据全生命周期管理的数字化转型过程分析[J]. 中国工业经济，2021（11）：174-192.

[8] 焦豪，杨季枫，应瑛. 动态能力研究述评及开展中国情境化研究的建议[J]. 管理世界，2021，37（5）：191-210.

[9] 焦豪，杨季枫. 数字技术开源社区的治理机制：基于悖论视角的双案例研究[J]. 管理世界，2022，38（11）：207-231.

[10] 焦豪，张睿，杨季枫. 数字经济情境下企业战略选择与数字平台生态系统构建——基于共演视角的案例研究[J]. 管理世界，2023，39（12）：201-227.

[11] 刘洋，董久钰，魏江. 数字创新管理：理论框架与未来研究[J]. 管理世界，2020，36（7）：198-217.

[12] 刘智强，严荣笑，唐双双. 领导创新期望与员工突破性创新投入：基于悖论理论的研究[J]. 管理世界，2021，37（10）：226-240.

[13] 罗瑾琏，唐慧洁，李树文，等. 科创企业创新悖论及其应对效应研究[J]. 管理世界，2021，37（3）：105-122.

[14] 戚聿东，肖旭. 数字经济时代的企业管理变革[J]. 管理世界，2020，36（6）：135-152.

[15] 王凤彬，张雪. 用纵向案例研究讲好中国故事：过程研究范式、过程理论化与中西对话前景[J]. 管理世界，2022，38（6）：191-212.

[16] 王节祥，陈威如，江诗松，等. 平台生态系统中的参与者战略：互补与依赖关系的解耦[J]. 管理世界，2021，37（2）：126-147.

[17] 王永贵，汪淋淋，李霞. 从数字化搜寻到数字化生态的迭代转型研究——基于施耐德电气数字化转型的案例分析[J]. 管理世界，2023，39（8）：91-113.

[18] 武亚军. “战略框架式思考”、“悖论整合”与企业竞争优势——任正非的认知模式分析及管理启示[J]. 管理世界，2013，29（4）：150-167.

[19] 肖静华，吴瑶，刘意，等. 消费者数据化参与的研发创新——企业与消费者协同演化视角的双案例研究[J]. 管理世界，2018，34（8）：154-173.

[20] 谢小云，左玉涵，胡琼晶. 数字化时代的人力资源管理：基于人与技术交互的视角[J]. 管理世界，2021，37（1）：200-216.

[21] 许晖，王亚君，单宇. “化繁为简”：跨文化情境下中国企业海外项目团队如何管控冲突？[J]. 管理世界，2020，36（9）：128-140.

[22] 易靖韬，何金秋. 基于生态系统竞争优势的平台出海战略研究：基于猎豹移动轻游戏平台国际化的案例分析[J]. 中国软科学，2023（5）：118-133.

[23] 张骁，吴琴，余欣. 互联网时代企业跨界颠覆式创新的逻辑[J]. 中国工业经济，2019（3）：156-174.

[24] 周翔，叶文平，李新春. 数智化知识编排与组织动态能力演化——基于小米科技的案例研究[J]. 管理世界，2023，39（1）：138-156.

[25] ADNERR. Ecosystem as structure: an actionable construct for strategy[J]. Journal of Management, 2017, 43(1), 39-58.

[26] AGARWAL S, MILLER C D, GANCO M. Growing platforms within platforms: how platforms manage the adoption of complementor products in the presence of network effects?[J]. Strategic Management Journal, 2023, 44(8), 1879-1910.

[27] ALEXY O, WEST J, KLAPPER H, et al. Surrendering control to gain advantage: reconciling openness and the resource-based view of the firm[J]. Strategic Management Journal, 2018, 39(6): 1704-1727.

[28] BAKER T, MINER A S, EESLEY D T. Improvising firms: bricolage, account giving and improvisational competencies in the founding process[J]. Research Policy, 2003, 32(2): 255-276.

[29] BALDWIN C, VON HIPPEL E. Modeling a paradigm shift: from producer innovation to user and open collaborative innovation[J]. Organization Science, 2011, 22(6): 1399-1417.

[30] BARNEY J. Firm resources and sustained competitive advantage[J]. Journal of Management, 1991, 17(1): 99-120.

[31] BARRETT M, OBORN E, ORLIKOWSKI W. Creating value in online communities: the sociomaterial configuring of strategy, platform, and stakeholder engagement[J]. Information Systems Research, 2016, 27(4): 704-723.

[32] BHARADWAJ A, EL SAWY O A, PAVLOU P A, et al. Digital business strategy: toward a next generation of insights[J]. MIS Quarterly, 2013, 37(2): 471-482.

[33] BOUDREAU K. Open platform strategies and innovation: granting access vs. devolving control[J]. Management Science, 2010, 56(10): 1849-1872.

[34] BRUSONI S, PRENCIPE A, PAVITT K. Knowledge specialization, organizational coupling, and the boundaries of the firm: why do firms know more than they make?[J]. Administrative Science Quarterly, 2001, 46(4): 597-621.

[35] BUSCH C, BARKEMA H. From necessity to opportunity: scaling bricolage across resource-constrained environments[J]. Strategic Management Journal, 2021, 42(4): 741-773.

[36] CECCAGNOLI M, FORMAN C, HUANG P, et al. Cocreation of value in a platform ecosystem: the case of enterprise software[J]. MIS Quarterly, 2012, 36(1): 263-290.

[37] CENAMOR J, FRISHAMMAR J. Openness in platform ecosystems: Innovation strategies for complementary products[J]. Research Policy, 2021, 50(1)[2023-7-18]. https://www.sciencedirect.com/science/article/pii/S0048733320302237. DOI:10.1016/j.respol.2020.104148.

[38] CENNAMO C. Building the value of next-generation platforms: the paradox of diminishing returns[J]. Journal of Management, 2018, 44(8): 3038-3069.

[39] CENNAMO C. Competing in digital markets: a platform-based perspective[J]. Academy of Management Perspectives, 2021, 35(2): 265-291.

[40] CENNAMO C, OZALP H, KRETSCHMER T. Platform architecture and quality trade-offs of multihoming complements[J]. Information Systems Research, 2018, 29(2): 461-478.

[41] CENNAMO C, SANTALO J. Platform competition: strategic trade-offs in platform markets[J]. Strategic Management Journal, 2013, 34(11): 1331-1350.

[42] CHEN L, TONG T W, TANG S, et al. Governance and design of digital platforms: a review and future research directions on a meta-organization[J]. Journal of Management, 2022, 48(1): 147-184.

[43] CHEN L, YI J, LI S, et al. Platform governance design in platform ecosystems: implications for complementors' multihoming decision[J]. Journal of Management, 2022, 48(3): 630-656.

[44] CHEN Y, PEREIRA I, PATEL P C. Decentralized governance of digital platforms[J]. Journal of Management, 2021, 47(5): 1305-1337.

[45] CHESBROUGH H, LETTL C, RITTER T. Value creation and value capture in open innovation[J]. Journal of Product Innovation Management, 2018, 35(6): 930-938.

[46] CORREANI A, DE MASSIS A, FRATTINI F, et al. Implementing a digital strategy: learning from the experience of three digital transformation projects[J]. California Management Review, 2020, 62(4): 37-56.

[47] COURTNEY C, DUTTA S, LI Y. Resolving information asymmetry: signaling, endorsement, and crowdfunding success[J]. Entrepreneurship Theory and Practice, 2017, 41(2): 265-290.

[48] DAVENPORT T H, REDMAN T C. Digital transformation comes down to talent in four key areas[J]. Harvard Business Review, 2020, 88(10): 53-58.

[49] DAYMOND J, KNIGHT E, RUMYANTSEVA M, et al. Managing ecosystem emergence and evolution: strategies for ecosystem architects[J]. Strategic Management Journal, 2023, 44(4): 1-27.

[50] EATON B, ELALUF-CALDERWOOD S, SØRENSEN C, et al. Distributed tuning of boundary resources: the case of Apple's iOS service system[J]. MIS Quarterly, 2015, 39(1): 217-244.

[51] EISENMANN T, PARKER G, VAN ALSTYNE M. Platform envelopment[J]. Strategic Management Journal, 2011, 32(12): 1270-1285.

[52] FANG T P, WU A, CLOUGH D R. Platform diffusion at temporary gatherings: social coordination and ecosystem emergence[J]. Strategic Management Journal, 2021, 42(2): 233-272.

[53] FERRIER W J, HOLSAPPLE C W, SABHERWAL R. Digital systems and competition[J]. Information Systems Research, 2010, 21(3): 413-422.

[54] FLIER B, VAN DEN BOSCH F, VOLBERDA H W. Co-evolution in strategic renewal behaviour of British, Dutch and French financial incumbents: interaction of environmental selection, institutional effects, and managerial intentionality[J]. Journal of Management Studies, 2003, 40(8): 2163-2187.

[55] FOERDERER J. Interfirm exchange and innovation in platform ecosystems: evidence from Apple's worldwide developers conference[J]. Management Science, 2020, 66(10): 4772-4787.

[56] FOSS N J, FREDERIKSEN L, RULLANI F. Problem-formulation and problem-solving in self-organized communities: how modes of communication shape project behaviors in the free open-source software community[J]. Strategic Management Journal, 2016, 37(13): 2589-2610.

[57] FÜRSTENAU D, BAIYERE A, SCHEWINA K, et al. Extended generativity theory on digital platforms[J]. Information Systems Research, 2023, 34(4): 1686-1710.

[58] GAWER A, CUSUMANO M A. Industry platforms and ecosystem innovation[J]. Journal of Product Innovation Management, 2014, 31(3): 417-433.

[59] GAWER A, PHILLIPS N. Institutional work as logics shift: the case of Intel's transformation to platform leader[J]. Organization Studies, 2013, 34(8): 1035-1071.

[60] GREEVEN M J, XIN K, YIP G S. How Chinese companies are reinventing management[J]. Harvard Business Review, 2023, 101(2): 104-112.

[61] GULATI R, PURANAM P, TUSHMAN M. Meta-organization design: rethinking design in interorganizational and community contexts[J]. Strategic Management Journal, 2012, 33(6):

571-586.

[62] HAHN T, PREUSS L, PINKSE J, et al. Cognitive frames in corporate sustainability: managerial sensemaking with paradoxical and business case frames[J]. Academy of Management Review, 2014, 39(4): 463-487.

[63] HANELT A, BOHNSACK R, MARZ D, et al. A systematic review of the literature on digital transformation: insights and implications for strategy and organizational change[J]. Journal of Management Studies, 2021, 58(5): 1159-1197.

[64] HELFAT C E, RAUBITSCHEK R S. Dynamic and integrative capabilities for Profiting from innovation in digital platform-based ecosystems[J]. Research Policy, 2018, 47(8): 1391-1399.

[65] HELFAT C E, KAUL A, KETCHEN JR D J, et al. Renewing the resource-based view: new contexts, new concepts, and new methods[J]. Strategic Management Journal, 2023, 44(6): 1357-1390.

[66] HOU H, SHI Y J. Ecosystem-as-structure and ecosystem-as-coevolution: a constructive examination[J]. Technovation, 2021, 100[2023-7-18]. https://www.sciencedirect.com/science/article/pii/S0166497220300651.DOI:10.1016/j.technovation.2020.102193.

[67] HUBER T L, KUDE T, DIBBERN J. Governance practices in platform ecosystems: navigating tensions between cocreated value and governance costs[J]. Information Systems Research, 2017, 28(3): 563-584.

[68] IANSITI M, LAKHANI K R. Digital ubiquity: how connections, sensors, and data are revolutionizing business[J]. Harvard Business Review, 2014, 92(11): 90-99.

[69] JACOBIDES M G, CENNAMO C, GAWER A. Towards a theory of ecosystems[J]. Strategic Management Journal, 2018, 39(8): 2255-2276.

[70] JACOBIDES M G, CENNAMO C, GAWER A. Externalities and complementarities in platforms and ecosystems: from structural solutions to endogenous failures[J]. Research Policy, 2024, 53(1)[2024-5-1].https: //www.sciencedirect.com/science/article/pii/S0048733323001907. DOI:10.1016/j.respol.2023.104906.

[71] JAY J. Navigating paradox as a mechanism of change and innovation in hybrid organizations[J]. Academy of Management Journal, 2013, 56(1): 137-159.

[72] KAPOOR R, AGARWAL S. Sustaining superior performance in business ecosystems: evidence from application software developers in the iOS and Android smartphone ecosystems[J]. Organization Science, 2017, 28(3): 531-551.

[73] KARHU K, GUSTAFSSON R, LYYTINEN K. Exploiting and defending open digital platforms with boundary resources: Android's five platform forks[J]. Information Systems Research, 2018, 29(2): 479-497.

[74] KHANAGHA S, ANSARI S, PAROUTIS S, et al. Mutualism and the dynamics of new

platform creation: a study of Cisco and fog computing[J]. Strategic Management Journal, 2022, 43(3): 476-506.

[75] KRETSCHMER T, LEIPONEN A, SCHILLING M, et al. Platform ecosystems as meta-organizations: implications for platform strategies[J]. Strategic Management Journal, 2022, 43(3): 405-424.

[76] LI H, ZHANG C, KETTINGER W. Digital platform ecosystem dynamics: the roles of product scope, innovation, and collaborative network centrality[J]. MIS Quarterly, 2022, 46(2): 739-770.

[77] LI J, CHEN L, YI J, et al. Ecosystem-specific advantages in international digital commerce[J]. Journal of International Business Studies, 2019, 50(9): 1448-1463.

[78] LIN Y K, MARUPING L M. Open source collaboration in digital entrepreneurship Organization science, 2022, 33(1): 212-230.

[79] MCINTYRE D P, SRINIVASAN A. Networks, platforms, and strategy: emerging views and next steps[J]. Strategic Management Journal, 2017, 38(1): 141-160.

[80] MURTHY R K, MADHOK A. Overcoming the early-stage conundrum of digital platform ecosystem emergence: a problem-solving perspective[J]. Journal of Management Studies, 2021, 58(7): 1899-1932.

[81] NAMBISAN S. Digital entrepreneurship: toward a digital technology perspective of entrepreneurship[J]. Entrepreneurship Theory and Practice, 2017, 41(6): 1029-1055.

[82] NAMBISAN S, LYYTINEN K, MAJCHRZAK A, et al. Digital innovation management: reinventing innovation management research in a digital world[J]. MIS Quarterly, 2017, 41(1): 223-238.

[83] O'MAHONY S, KARP R. From proprietary to collective governance: how do platform participation strategies evolve?[J]. Strategic Management Journal, 2022, 43(3): 530-562.

[84] O'MAHONY S, BECHKY B A. Boundary organizations: enabling collaboration among unexpected allies[J]. Administrative Science Quarterly, 2008, 53(3): 422-459.

[85] PANICO C, CENNAMO C. User preferences and strategic interactions in platform ecosystems[J]. Strategic Management Journal, 2022, 43(3): 507-529.

[86] RANGANATHAN R, GHOSH A, ROSENKOPF L. Competition-cooperation interplay during multifirm technology coordination: the effect of firm heterogeneity on conflict and consensus in a technology standards organization[J]. Strategic Management Journal, 2018, 39(12): 3193-3221.

[87] RIETVELD J, SCHILLING M A, BELLAVITIS C. Platform strategy: managing ecosystem value through selective promotion of complements[J]. Organization Science, 2019, 30(6): 1232-1251.

[88] RITALA P. Grand challenges and platform ecosystems: scaling solutions for wicked

ecological and societal problems[J]. Journal of Product Innovation Management, 2024, 41(2): 168-183.

[89] ROBERTS J A, HANN I H, SLAUGHTER S A. Understanding the motivations, participation, and performance of open source software developers: a longitudinal study of the Apache projects[J]. Management Science, 2006, 52(7): 984-999.

[90] RODRIGUES S, CHILD J. Co-evolution in an institutionalized environment[J]. Journal of Management Studies, 2003, 40(8): 2137-2162.

[91] SCHAD J, LEWIS M W, RAISCH S, et al. Paradox research in Management science: looking back to move forward[J]. Academy of Management Annals, 2016, 10(1): 5-64.

[92] SCHMEISS J, HOELZLE K, TECH R P G. Designing governance mechanisms in platform ecosystems: addressing the paradox of openness through blockchain technology[J]. California Management Review, 2019, 62(1): 121-143.

[93] SEWAID A, GARCIA-CESTONA M, SILAGHI F. Resolving information asymmetries in financing new product development: the case of reward-based crowdfunding[J]. Research Policy, 2021, 50(10).

[94] SHAH S K. Motivation, governance, and the viability of hybrid forms in open source software development[J]. Management Science, 2006, 52(7): 1000-1014.

[95] SHI R, AALTONEN A, HENFRIDSSON O, et al. Comparing platform owners' early and late entry into complementary markets[J]. MIS Quarterly, 2023, 47(4): 1727-1744.

[96] SHIPILOV A, GAWER A. Integrating research on interorganizational networks and ecosystems[J]. Academy of Management Annals, 2020, 14(1): 92-121.

[97] SIRMON D G, HITT M A, IRELAND R D. Managing firm resources in dynamic environments to create value: looking inside the black box[J]. Academy of Management Review, 2007, 32(1): 273-292.

[98] SJÖDIN D, PARIDA V, VISNJIC I. How can large manufacturers digitalize their business models? a framework for orchestrating industrial ecosystems[J]. California Management Review, 2022, 64(3): 49-77.

[99] SMITH W K, LEWIS M W. Toward a theory of paradox: a dynamic equilibrium model of organizing[J]. Academy of Management Review, 2011, 36(2): 381-403.

[100] SONG P, XUE L, RAI A, et al. The ecosystem of software platform: A study of asymmetric cross-side network effects and platform governance[J]. MIS Quarterly, 2018, 42(1): 121-142.

[101] STAM W. When does community participation enhance the performance of open source software companies?[J]. Research Policy, 2009, 38(8): 1288-1299.

[102] STAUB N, HAKI K, AIER S, et al. Acquisition of complementors as a strategy for evolving digital platform ecosystems[J]. MIS Quarterly Executive, 2021, 20(4): 237-258.

[103] STONIG J, SCHMID T, MÜLLER-STEWENS G. From product system to ecosystem: how firms adapt to provide an integrated value proposition[J]. Strategic Management Journal, 2022, 43(9): 1927-1957.

[104] SUBRAMANIAM M, IYER B, VENKATRAMAN V. Competing in digital ecosystems[J]. Business Horizons, 2019, 62(1): 83-94.

[105] TAEUSCHER K, BOUNCKEN R, PESCH R. Gaining legitimacy by being different: optimal distinctiveness in crowdfunding platforms[J]. Academy of Management Journal, 2021, 64(1): 149-179.

[106] TEECE D J. Profiting from innovation in the digital economy: enabling technologies, standards, and licensing models in the wireless world[J]. Research Policy, 2018, 47(8): 1367-1387.

[107] TEECE D J, PISANO G, SHUEN A. Dynamic capabilities and strategic management[J]. Strategic Management Journal, 1997, 18(7): 509-533.

[108] TEECE D J, PUNDZIENE A, HEATON S, et al. Managing multi-sided platforms: platform origins and go-to-market strategy[J]. California Management Review, 2022, 64(4): 5-19.

[109] THOMAS L D W, RITALA P. Ecosystem legitimacy emergence: a collective action view[J]. Journal of Management, 2022, 48(3): 515-541.

[110] THOMAS L D W, AUTIO E, GANN D M. Architectural leverage: putting platforms in context[J]. Academy of Management Perspectives, 2014, 28(2): 198-219.

[111] THOMAS L D W, TEE R. Generativity: a systematic review and conceptual framework[J]. International Journal of Management Reviews, 2022, 24(2): 255-278.

[112] TIWANA A, KONSYNSKI B, BUSH A A. Platform evolution: coevolution of platform architecture, governance, and environmental dynamics[J]. Information Systems Research, 2010, 21(4): 675-687.

[113] VOLBERDA H W, LEWIN A Y. Co-evolutionary dynamics within and between firms: from evolution to coevolution[J]. Journal of Management Studies, 2003, 40(8): 2111-2136.

[114] WANG P. Connecting the parts with the whole: toward an information ecology theory of digital innovation ecosystems[J]. MIS Quarterly, 2021, 45(1): 397-422.

[115] WANG R D, MILLER C D. Complementors'engagement in an ecosystem: a study of publishers' e-book offerings on Amazon Kindle[J]. Strategic Management Journal, 2020, 41(1): 3-26.

[116] WAREHAM J, FOX P B, CANO GINER J L. Technology ecosystem governance[J]. Organization Science, 2014, 25(4): 1195-1215.

[117] WICHMANN J R K, WIEGAND N, REINARTZ W J. The platformization of brands[J].

Journal of Marketing, 2022, 86(1): 109-131.

[118] WILSON H J, DAUGHERTY P R. Collaborative intelligence: humans and AI are joining forces[J]. Harvard Business Review, 2018, 96(4): 114-123.

[119] YOO Y, HENFRIDSSON O, LYYTINEN K. The new organizing logic of digital innovation: an agenda for information systems research[J]. Information Systems Research, 2010, 21(4): 724-735.

[120] ZHU F, FURR N. Products to platforms: making the leap[J]. Harvard Business Review, 2016, 94(4): 72-78.

[121] ZHU F, LIU Q. Competing with complementors: an empirical look at Amazon.com[J]. Strategic Management Journal, 2018, 39(10), 2618-2642.

[122] ZHU F, LI X, VALAVI E, et al. Network interconnectivity and entry into platform markets[J]. Information Systems Research, 2021, 32(3), 1009-1024.